FRAUEN AN DER MACHT

Johanna Holzhauer / Agnes Steinbauer

Frauen an der Macht

Profile prominenter Politikerinnen

Eichborn.

Die Deutsche Bibliothek – CIP-Einheitsaufnahme

Holzhauer, Johanna:
Frauen an der Macht : Profile prominenter
Politikerinnen / Johanna Holzhauer ; Agnes Steinbauer. -
Frankfurt am Main : Eichborn, 1994
ISBN 3-8218-0437-8
NE: Steinbauer, Agnes

Umschlaggestaltung: Rüdiger Morgenweck
Lektorat: Albert Sellner
Satz: TechnoScript, Bremen
Druck und Bindung: Fuldaer Verlagsanstalt, Fulda
ISBN 3-8218-0437-8
Verlagsverzeichnis schickt gern:
Eichborn Verlag, Kaiserstr. 66, 60329 Frankfurt

Inhalt

Die Beiträge von Johanna Holzhauer sind mit den Initialen »**J. H.**«, die von Agnes Steinbauer mit »**ast**« gekennzeichnet.

Vorwort

Was tun Frauen mit ihrer Macht? Im vorliegenden Buch haben wir versucht, 52 bekanntere deutsche Politikerinnen vorzustellen. Wir wollten dabei vor allem wissen, wie sie sich in den vergangenen Jahren politisch profiliert haben, wo ihre Schwerpunkte lagen und liegen. Zusätzlich haben wir drei Frauen porträtiert, die kein Mandat haben, aber dennoch im »Schatten« ihrer Männer politisch wirken. Unsere Informationen bezogen wir aus einem Fragebogen, den nicht alle beantworteten, aus Pressedokumentationen und aus persönlichen Gesprächen. Auch Privates wie »Schwächen« und »Stärken«, »größte Angst« oder »Lieblingsspeise« erfragten wir und bekamen von vielen Antwort.

Auffällig war, daß Frauen meist nach den gleichen Schwerpunktthemen greifen. Sozial-, Familien-, Frauen- oder Bildungspolitik sind nach wie vor ihre Domänen. Seltener befassen sie sich mit »harten Männerthemen« wie Finanz-, Arbeitsmarkt- und Wirtschaftspolitik oder Innen-, Verteidigungs- und Außenpolitik. Wir waren beeindruckt, wie sich viele Frauen trotz aller Widerstände, persönlicher Verletzungen und Rückschlägen durchgesetzt haben und nicht resignierten.

An der Schwelle des zweiten Jahrtausends sind Frauen auch in Europa noch weit von gleichberechtigter politischer Mitbestimmung entfernt, obwohl sie mit rund 180 Millionen die Bevölkerungsmehrheit darstellen. Im Vorzeigeland Dänemark sind 33 Prozent der Abgeordneten im Parlament weiblich. Das Schlußlicht der EU bildet Griechenland, wo nur 4,7 Prozent Politikerinnen auf nationaler Ebene mitregieren. Deutschland liegt nach Statistiken der Europäischen Kommission mit 20,5 Prozent Frauenanteil an dritter Stelle. Auf kommunaler Ebene sind politisch engagierte Frauen mehr gefragt, aber auch hier haben letztendlich die »Herren« das Sagen; ganz zu schweigen von anderen Teilen der Welt, wo Frauen noch wesentlich weniger Mitbestimmungsrechte haben. Politikerinnen-Persönlichkeiten wie Indira Ghandi, Benazir Bhutto oder Maggie Thatcher sind auf der ganzen Welt an einer Hand abzuzählen.

Bei den kommenden Wahlen müssen Frauen, deren Parteien keine Quotierung haben, Rückschläge hinnehmen. Vor allem in der Union gab es Kämpfe um Direktmandate und gute Listenplätze, bei denen häufig Männer als Sieger hervorgingen. Nach einer Untersuchung des Bundesfrauenministeriums fühlen sich 79 Prozent aller Frauen in West- und Ostdeutschland von der Politik nicht ausreichend berücksichtigt. 58 Prozent der weiblichen Befragten in den alten Ländern interessieren sich nicht besonders oder überhaupt nicht für Politik – in den neuen Ländern 62 Prozent (Bei den Männern lag die Quote im Westen bei 33 Prozent und bei 51 Prozent im Osten). Frauen in der Politik sind selten geblieben. Seit 1919, seit sie zum ersten Mal in einem deutschen Parlament vertreten waren, hat sich ihr Anteil auf dieser Ebene nur ein wenig mehr als verdoppelt. Bis also die erste Bundeskanzlerin auf der Regierungsbank Platz nimmt, wird wohl noch viel Wasser den Rhein oder die Spree hinunterlaufen müssen ...

Wir danken allen, die uns bei diesem Buch mit Rat und Tat unterstützt haben – nicht zuletzt den beteiligten Politikerinnen.

Politikerinnen der CDU und der CSU

Mathilde Berghofer-Weichner (CSU),
Landtagsabgeordnete,
ehemalige bayerische Justizministerin

»In der Politik gibt es keine Dankbarkeit«,

klagte Mathilde Berghofer-Weichner verbittert, als der bayerische Ministerpräsident Edmund Stoiber die erste Ministerin des Freistaates im Juni 1993 aus dem Kabinett warf. Damit wurde die bayerische Regierung auf Ministerebene wieder zur reinen Männerwirtschaft. Obwohl die Politikerin als kompromißlose Konservative und Verfechterin einer knochenharten CSU-Linie bekannt ist, paßte sie offensichtlich nicht in Stoibers Männerkonzept. Der Rausschmiß löste sogar in der Opposition Empörung aus. Die Bundestagsvizepräsidentin und bayerische SPD-Landesvorsitzende Renate Schmidt kritisierte das »Patriarchat« in der Regierungsmannschaft, und auch in den Reihen der CSU stieß Stoiber teilweise auf Unverständnis. Ihm war die »Mehrzweckwaffe«, wie der ehemalige bayerische Ministerpräsident Franz Josef Strauß Mathilde Berghofer-Weichner einmal genannt hatte, wohl zu aufmüpfig. Hatte sie es doch zum Beispiel als einziges Kabinettsmitglied gewagt, gegen den »Bayerischen Sonnenkönig« aufzubegehren, als der begeisterte Hobbyflieger Strauß die Flugbenzinsteuer abschaffen wollte. In einer Talkshow im August 1993 nach dem Grund für ihr Mißgeschick mit Stoiber befragt, spöttelte sie dann bissig über die »Mißgunst gerade bei Männern, die nicht so leistungsfähig sind«.

Auch Max Streibl, der Amigo-Affären-geschädigt von Stoiber abgelöst wurde, bekam die Schlagkraft seiner »Bavaria« (Streibl) und Stellvertreterin zu spüren. Im März 1993 drohte ihm Mathilde Berghofer-Weichner mit Rücktritt wegen geplanter Stellenkürzungen bei Staatsanwaltschaften und Gerichten. Wohin ihr politischer Weg jetzt führt, ist noch unklar. Die CSU ist im Augenblick offenbar nicht geneigt, der Landtagsabgeordneten weitere Betätigungsfelder zu eröffnen. So fand die Politikerin auch kein Gehör, als sie sich im Juli 1993 um einen Platz im Haushaltsausschuß des bayerischen Parlaments bemühte. »Vielleicht sähe es ja mit den Staatsfinanzen ganz anders aus, wenn da ein paar Hausfrauen mitreden würden, die wissen nämlich, daß man auf die Dauer nicht mehr ausgeben kann, als man einnimmt«, kommentierte sie die Absage lakonisch. Bei den nächsten Landtagswahlen will sie nicht mehr kandidieren.

Gefürchtet war die »schwarze Mathilde« besonders in der Abtreibungsfrage. Wurde noch 1986 in nur 17 Fällen wegen Verstoßes gegen den § 218 StGB ermittelt, hatte sich die Zahl einschlägiger Verfahren nach ihrem ersten Amtsjahr auf 192 erhöht. Während der Memminger Abtreibungsprozesse gegen den Gynäkologen Horst Theissen und 156 Frauen verlautete kein Wort aus ihrem Ministerium – um die Richter nicht zu beeinflussen, wie sie sagte. Dafür erntete sie viel Kritik – auch aus den eigenen Reihen. Die FDP-Politikerin Hildegard Hamm-Brücher bedauerte, daß Mathilde Berghofer-Weichner »wenig Gefühl für wirkliche Frauenprobleme« besäße. Die überzeugte Katholikin zog denn auch mit der Bayerischen Staatsregierung und 249 Unionsabgeordneten vors Karlsruher Verfassungsgericht, nachdem der Bundestag im Juni 1992 die modifizierte Fristenlösung verabschiedet hatte. Umstritten war ein früherer Vorstoß der Ministerin, eine staatliche Adoptionsgarantie einzuführen, um Abtreibungen zu verhindern.

Auch in der Terroristenfrage kannte Mathilde Berghofer-Weichner kein Pardon. Als Anfang 1989 RAF-Häftlinge für ihre Zusammenlegung in größere Gruppen in Hungerstreik traten, blieb sie unerbittlich. Der Staat dürfe sich nicht von Terroristen erpressen lassen, sagte sie in einem »Spiegel«-Streitgespräch mit Jutta Limbach. Der Berliner Justizsenatorin, die für einen liberaleren Strafvollzug plädierte, warf sie Blauäugigkeit vor und hielt ihr unter anderem entgegen: »Bei mir hat jedenfalls gerade wieder ein Bankräuber beim Freigang eine Bank überfallen.«

Im Januar 1992 bekam dann der damalige Bundesjustizminister Klaus Kinkel (FDP) sein Fett ab. Berghofer-Weichner bezeichnete ihn wegen seines »krankhaften Sendungsbewußtseins« in Sachen Terrorismus als »Gefahr für unsere Sicherheit«. Kinkel hatte erwogen, mehrere RAF-Häftlinge freizulassen. Auch wegen der Haftbedingungen in der Justizvollzugsanstalt (JVA) Straubing kam die Ministerin in die Schlagzeilen. Im Januar 1993 beschwerten sich Häftlinge, daß sie bei Verweigerung der Zwangsarbeit mit einer Bibel in Bunkerhaft gesperrt würden und auf Hofgang verzichten müßten.

Als Ministerin engagierte sich Mathilde Berghofer-Weichner sehr für den Aufbau des Justizwesens in den neuen Ländern und für ein Gesetz zur Entlastung der Rechtspflege. Auch in Frauenfragen meldete sie sich – häufig zum Leidwesen der CSU-Männer, die allerdings großen Respekt vor der resoluten Ministerin hatten – lautstark zu Wort. Nicht nur, daß sie selbst darauf bestand, als MinisterIn bezeichnet zu werden. »Gleichberechtigung muß endlich in die Köpfe hinein«, betonte sie und ermunterte die Frauen, ihre »Fähigkeiten nach der Familienphase nicht unter den Scheffel zu stellen«. Ihre Erfahrungen seien bitter nötig für Politik und Gesellschaft. Deshalb setzte sie sich wiederholt für einen erleichterten Wiedereinstieg in den Beruf und für Teilzeitarbeit ein. Es war für Mathilde Berghofer-Weichner auch selbstverständlich, auf das Recht der Frau auf Beibehaltung ihres Namens nach der Eheschließung zu pochen (»Ein Blick in die Bibel zeigt, daß der Name sogar eine hohe theologische Bedeutung hat.«). Ein Beispiel von Frauenbenachteiligung mußte sie am eigenen Leib erfahren: Sie entfesselte einen Sturm im Maßkrug, weil sie dem bayerischen Europa-Minister Thomas Goppel auf dem Bonner Oktoberfest in der Bayerischen Landesvertretung im Oktober 1992 beim Bieranstich den Vortritt lassen mußte. Bei der Landesversammlung der Frauen Union in Bad Kissingen beklagte sie ihren Ausschluß vom Anzapfen als neuerliches Beispiel für Frauendiskriminierung. Die Löwenbräu AG, die das Fest sponserte, schrieb ihr daraufhin kleinlaut einen höflichen Entschuldigungsbrief mit der »herzlichen Einladung, im nächsten Jahr das erste Faß anzuzapfen«.

Mathilde Berghofer-Weichner, seit 1973 verwitwet, wurde 1931 in München geboren. Nach dem Abitur studierte sie Jura und promovierte 1957. Danach war sie als Gerichtsassessorin, Staatsanwältin und Landgerichtsrätin tätig und kam 1966 als Regierungsdirektorin ins Bayerische Kultusministerium. Sie stieg dort zur Ministerialrätin auf und wurde 1974 unter dem damaligen Ministerpräsidenten Alfons Goppel Staatssekretärin. Damit kam sie als erste Frau in eine bayerische Landesregierung. Ihre politische Laufbahn hatte 1956 im Gautinger Gemeinderat begonnen. 1963 wurde sie in den Landesvorstand der Partei gewählt und wurde 1968 stellvertretende CSU-Chefin (bis 1993). 1970 zog Mathilde Berghofer-Weichner in den Landtag ein und wurde 1986 unter Strauß Justizministerin. Die Politikerin ist für ihre umfangreiche Ostereier- und Krippensammlung bekannt und liebt Orchideen. Auch für Gartenarbeit kann sie sich begeistern. Im Landtag wurde sie sogar einmal mit Gartenkatalogen unter der Bank erwischt. Eine andere große Leidenschaft der stämmigen Bayerin ist das Kochen. Daß sie ihren gesunden Appetit nicht unterdrückt, wurde zum Beispiel während eines endlosen Strauß-Monologs deutlich. Vom Hunger geplagt zog sie eine Mohrrübe aus der Tasche und biß herzhaft hinein. »Dem Strauß bin ich von meiner Art her nicht hundertprozentig gelegen«, resümierte sie in einem Zeitungsartikel ihr Verhältnis zum ehemaligen Ministerpräsidenten.

ast

Schwächen: »Eilige Sachen werden zuletzt erledigt.«

Stärken: »Erkennt rasch vorauf es ankommt, ist einfallsreich, Mitarbeiter dürfen ungeniert sagen, daß etwas keine gute Idee ist.«

Lieblingsland/Lieblingsstadt: »Bayern, Jerusalem.«

Lieblingsmusik: »Gute Volksmusik (nicht volkstümliche) – nicht nur aus Bayern.«

Lieblingsspeise: »Nudeln in jeder Form.«

Größte Angst: »Hilflosigkeit im Alter.«

Was halten Sie vom Asylkompromiß? »Endlich! Hoffentlich reichen die Regelungen aus, das Ärgernis von 95 Prozent unbegründeten Anträgen zu beseitigen.«

Wird der Rechtsradikalismus zur ernsten Gefahr für die Demokratie? »In jedem normalen freien Staat gibt es einige Prozent Rechts- und Linksradikale.«

Wie kann man dagegen angehen? »Mit guter Politik, wie der Asylrechtsreform. Außerdem durch Eindämmung der Kriminalität und soziale Gerechtigkeit.«

Energiepolitik: »Zurück zum Waschbrett ist nicht mein Motto. Deshalb: Keine Energiesteuer, keine politische Verteuerung der Energie; für Kernkraft, bis es etwas bezahlbares Besseres gibt.«

Größter Skandal: »Daß die Führungskräfte des Kommunismus jahrzehntelang viele Millionen von Menschen in Unwissenheit, Angst und Schrecken gehalten und Millionen umgebracht haben.«

Wichtigstes Ereignis in der Geschichte: »Jesus Christus.«

Birgit Breuel (CDU),
Präsidentin der Treuhandanstalt

»Zügig privatisieren, entschlossen sanieren und behutsam stillegen ...«,

ein Lieblingsmotto des von Terroristen ermordeten ersten Treuhand-Chefs, Detlev Karsten Rohwedder, das auch seine Nachfolgerin Birgit Breuel (CDU) verinnerlicht hat. Die 56jährige Herrin über die größte Industrieholding der Welt hielt sich vor allem im Bereich des Privatisierens an die Grundsätze ihres Vorgängers.

Nach knapp drei Jahren Amtszeit waren bis Anfang 1994 nur noch rund 266 Firmen »im Angebot« – von ursprünglich 13.241. Ihr rasantes Tempo – im ersten Halbjahr 1992 verkaufte sie bis zu 500 Unternehmen monatlich – verübelten ihr jedoch viele Kritiker als »Verschleudern« von Ost-Firmen, die mit Vorliebe an Höchstbietende verhökert würden, ohne daß vorher genau genug Firmenkonzepte und Bonität der Käufer geprüft würden.

Tatsächlich mußte Birgit Breuel beim Privatisierungsgeschäft peinliche Pannen einräumen. Im Juli 1993 flog zum Beispiel auf, daß der schwäbische Unternehmer Wolfgang Greiner – bekannt als solider Mittelständler – Ostfirmen, die er für seine Bellino-Gruppe zukaufte, ausnahm wie Weihnachtsgänse. Bei seiner größten Neuerwerbung, der Firma Dampfkesselbau Hohenthurm (DH) bei Halle, hatte er große Hoffnungen erweckt. Aber von den 18 Millionen Mark, die er laut Kaufvertrag investieren wollte, sah die Firma nichts. Dafür bediente sich Greiner mit einem Darlehen von 1,65 Millionen Mark aus dem Firmenvermögen und nahm eine Hypothek von zwei Millionen auf das DH-Arbeiterwohnheim auf. Nachdem er fast zwei Dutzend Ost-Unternehmen und diverse Immobilien gekauft hatte, stellte sich heraus, daß er nirgends investierte, sondern nur Geld von den Firmen abzog, um anderswo die Löcher zu stopfen. Solche »Glücksritter« könne man nicht immer sofort durchschauen, verteidigte sich Birgit Breuel. Bei 40.000 Privatisierungsverträgen sei die Treuhandanstalt (THA) nur 40, also 0,1 Prozent, Betrügern aufgesessen (Stand Herbst 1993). Bis zur Auflösung der Treuhand, 1994, könnten insgesamt 100 bis 200 Verträge schiefgehen, schätzte sie. Das sei jedoch bei dem riesigen Firmenumfang keine »unternehmerische Größe«.

Einen schwierigen Stand hatte die »mächtigste Frau Deutschlands«, wie sie häufig von in- und ausländischen Medien gesehen wird, auch, als die Treuhand beschloß, die Kali-Grube von Bischofferode dichtzumachen, und dabei den Verlust von 700 Arbeitsplätzen im ohnehin strukturschwachen Thüringen in Kauf nahm. Ergebnis waren die ersten Hungerstreiks für Arbeitsplätze in der Bundesrepublik. Als Bischofferoder Kali-Kumpel als Überraschungsgäste zu einem Fernsehinterview mit Birgit Breuel zugeschaltet wurden und sie zur Rede stellten, blieb die Treuhand-Chefin gewohnt kühl und souverän. »Es ist unser undankbarer Job, mit Fakten gegen menschliche Betroffenheit zu argumentieren«, hielt sie den Vorwürfen entgegen. Die Produktion in Bischofferode sei einfach zu teuer und auf dem Weltmarkt nicht mehr konkurrenzfähig, deshalb müsse die Grube schließen. Da nützten auch die Plakate mit der Aufschrift »Breuelland – Greuelland« nichts.

Zumindest dem äußeren Anschein nach läßt Birgit Breuel Kritik grundsätzlich an sich abtropfen. Das hat ihr den Ruf der »eiskalten Plattmacherin« eingebracht. Der ostdeutsche Schriftsteller Stefan Heym sprach einmal von »Herzenskühle«. Zurückgezogen in ihr »Imperium« an der Leipziger Straße in Berlin, abgeschirmt von ihrer Sicherheitstruppe, reagiert sie kaum auf solche Vorwürfe. Selten räumt sie ein, daß sie »Klischees« wie »kühl«, »unnahbar« und »unweiblich« ärgern: »Ein energischer Mann ist ein toller Mann, und eine energische Frau ist eigentlich keine Frau mehr.« In einem Zeitungsfragebogen gab sie einmal »Mütterlichkeit« als erstrebenswerteste weibliche Eigenschaft an.

In Ostdeutschland hat die mehrfach zur Managerin des Jahres gekürte Birgit Breuel eher ein stiefmütterliches als ein mütterliches Image. Viele verachten sie als »Abwicklungsexpertin« der »Arbeitsvernichtungsanstalt«. Von ursprünglich vier Millionen Beschäftigten verloren bis Herbst 1993 mehr als zwei Drittel ihren Arbeitsplatz. Von den rund 226.000 Beschäftigten in Unternehmen, für die in dieser Zeit noch die Treuhand verantwortlich war, können voraussichtlich nur sehr wenige ihre Stelle behalten. Mit Massenentlassungen müssen vor allem Arbeiter in der Stahl- und Chemiebranche rechnen. Rund 20 Prozent der ostdeutschen Betriebe wurden als nicht sanierungsfähig »abgewickelt«. Währenddessen bereicherten sich schwarze Schafe unter den Treuhandmitarbeitern und verdienten teilweise horrende Gehälter. Im Herbst

1993 liefen gegen die insgesamt 4.000 Mitarbeiter 16 Ermittlungsverfahren. Die Treuhandanstalt unter Frau Breuel ist außerdem als riesiger Schuldenmacher (275 Milliarden im Herbst 1993), für den der Steuerzahler später aufkommen muß, in Verruf geraten.

Aber die Vielgescholtene läßt sich auch hier meist nicht aus ihrer hanseatischen Reserve locken. »Einer muß der Buhmann sein«, sagt sie und rechnet die DDR-Altschulden von über 100 Milliarden auf ostdeutschen Firmen vor, oder die Sanierungskosten, die die Treuhand zu leisten habe. Für die Hamburgerin, die 1937 als Tochter des Privatbankiers Alwin Münchmeyer geboren wurde, »gibt es kein Butterbrot umsonst«, wie eines ihrer Bücher betitelt ist. Nach dem Abitur studierte sie ohne Abschluß politische Wissenschaften in Hamburg, Oxford und Genf, heiratete mit Anfang 20 und bekam drei Söhne, von denen der jüngste, Philipp, 1990 an Krebs starb. 1965 machte sie ihre Prüfung als Einzelhandelskauffrau. Vorher war sie Direktionsassistentin im Hamburgischen Weltwirtschaftsarchiv (HWWA) und bei International Report in New York. Der CDU trat sie 1966 bei und kam 1970 erstmals in die Hamburger Bürgerschaft, wo sie 1976 Wirtschaftssprecherin der CDU-Fraktion wurde. Bei den Bundestagswahlen 1976 kandidierte Breuel erfolglos gegen den SPD-Sozialexperten Glombig. 1978 wurde sie Wirtschaftsministerin in Niedersachsen, wo sie bald auf »glasklarem Marktwirtschaftskurs« gegen Subventionspolitik kämpfte und sich für weniger Staat und mehr Eigeninitiative der Wirtschaft stark machte. Ihren Prinzipien untreu wurde sie allerdings, als sie sich 1985 dafür einsetzte, daß sich aus einer in Wilhelmshaven pleite gegangenen Raffinerie die »German Oil« (später auch »Breuel Oil« genannt) gründete, an der sich das Land Niedersachsen mit 65 Prozent beteiligte. 1986 übernahm Birgit Breuel unter Ernst Albrecht das Finanzressort und war außerdem auf Ministerebene für die Frauenpolitik verantwortlich. Mit der Wahlniederlage Albrechts (1988) endete ihre Ministertätigkeit. 1990 wurde Birgit Breuel, von der gesagt wird, sie rechne beim Einkaufen im Supermarkt alle Preise zusammen, Vorstandsmitglied der Treuhand und war für die 15 THA-Niederlassungen verantwortlich. Nach der Ermordung Rohwedders wurde sie vom THA-Verwaltungsrat einstimmig zur neuen Präsidentin gewählt. Der »Morgenmensch« Birgit Breuel, der um sieben Uhr am Schreibtisch sitzt, hat wenig Zeit für Hobbys wie Tennis, Skifahren oder Lesen (Lieblingsschriftsteller: Marquez und Eichendorff). Breuel, die den größten Teil des Privatisierungsgeschäfts der Treuhand bis Ende 1993 abschließen wollte – wohl auch, um der CDU im Superwahljahr 1994 nicht zu schaden – hält sich als THA-Chefin hartnäckig aus der Politik heraus. Welche Position sie nach der Treuhand-Ära einnehmen möchte, darüber läßt sie andere spekulieren. Im Gespräch war sie schon als Spitzenkandidatin in Hamburg gegen den SPD-Bürgermeister Henning Voscherau und als Spitzenkandidatin für das Ministerpräsidentenamt in Niedersachsen bei den nächsten Landtagswahlen. Vielleicht will sich Birgit Breuel aber auch für Höheres aufheben: So soll sie nicht abgeneigt sein, erste Bundeskanzlerin zu werden.

ast

Michaela Geiger (CSU),
Parlamentarische Staatssekretärin, MdB

»Ich bin nicht gerade der mütterliche Typ.«

Nein, »Mutter der Kompanie« möchte Michaela Geiger, Parlamentarische Staatssekretärin auf der Hardthöhe, nicht sein. Schon im Gemeinderat habe sie den Sozialausschuß bewußt gemieden (»Wenn wir Frauen gleichberechtigt sein wollen, müssen wir uns für alle Arbeitsfelder interessieren.«). So scheute sich die CSU-Politikerin, geboren 1943 in Oberammergau als Tochter eines Hauptmanns der Gebirgstruppe, nicht, im Januar 1993 in den männerdominierten »Riesenkonzern Hardthöhe« (Geiger) einzusteigen. Auch Franz Josef Strauß sei immer ein »glühender Verfechter der wehrhaften Demokratie gewesen«, schwärmte Michaela Geiger bei einem ihrer ersten Auftritte als Parlamentarische Staatssekretärin des Verteidigungsministeriums im Mai 1993 – wie es schien, nicht ohne Stolz, dem Steckenpferd ihres Idols, der Außen-, Sicherheits- und Verteidigungspolitik, mit ihrem Amt ein wenig näher gekommen zu sein. Bei der Feier zur Umbenennung der Bundeswehrkaserne Altenstadt bei Schongau in »Franz-Josef-Strauß-Kaserne« ging der Schuß für die frischgebakkene Verteidigungs-Staatssekretärin allerdings nach hinten los: Denn dort ertönte vor 300 Festgästen das Nazi-Fallschirmspringerlied »Rot scheint die Sonne« (»Werft an die Motoren, schiebt Vollgas hinein, startet los, flieget an, heute geht es zum Feind ...«). Über die Reaktion der SPD, FDP und der Grünen aus München, die sich über die »ungeheure Instinktlosigkeit« beschwerten, konnte Michaela Geiger nur mit den Schultern zucken. Sie sei auf einer »schönen und würdigen Feier« gewesen, niemand habe sich beschwert, konterte sie erstaunt.

Die Fähigkeit, auszugleichen und beim politischen Seiltanz in Bonn die Balance zu halten, gehört offensichtlich zu den Stärken der gelernten Fernsehbildtechnikerin. Bei einem Interview zu den künftigen Aufgaben der Bundeswehr (Kampfeinsätze oder nur friedenssichernde Maßnahmen) war sie sichtlich bemüht, es allen recht zu machen: »Ich sehe die Aufgaben so, daß wir die gleichen Aufgaben übernehmen sollten wie unsere NATO-Partner und daß wir das tun sollten, was die UN von uns verlangt und was sie auch von uns erwartet.« In ihrem Amt, zuständig für Soziales, Liegenschaften und Bauwesen, Stationierungen und Umweltschutz in der Truppe, setzt sie sich unter anderem für eine familienfreundlichere Bundeswehr und ein besseres Ansehen des Wehrdienstes in der Öffentlichkeit ein. Soldatinnen als Zukunftsperspektive betrachtet sie – im Gegensatz zu ihrer Vorgängerin Ingrid Roitzsch – eher kritisch: »Bei den Sanitätern jederzeit, sonst nur, wenn die Frauen das selbst unbedingt wollen.« Eine Berufsarmee ist für die 49jährige Politikerin keine Alternative zur Wehrpflicht-Armee (Truppenstärke nicht unter 370.000), deren Vorteile sie in der »besseren Verzahnung und Einbindung in die Bevölkerung« sieht.

Die politische Karriere von Michaela Geiger ist erstaunlich: Innerhalb von nur zehn Jahren stieg sie zur Parlamentarischen Staatssekretärin auf. 1980 kam sie über Platz 18 der CSU-Landesliste ins Parlament und wurde von den Medien erst einmal zur »Miß Bundestag« gekürt. Auf dem »erhabenen Platz« (als Schriftführerin neben dem Bundespräsidenten) »war die angenehme Gestalt stets im Blickfeld der Fernsehkameras«, schrieb eine Zeitung; ein Posten, dem sie ihre Popularität verdankt. Als Strauß 1986 den Bundestag für immer verließ, bewarb sich Michaela Geiger, geschieden und Mutter eines erwachsenen Sohnes, um das Direktmandat ihres politischen Vorbildes in Weilheim. Das Ergebnis, 67 Prozent der Stimmen, ist für sie ihr bis jetzt größter politischer Erfolg. Ihr größter Mißerfolg ist eine Wahlschlappe in der CSU-Landesgruppe, die zur Enttäuschung der Oberammergauerin Jonny Klein als stellvertretenden Bundestagspräsidenten favorisierte.

Nach den ersten gesamtdeutschen Wahlen, 1990, wurde die damalige außenpolitische Sprecherin der CDU/CSU Parlamentarische Staatssekretärin im Ministerium für wirtschaftliche Zusammenarbeit. Ihren ehemaligen Chef, Carl-Dieter Spranger, ärgerte sie mit Stimmenthaltung, als der Entwicklungshilfeminister bei einer Sitzung der CSU-Landesgruppe als einziger gegen eine Lockerung der Handelsrestriktionen mit China stimmte. Auch der SPD lieferte die Politikerin Gründe zum Klagen: Da gab es Beschwerden über ihre »Taschenspielertricks«, als die Entwicklungsstaatssekretärin im Oktober 1992 vorschlug, die Ausgaben für Asylbewerber als Entwicklungshilfe anzurechnen. Die CSU-Politikerin wurde verdächtigt, durch diese Maßnahme lediglich ihrem Kanzler unter die Arme greifen zu wollen. Der hatte nämlich auf der Umwelt-Konferenz in Rio im Juni 1992 die deutsche Zusage bekräftigt, die Entwicklungshilfe auf 0,7 Prozent des Bruttosozialproduktes zu steigern; ein angesichts der leeren Haushaltskasse aussichtsloses Unterfangen. Auch bei der großen §-218-Debatte im Juni 1992 im Bundestag fiel sie der Union nicht in den Rücken: Sie lehnte den Gruppenantrag zur »modifizierten Fristenlösung« ab. Als Begründung sagte sie unter anderem: »Ich kann mir nicht vorstellen, daß ein Staat, der Tiere und Pflanzen oft auch gegen den Willen der Besitzer unter Strafandrohung schützt, beim höchstentwickelten aller Lebewesen, dem Menschen, auf diese Maßnahme verzichten kann.«

ast

Schwächen: »Hat nicht die dicke Haut, die sie sich wünscht.«

Stärken: »Beharrlichkeit, Zuverlässigkeit.«

Hobbys: »Mountainbiken, Schwimmen, Lesen, UNO und Menschenrechte.«

Größte Ungerechtigkeit: »Wohlstandsgefälle zwischen der Ersten und der Dritten Welt.«

Prägendstes Erlebnis: »Geburt des Sohnes, Besuch in Berlin kurz nach dem Mauerbau.«

Reformen in der CSU: »Mehr Frauen müßten in die Entscheidungen einbezogen werden und in höhere Positionen kommen.«

Beeindruckendste Persönlichkeit: »Jesus Christus.«

Monika Hohlmeier (CSU),
Staatssekretärin,
stellvertretende CSU-Parteivorsitzende

»Die Vatertochter.«

Monika Hohlmeier ist so etwas wie ein Komet über dem sonst eher düsteren CSU-Himmel. »Einer der Sterne Bayerns«, schwärmte der frühere und über die Amigo-Affäre gestolperte Ministerpräsident Max Streibl. »Ein Gewinn für die CSU« nennt sie Parteigeneralsekretär Huber – und Streibl-Nachfolger Edmund Stoiber lobte: »Ein echtes politisches Talent.« Das will etwas heißen in der ansonsten paternalistischen CSU, die sich noch immer ein reines Herren-Kabinett als Landesregierung in München leistet. Monika Hohlmeier, so sagte sie selbst in einem Interview, freut sich jedoch am meisten, wenn nach einer ihrer Reden auf einer Veranstaltung anerkennend geraunt wird: »Ganz wia da Oide!« »Da Oide«, das ist ihr Vater, der 1988 verstorbene und schon legendäre CSU-Chef und bayerische Ministerpräsident Franz Josef Strauß.

Kaum eine Frau hat es bisher so weit gebracht in der CSU, dabei steht Monika Hohlmeiers Karriere erst am Anfang. Im Sommer 1993 berief Edmund Stoiber die 31jährige als Staatssekretärin in das bayerische Kultusministerium. Fast eine Alibi-Frau, bedenkt man, daß Stoiber immer ihren Namen erwähnt, wenn er versucht, die drastische Unterrepräsentanz von Frauen innerhalb seiner Regierung zu rechtfertigen.

Im Oktober 1993 kandidierte Monika Hohlmeier für das »Allerheiligste«, die Parteispitze. Auf dem CSU-Parteitag in München wählten sie die Delegierten zu einer der vier Stellvertreter von Parteichef Theo Waigel. Allerdings nur mit dem zweitschlechtesten Ergebnis. »Die ist doch noch viel zu jung, und mit zwei kleinen Kindern gehört sie nicht in die Politik, sondern ins Haus«, diktierte einer der Delegierten einer Journalistin in den Notizblock, die herausfinden wollte, woran das lag. In der traditionellen CSU ist das eben noch so mit den Frauen. Heim und Herd – der ewige Hort der Frau.

Doch in der Bevölkerung ist die Strauß-Tochter überaus populär; wo immer sie auch auftritt, drängen sich die Menschen. Und daß sie – neben Edmund Stoiber und Peter Gauweiler – als einzige in der CSU die Fähigkeit habe, Bierzelte zu füllen und zu faszinieren, haben ihr die Journalisten vielfach bescheinigt. Wie ihr Vater redet Monika Hohlmeier frei, immer in Blickkontakt mit ihrem Publikum. Sie reagiert mit messerscharfem Instinkt auf die Äußerungen der Zuhörer und weiß, was die hören wollen.

Ja, es waren zum Leidwesen der Strauß-Fans nicht die beiden männlichen Stammhalter der Familie, nicht der heute 37jährige Max-Josef und auch nicht der 34jährige Franz-Georg, Mitinhaber des bayerischen Heimatsenders TV Weiß-Blau, die die politische Leidenschaft des Vaters geerbt haben, sondern die 1962 geborene, jüngste Tochter Monika. Natürlich hatte sie schon als Kind ihren Vater bewundert (»Wie der sich in der Welt auskennt!«). Als Franz Josef Strauß 1979/80 als Kanzlerkandidat der Union antrat, machte Tochter Monika ihre ersten politischen Erfahrungen. Am Nachmittag, direkt nach der Schule, fuhr die damals 17jährige mit ihrer Mutter Marianne durch die Republik und trat in unzähligen Wahlkampfveranstaltungen auf – die Familie machte Werbung für den Papa. Monika war fasziniert, welche Menschenmassen der »Patriarch« mobilisieren konnte. Doch von Politik konnte vorerst im Leben der Monika Strauß keine Rede sein, alles war für die Laufbahn einer »höheren Tochter« programmiert, die allenfalls einmal eine gute Partie und eine perfekte Gastgeberin in großer Gesellschaft abgeben sollte. Der Vater befand, die Tochter solle »was Praktisches« lernen und so absolvierte Monika nach dem Abitur eine Hotelfachschule und belegte Sprachkurse in Französisch und Spanisch. 1982 heiratete sie den Münchner Geschäftsmann Michael Hohlmeier. Nach dem Unfalltod ihrer Mutter repräsentierte sie als »Landesmutter« an der Seite ihres Vaters. »Bayern ist begeistert vom Charme und der Natürlichkeit der Strauß-Tochter«, schrieb damals eine Tageszeitung. Nach der Geburt zweier Kinder, Michaela Marianne und Markus Franz, und nach dem Tod des Vaters, trat Monika Hohlmeier in die Politik ein. Bescheiden zunächst, kandidierte sie 1990 für den Gemeinderat des Münchner Vorortes Vaterstetten und erhielt auf Anhieb 90 Prozent der Stimmen. »Jetzt müss mas anpackn, Moni«, so schilderte eine Zeitschrift damals, habe daraufhin die CSU-Politikerin Mathilde Berghofer-Weichner entschieden und die »Moni« heftig gedrängt, noch im selben Jahr für den bayerischen Landtag zu kandidieren. Sie schaffte einen Rekord. Mit knapp 107.000 Stimmen überholte sie fast die gesamte CSU-Prominenz, nur Listenführer Max Streibl –

damals noch ohne Amigo-Affäre – schnitt besser ab. Monika Hohlmeier bewies bald, daß sie ihren eigenen Kopf hatte. Fast als sei sie die »Rita Süssmuth der CSU«, wagte sie beim hochsensiblen CSU-Thema § 218 politische Unabhängigkeit: »Es ist nicht unsere Aufgabe, darüber zu richten, wenn sich eine Frau trotz aller Hilfsangebote zur Abtreibung entschließt.« Die CSU-Herren waren höchst irritiert und baten die Strauß-Tochter zur Aussprache. Mit Erfolg offensichtlich – seither vermeidet sie dererlei Abweichungen von der Partei-Doktrin. Mit ihrer Wahl zur stellvertretenden Parteivorsitzenden verfolgt die CSU-Spitze ein klares Ziel. Monika Hohlmeier verkörpert den modernen Typus der konservativen Frau, jung, patent, erfolgreich. Sie soll eine Art Werbeträgerin der CSU sein – und dann auch noch der Strauß-Mythos, der sich mit ihr verbindet.

Monika Hohlmeier sieht ihren politischen Schwerpunkt vor allem im Bereich der Sozialpolitik, sie will sich für die Belange der Familien, Frauen und Kinder einsetzen. Dafür entwarf sie gemeinsam mit Barbara Stamm (Staatssekretärin im Sozialministerium) das Programm »Ein Netz für Kinder«, das im Bereich Kinderbetreuung eine Reihe von Projekten fördern soll. Obwohl sie selbst eine Haushälterin hat und berufstätige Mutter ist, propagiert sie immer wieder den ursprünglichen Typus der Mutter, die zu Hause bei ihren Kindern bleibt (»Wer Kinder hat, der muß sich auch um sie kümmern.«). Alles andere ist eben in der CSU nicht gefragt. Und so lebt sie selbst ein Stück Widerspruch – eine Politikerin, die weiß, wie schwer Kinder und Beruf unter einen Hut zu bringen sind. Aber die Politik ist eben für sie ein unverzichtbarer Lebensinhalt geworden. Monika Hohlmeier ist erst am Anfang ihrer Karriere – sie ist ja schließlich die Tochter von Franz Josef Strauß.

J.H.

Hanna-Renate Laurien (CDU),
Parlamentspräsidentin Berlin

»Die eiserne Konservative.«

»Hanna Granata« – das ist der bekannteste der vielen Spitznamen, die Hanna-Renate Laurien im Laufe ihres bewegten politischen Lebens verpaßt wurden. Aber er ist wohl auch der zutreffendste, schließlich charakterisiert er eine Politikerin, die ein Übermaß an Zähigkeit, Eigensinn und Überzeugungskraft vorweisen kann. Das hat sie wohl auch gebraucht, wie anders hätte sich die 65jährige Junggesellin in einer Partei durchsetzen können, die bis vor wenigen Jahren noch die traditionelle Rolle der Frau als Mutter zu Hause bei der Familie hochhielt? Seit 1990 ist Hanna-Renate Laurien Präsidentin des Berliner Abgeordnetenhauses. »Eine eiserne Konservative der alten Schule«, hat man sie einmal genannt, streitbar und ausgestattet mit unerbittlicher Disziplin, die sie von sich selbst und auch von ihren Mitarbeitern einfordert.

Im April 1928 als Kind wohlhabender Eltern in Danzig geboren, hat Hanna-Renate Laurien ihre Schul- und Studentenzeit in Berlin verbracht. In die Politik geriet sie noch über eine für die Nachkriegszeit typisch weibliche Karriere: den Schuldienst. Seit 1966 ist die gelernte Lehrerin für Englisch, Deutsch und Philosophie CDU-Mitglied. Sie diente ihrer Partei in vielen Funktionen treu, von der Kreisvorsitzenden bis zur Staatssekretärin. Und das kam so: Während eines Inlandfluges lernte sie den damaligen rheinland-pfälzischen Kultusminister und jetzigen Ministerpräsidenten von Thüringen Bernhard Vogel kennen, mit dem sie heute noch eine enge Freundschaft pflegt. Vogel holte sie 1971 nach Mainz und Laurien wurde Staatssekretärin im Kultusministerium. 1976 – Vogel wurde Ministerpräsident in Rheinland-Pfalz – übernahm sie selbst das Ministeramt. 1981 berief Richard von Weizsäcker bei der Senatswahl in Berlin Laurien in seine CDU-Mannschaft. Sie wurde Senatorin für Schule, Jugend und Sport. Bundesweit geriet sie schnell in die Schlagzeilen, als sie versuchte, Lehrer der Gewerkschaft GEW, die zu

Aktionen für die Friedensbewegung in den Schulen aufgerufen hatten, maßzuregeln. 1983 tat Hanna-Renate Laurien den Griff nach den Sternen – und verlor. Gewiß noch ungehörig für eine Partei wie die Union, wollte sie selbst an die Spitze und Regierende Bürgermeisterin von Berlin werden. Ihre Chancen standen auch bestens, nachdem Richard von Weizsäcker Bundespräsident in Bonn geworden war. Das Meinungsforschungsinstitut Allensbach konstatierte damals bei Berliner CDU-Mitgliedern ein Votum von 53 Prozent für Laurien und gerade 34 Prozent für ihren Widersacher Eberhard Diepgen. Prominente Berliner über alle Parteigrenzen hinweg riefen zu ihrer Wahl auf. Doch die Betonriege der CDU setzte sich durch, wenn auch erst nach einer Kampfabstimmung im Landesausschuß der Partei. »Selbst die Kollegen Senatoren wollten den weniger energischen Diepgen«, schrieb damals der konservative »Rheinische Merkur«. Eine Frau als Nummer eins und dann auch noch so durchsetzungsfähig? Den Berliner CDU-Männern grauste vor soviel weiblicher Kompetenz.

Neben der Politik hat Hanna-Renate Laurien noch ein zweites Standbein: ihren katholischen Glauben. Ursprünglich in einem streng protestantischen Elternhaus aufgewachsen, konvertierte sie in den 50er Jahren zum Katholizismus. »Meine Zugehörigkeit zur katholischen Kirche«, stellt sie fest, »ist wichtig für mich und eine immer wieder prägende Freude.« Ihre eigene Schwester allerdings, zu der sie engen Kontakt hat, arbeitet als evangelische Pastorin in Berlin-Spandau.

Hanna-Renate Laurien ist exponiertes Mitglied der Laienorganisation »Zentralkomitee der Deutschen Katholiken« und zahlloser anderer kirchlicher Gremien. Ihren Glauben bezeichnet Hanna-Renate Laurien als »Glück ihres Lebens«. Auch wenn sie standhaft die Positionen der katholischen Amtskirche verteidigt, wirkt sie keineswegs nur dogmatisch. Ihr öffentliches Streitgespräch mit dem Theologen und Kirchenkritiker Eugen Drewermann beispielsweise beim Katholikentag 1992 in Karlsruhe verschaffte ihr auch Respekt bei Gegnern. Es gibt keine wichtige persönliche oder politische Entscheidung, die sie trifft, ohne sich zuvor geistlichen Exerzitien in einem Kloster zu unterziehen.

In ihrem Amt als Präsidentin des Berliner Abgeordnetenhauses profiliert sich Hanna-Renate Laurien zunehmend als stramme Konservative. So verweigerte sie der Partei Bündnis 90/Grüne aus formalrechtlichen Gründen die Erstattung der Gelder aus der Wahlkampfkostenpauschale. Hart bleibt sie auch beim Streit um die künftige Adresse des Berliner Abgeordnetenhauses, das im April 1994 ein neues Domizil im historischen Preussischen Landtag beziehen will. Es liegt an der »Niederkirchnerstraße«, benannt nach der Kommunistin Käthe Niederkirchner, die 1944 im KZ Ravensbrück von den Nazis ermordet worden ist. Die Mehrheit aller Abgeordneten entschied sich für die Beibehaltung der Adresse. Doch ganz im Stil vergangener Zeiten des kompromißlosen Antikommunismus verweigert die Parlamentspräsidentin die Zustimmung zu dieser Adressgebung. Der Kanzler honorierte allerdings ihre unbeugsame Haltung kaum. Nie berief er Hanna-Renate Laurien in sein Kabinett, obwohl sie viel prominenter und kompetenter gewesen wäre, als manch andere/r, die Helmut Kohl nach Bonn geholt hatte. Zweifelsohne hat sie dies auch gekränkt. In einem Interview mit einer Wochenzeitung deutete sie an, was sie selbst und wohl auch andere vermuten: »Herr Kohl hat eben ein gebrochenes Verhältnis zu intelligenten Frauen.«

J.H.

Schwächen: »Dazwischenreden, spitze Worte.«

Stärken: »Deutlichkeit in der Sache, Verbindlichkeit in der Form, Humor.«

Hobbys: »Theologie, Kochen.«

Was tun Sie besonders gern? »Ich tue alles gern, was dran ist; geistige, geistliche Besinnung ist meine Freude. Am wenigsten gern räume ich Wäsche in den Schrank ein.«

Größte Angst: »Ich pflege keine Angstsyndrome in gestufter Skala.«

Warum sind Sie gerade in die CDU eingetreten? »Weil in ihr soziale und freie Marktwirtschaft vertreten wird, weil sie die Verantwortung vor Gott betont.«

Größter politischer Erfolg: »Viele Erfolge, Schulgesetze zum Beispiel, Richtlinienarbeit usw. Mein größter Mißerfolg ist, daß ich in der Bundes-CDU eine weniger auf Konfrontation gerichtete Bildungspolitik nicht erreicht habe.«

Was müßte sich in Ihrer Partei dringend ändern? »Sie muß ihre hervorragenden Leistungen besser vermitteln.«

Wichtigstes Ereignis in der Geschichte: »Das Leben des Jesus von Nazareth – in der Gegenwart: die deutsche Wiedervereinigung.«

Christine Lieberknecht (CDU),
thüringische Ministerin für
Bundes- und Europaangelegenheiten,
Vertretung des Landes beim Bund

»Ich war eine glückliche Pastorin«,

betont Christine Lieberknecht, thüringische Ministerin für Bundes- und Europaangelegenheiten. In den aufregenden Wende-Zeiten begann sie jedoch, ihre ruhige seelsorgerische Tätigkeit in dem kleinen Ort Ramsla bei Weimar gegen das anstrengende Leben als Politikerin einzutauschen. Bereits Anfang der 80er Jahre war sie der Ost-CDU beigetreten. Obwohl die Partei zu dieser Zeit eng mit der Sozialistischen Einheitspartei verknüpft war, sah sie in der CDU-Mitgliedschaft »auch ein Stück Distanz zur SED«. Nach den Wahlfälschungen bei den Kommunalwahlen war sie 1989 jedoch nahe daran gewesen, die CDU zu verlassen. Im September 1989 machte Christine Lieberknecht aber noch einen letzten Versuch: Mit drei Parteifreunden schrieb sie den »Weimarer Brief« an die Führung der Ost-CDU, in dem sie öffentlich grundlegende innerparteiliche und gesellschaftliche Reformen forderte. Zwar hatte auch Martin Kirchner – später wegen Stasi-Verwicklungen geschaßter früherer CDU-Generalsekretär (Ost) – an dem Papier mitgearbeitet. Das tat dem Ruf Christine Lieberknechts als mutige Reformerin allerdings keinen Abbruch.

Mit ihrer Auflehnung gegen die Führung der »Blockflöten«-Partei begann eine Blitzkarriere in der Politik. Kurz nach der Wende kam sie in den Parteivorstand der Ost-CDU und wurde Anfang 1990 zur stellvertretenden Landesvorsitzenden in Thüringen gewählt. Ihr Amt als Pastorin gab sie zunächst nicht auf. Auf dem zweiten thüringischen Landesparteitag im August 1990 wollte sie sich eigentlich aus der Politik verabschieden, wurde aber mit so überwältigender Mehrheit als stellvertretende Vorsitzende bestätigt, daß ein Rückzug undenkbar gewesen wäre. In der CDU/FDP-Regierung des ehemaligen thüringischen Ministerpräsidenten Josef Duchač, der später gehen mußte, weil er als »Clown Ferdinand« bei bunten Abenden der Stasi aufgetreten war, wurde Christine Lieberknecht im November 1990 Kultusministerin.

Damit hatte die mit damals 32 Jahren jüngste Ministerin Deutschlands den größten Verschleißposten des Landes angenommen. Die verwaltungsunerfahrene Politikerin war nun »Herrin« über tausend Schulen, 300.000 Schüler und rund 38.000 Pädagogen. Sie erntete heftige Kritik von Opposition und Gewerkschaften, weil sie »gnadenlos« auf der gründlichen Überpüfung der politischen Vergangenheit von Lehrern bestand. Zweifel an der Rechtsstaatlichkeit ihrer Methoden wurden laut. Ihr wurde vorgeworfen, Menschen leichtfertig in die Arbeitslosigkeit zu schicken und mit der Neuorganisation des Schulsystems überlastet zu sein. Im September 1991 berichtete die »Frankfurter Allgemeine Zeitung« (FAZ), daß von 4.500 Negativbescheiden an Pädagogen 1.500 mangels ausreichender Beweisgründe wieder aufgehoben werden mußten. Auch mit der Art des Schulsystems hatte die Ministerin ihre Schwierigkeiten. Die Opposition und die Gesamtschulbewegung »Bündnis für eine neue Schule« liefen Sturm gegen die vierklassige Grundschule Christine Lieberknechts, auf die Regelschule (Kombination aus Haupt- und Realschule) und Gymnasium folgen. Die Einführung des Religionsunterrichts an thüringischen Schulen erregte ebenfalls Protest.

Als Josef Duchač im Februar 1992 vom ehemaligen rheinland-pfälzischen Ministerpräsidenten Bernhard Vogel (CDU) abgelöst wurde, bekam Christine Lieberknecht, die wegen des »C's« der CDU, »das durch alle Zeiten hindurch verpflichtet«, in ihre Partei eingetreten war, das Amt der Europaministerin. »Europa wird am Ende nur als Ganzes sein können, oder es wird nicht sein«, prophezeite sie im Juli 1993. In einem Hörfunkinterview betonte sie, daß es »völlig inakzeptabel« sei, wenn ein »Club der Exklusiv-Europäer« die mittelosteuropäischen Staaten ausschließe. Sie plädierte deshalb für einen Beobachterstatus dieser Länder im nächsten Europa-Parlament. Die Ministerin, die den Asylkompromiß als »umstritten, aber wirksam« bezeichnet (»Minderheiten sind wichtig, aber Mehrheiten erst recht.«), will die kulturelle Bedeutung Thüringens innerhalb des europäischen Hauses stärken. Sie baut auf Föderalismus und will sich jeder »zentralistischen Superstruktur« widersetzen. Bei der vierten KSZE-Folgekonferenz im Juni 1992 in Helsinki betonte sie, daß die neuen Bundesländer wichtige Erfahrungen zum Demokratisierungsprozeß anderer Länder des ehemaligen Ostblocks beisteuern könnten. Über den Brüsseler Europaratsbeschluß über die Aufteilung der

Strukturfondsmittel für Rückstandsregionen im Juli 1993, den Kanzleramtsminister Friedrich Bohl (CDU) als »beachtlichen Verhandlungserfolg« bezeichnete, war Christine Lieberknecht enttäuscht. Die neuen Länder seien als größte Rückstandsregionen mit nur 28 Milliarden Mark Unterstützung für die Periode 1994 bis 1999 eindeutig zu kurz gekommen.

Christine Lieberknecht, 1958 in Weimar geboren, ist eine Entdeckung Helmut Kohls. Der Kanzler, den sie unverhohlen bewundert, traf sie bei einer Buchpräsentation Anfang 1990 in Bonn. Beim CDU-Vereinigungsparteitag in Hamburg (Lieberknecht: »Dort habe ich in feierlicher Form die CDU Thüringens in die CDU Deutschlands eingebracht.«), überzeugte sie Helmut Kohl wohl endgültig. Sie repräsentierte das, was er für die CDU brauchte: Jung, eine Frau aus dem Osten und unbelastet. Daß Christine Lieberknecht während ihrer Studienzeit in Jena eine Zeitlang FDJ-Sekretärin der theologischen Fakultät war (im offiziellen Lebenslauf nicht vermerkt), verzieh ihr der Kanzler wohl als Jugendsünde. Beim Parteitag in Dresden Ende 1991 stieg die junge Politikerin sogar zu seiner Stellvertreterin auf und blieb es bis zum Düsseldorfer Parteitag im Oktober 1992, wo sie ihren ehrenvollen Platz im Präsidium beim »Stechen« gegen den damaligen hessischen CDU-Parteichef Kanther und den damaligen Bundesverkehrsminister Krause wieder hergeben mußte. »Das ist ein Parteitag der Überraschungen, auf dem gezeigt wird, daß Dynamik gefragt ist«, sagte sie, bemüht, ihre Enttäuschung zu verbergen. Dafür wurde sie allerdings in den Bundesvorstand gewählt.

Christine Lieberknecht stammt aus einer Pastorenfamilie, wurde selbst Pastorin und heiratete einen Pastor, mit dem sie zwei Kinder hat. Eigentlich wollte sie Mathematik- und Physiklehrerin werden, gab diesen Plan allerdings wegen der Kompromisse, die sie mit dem SED-Regime hätte eingehen müssen, wieder auf. Ihr Großvater war ein bekannter Kunstmaler, von dem sie wohl die Liebe zur Bauernmalerei geerbt hat. Besonders gern sitzt die Politikerin in warmen Sommernächten unter alten Bäumen und trinkt ein Glas Rotwein. Am meisten im Leben geprägt hat sie »die Heimat im Weimarer Land, wahre Liebe und die schlichte Weisheit der Menschen rund um den Buchenwald am Ettersberg«.

ast

Schwächen: »Zuviel Nachsicht (ich bin mir da mit den meisten meiner Mitarbeiter einig).«

Stärken: »Bisher gute Nerven in Krisenzeiten, ein fester Wille, wenn es darauf ankommt, etwas zu erreichen.«

Wie stehen Sie zur 218-Entscheidung? »Die Gottgewolltheit des Lebens zu achten gilt auch dort, wo Leben am wehrlosesten ist, weil es ungeboren ist.«

Was tun Sie gegen Rechtsradikalismus? »Die wirksamste Bekämpfung besteht in der überzeugenden Gestaltung einer modernen, handlungsfähigen und wehrhaften Demokratie ... Ihr Hauptgegner im Osten Deutschlands ist und bleibt die Gefahr von Links durch die Nachfolgeorganisation der SED, die PDS.«

Wie stehen Sie zur Vereinigungspolitik? »Das staatsmännische Geschick von Bundeskanzler Helmut Kohl in dieser entscheidenden historischen Situation gehört zu den Glücksfällen der deutschen und europäischen Geschichte.«

Wie stehen Sie zur Treuhandpolitik? »Ich bewundere Frau Breuel (Treuhand-Präsidentin). Das gilt allerdings nicht für manchen ihrer Mitarbeiter. Die Finanzierung des Managements steht in keinem Verhältnis zu dem, was mancherorts geleistet wurde, zum Beispiel in Bischofferode.«

Beeindruckendste Persönlichkeiten: »Edith Stein, Michail Gorbatschow und Helmut Kohl.«

Wichtigstes historisches Ereignis: »Das Heilshandeln Gottes in dieser Welt durch die Geburt von Jesus von Nazareth.«

Ursula Männle (CSU),
Bundestagsabgeordnete

»Starke Frauenherzen werden über schwache Männerwillen siegen.«

Mit diesem Satz wollte Ursula Männle, CSU-Bundestagsabgeordnete, wohl nicht nur den Stadtverband Bonn der Katholischen Frauengemeinschaft Deutschlands zum 35jährigen Jubiläum im September 1992 aufrichten, sondern auch sich selbst. Denn nach ihren eigenen Angaben werden in ihrer Partei »nicht selten chauvinistische Töne und Verhaltensweisen deutlich«. Frauen müßten deshalb realistisch sein und bei der Machtverteilung mit dem erheblichen Widerstand der Männer rechnen. Wie in allen Parteien, so Männle, gebe es auch in der CSU das gut funktionierende »Old-Boys-Network«, bei dem die habilitierte Politikwissenschaftlerin schon des öfteren an ihre Grenzen gestoßen ist. So bei der Ergänzung des Grundgesetzartikels 3, die Ursula Männle unterstützte und die den Staat jetzt verpflichtet, die Gleichberechtigung von Frauen und Männern aktiv zu fördern und Ungleichheiten zu beseitigen. Hier lobte sie die Unions-Männer ironisch für ihre »hervorragende Schützenhilfe« – durch ihre Versuche, die Sache ins Lächerliche zu ziehen. Bei der Neufassung des § 218 stellte sich die CSU allerdings wieder voll und ganz hinter Ursula Männle. Für ihre maßgebliche Mitwirkung an der Ansbacher Erklärung der CSU zur Novellierung des Abtreibungsparagraphen, in der jegliche Art von Fristenlösung in Grund und Boden verdammt wurde, erhielt sie höchste Anerkennung von ihrem Vorsitzenden. Frau Männle habe in den letzten Monaten »ihr Meisterstück gemacht«, lobte sie Theo Waigel im September 1991. »Leben kann nicht für einen gewissen Zeitraum zur Disposition stehen«, sagte Ursula Männle im Juli 1992, enttäuscht, daß die modifizierte Fristenlösung im Vormonat sogar mit Hilfe von 32 Unionsabgeordneten im Bundestag verabschiedet worden war. Vorher war ihr im Sonderausschuß »Zum Schutz des ungeborenen Lebens«, in dem die Neufassung des § 218 vorbereitet wurde, einiges aus dem Ruder gelaufen. Weil sich dort eine Mehrheit für die modifizierte Fristenlösung (Gruppenantrag) und gegen die von der Union befürwortete Indikationslösung, bei der die Frau nicht selbst über die Abtreibung entscheiden kann, abzeichnete, versuchte Ursula Männle als Vorsitzende, die Ausschußarbeit zu beenden, ohne dem Bundestag eine Beschlußempfehlung zu geben. Sie fürchtete die Signalwirkung auf die Abstimmung im Parlament. Nachdem sich diese Befürchtung bestätigt hatte, schloß sie sich den Klägern gegen den »Gruppenantrag« an und geriet nach der Entscheidung des Bundesverfassungsgerichts (BVG) im Mai 1993 in die Klemme, weil sie das Urteil (die Abtreibung ist bis zur 12. Woche und nach vorheriger Beratung rechtswidrig, aber straffrei und wird nur in Ausnahmefällen von der Krankenkasse bezahlt) als Bestätigung der BVG-Entscheidung von 1975 zur Abschaffung der Fristenlösung darstellte und die Anliegen der Union berücksichtigt sah. Das war verwunderlich, duldet das Bundesverfassungsgericht doch jetzt in der Praxis die modifizierte Fristenlösung, wenn auch mit Einschränkungen. »Ein paar Semester Jura wären ganz hilfreich zum Verständnis des verklausulierten Juristendeutsch gewesen«, räumte Ursula Männle nachher ein. Und es sei ihr schwergefallen, das Urteil zu bewerten, noch bevor es vollständig verlesen worden sei, »aber die Reporter wollen ja immer sofort eine Stellungnahme«.

Nach dem Karlsruher Urteil machte sich Ursula Männle, die als begeisterte Adenauer-Anhängerin 1964 der CSU beitrat, für ein bundeseinheitliches Beratungsgesetz stark, das der Frau die Entscheidung für das Kind »erleichtern« soll. Sie plädierte für die Wiedereinführung der Meldepflicht für Abtreibungen. Außerdem wollte sie Ärzte, die den Abbruch vornehmen, unter Strafandrohung dazu verpflichten, sich von der Frau die Gründe darlegen zu lassen und das Gespräch zu dokumentieren. »In der Öffentlichkeit muß deutlich sein, daß Schwangerschaftsabbruch ein Unrecht ist«, betonte die Politikerin im Juli 1993 und forderte ein Verbot von reinen Abtreibungskliniken. Im Oktober 1993 legte die Union dann ein Papier zum geplanten Strafrechtsparagraphen 218 vor, in dem scharfe Töne angeschlagen wurden. Danach sollten zum Beispiel Ärzte, die nicht versuchen, abtreibungswilligen Frauen den Eingriff auszureden, mit Freiheitsstrafen von einem Jahr bedroht werden können. Ursula Männle, die die Verdoppelung der Mitgliederzahlen der CSU-Frauen Union während ihrer Amtszeit als Vorsitzende (1981 bis 1991) als ihren größten politischen Erfolg ansieht, trat außerdem für eine Strafandrohung gegen Angehörige und Partner der schwangeren Frau ein, die sie zu einer Abtreibung drängen oder ihr Hilfe verweigern.

Die Parlamentarierin, geboren 1944 in Ludwigshafen/Rhein, ledig, studierte nach dem Abitur Politologie, Soziologie und Neuere Geschichte in München und Regensburg. Ihr Berufsweg begann 1970 als wissenschaftliche Assistentin an der Akademie für Politische Bildung in Tutzing. 1976 wurde sie Politikprofessorin an der Katholischen Stiftungsfachhochschule München, Abteilung Benediktbeuren. Sie war Landesvorsitzende des Rings Christlich Demokratischer Studenten (RCDS) und von 1973 bis 1977 stellvertretende Bundesvorsitzende der Jungen Union (JU). 1979 kam sie als Nachrückerin zum ersten Mal in den Bundestag. Dort trat sie unter anderem für einen leichteren beruflichen Wiedereinstieg von Frauen ein, für Erziehungsgeld, für die Anrechnung von Kindererziehungszeiten in der Rentenversicherung und für betriebliche Kindergärten. Im Juli 1988 sprach sie sich für ein eigenständiges Aufenthaltsrecht für mit Deutschen verheiratete Ausländerinnen aus und setzte sich für eine Verschärfung des Strafrechts bei Kinderpornographie und für die Verfolgung von Kindesmißbrauch im Ausland ein. Neben ihrer Tätigkeit als frauen- und familienpolitische Sprecherin ihrer Fraktion ist Ursula Männle auch Vorsitzende der Arbeitsgruppe »Familien und Senioren« und der Gruppe der Frauen der CDU/CSU-Bundestagsfraktion.

ast

Schwächen: »Manchmal auf den letzten Drücker arbeiten, zu sagen, was ich denke, unduldsam.«

Stärken: »Gutes Gedächtnis, Empathie, Humor, unkonventionell, ideenreich, gelassen, familienfreundlich, rücksichtsvoll, beharrlich, immer wieder neu anfangend, Mut machend, motivierend.«

Asylkompromiß: »Europäische Abkommen (z. B. Schengen), die veränderte Zuwanderungssituation, geringe Anerkennungsquote von Asylbewerbern u. a. machten eine Grundgesetzänderung unverzichtbar, um das Grundrecht auf Asyl für politisch Verfolgte zu gewährleisten.«

Wie kann man dem Rechtsradikalismus begegnen? »Umdenken in der Erziehung, in politischer Bildung, mehr praktische, demokratische, politische Kultur, wirksame Bekämpfung der Arbeitslosigkeit, Lösung der sozialen Brennpunkte, ggfs. Verschärfung von Strafgesetzen.«

Energie der Zukunft: »Sozialverträgliche Verteuerung von Energie, sparsamerer Energieverbrauch beim Autofahren, neue Formen der Energiegewinnung – ein Ausstieg aus der Atomkraft ist auch umweltpolitisch mehr als fraglich.«

Größter Skandal: »Die Barschel-Affäre ... sie zeigt die ganze Bandbreite von Unmoral und Politik.«

Hobbys: »Reisen.«

Lieblingsland/Lieblingsstadt: »USA/Sydney.«

Lieblingsspeise: »Hausmannskost, z. B. Dampfnudeln.«

Angela Merkel (CDU),
Bundesministerin für Frauen und Jugend

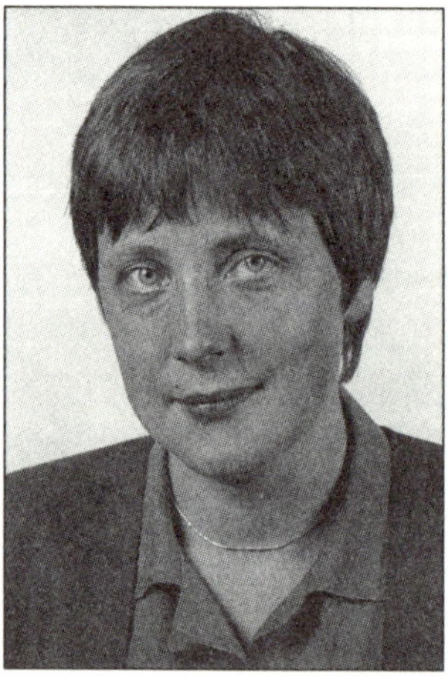

»Wir brauchen mehr Frauen auf allen Ebenen der Partei.«

»Es ist schwierig, Politik für Frauen zu machen. Da fühle ich mich oft beklommen.« Angela Merkel weiß, wovon sie redet. Die CDU, die 1985 noch auf ihrem Essener Parteitag eine offensive Frauenförderung in Gesellschaft, Beruf und Partei verlangte, ist immer noch eine männerdominierte Vereinigung.

Angela Merkel kämpft gegen das Image, nur eine Alibi-Ministerin zu sein. Ihr Entwurf eines Gleichberechtigungsgesetzes geht den meisten Mitgliedern der Unionsfraktion und den Kabinettskollegen viel zu weit. Frauenverbände und Opposition andererseits werfen Angela Merkel vor, der Gesetzentwurf sei ineffektiv und tauge nicht dazu, die Rechte von Frauen zu stärken. Dennoch sieht es Angela Merkel als ihren »größten politischen Erfolg«, das Gleichberechtigungsgesetz erst mal auf den Weg gebracht zu haben. Die Bundesfrauenministerin hat nicht viel politischen Spielraum. Gegen die verheerende

Arbeitslosigkeit von Frauen im Osten beispielsweise kann sie nichts unternehmen, allenfalls intensivere Untersuchungen der Situation in Auftrag geben, Modellprojekte initiieren und Appelle formulieren. Angela Merkel ist eine Realistin: »Frauenpolitik wird einfach noch nicht ernst genug genommen.«

Als Jugendministerin setzt sich Angela Merkel für den Aufbau einer freien Jugendarbeit ein. Sie ist eine der wenigen Politikerinnen, die (gemeinsam mit Kabinettskollegin Sabine Leutheusser-Schnarrenberger) etwa nach den Ausschreitungen gegen Ausländer in Rostock und Hoyerswerda – in den betroffenen Wohnvierteln auftrat und mit den Jugendlichen dort diskutierte. Schließlich kennt sie die Probleme im Osten aus eigener Erfahrung.

Angela Merkel, 1954 als Tochter eines evangelischen Pfarrers und einer Lehrerin geboren, wuchs in Templin in der Mark Brandenburg auf. Nach dem Abitur studierte sie Physik an der Universität Leipzig. Nach der Dissertation arbeitete sie im Zentralinstitut für physikalische Chemie an der Berliner Akademie der Wissenschaften. Nach dem Ende der DDR engagierte sich Angela Merkel in der Oppositionsgruppe »Demokratischer Aufbruch« (DA), zu der auch Rainer Eppelmann und der später enttarnte Stasi-Spitzel Wolfgang Schnur gehörten. »Ich wollte beim Aufbau demokratischer Strukturen in der ehemaligen DDR dabeisein und vor allem an den Veränderungen mitarbeiten«, begründet die Frauenministerin ihren Einstieg in die Politik. Beim DA war Angela Merkel für Pressearbeit zuständig und forcierte den raschen Anschluß an die westdeutsche CDU. Nach der Volkskammerwahl wurde sie stellvertretende Regierungssprecherin des damaligen Regierungschefs Lothar de Maiziere und trat in die CDU ein (»Wegen des Bekenntnisses der Union für die soziale Marktwirtschaft und die deutsche Einheit«). Angela Merkel lernte den Parteivorsitzenden Helmut Kohl kennen, der die junge Politikerin nach Kräften förderte. Bei seinem zehnjährigen Kanzlerjubiläum 1992 war sie eine der wenigen auserwählten Festrednerinnen. Seitdem steht Angela Merkel vor allem in den Medien unter Verdacht, zu sehr die Interessen des Kanzlers zu vertreten. Nachdem sie 1990 bei der ersten gesamtdeutschen Bundestagswahl ein Direktmandat im Wahlkreis Stralsund-Rügen-Grimmen gewonnen hatte, ernannte Helmut Kohl Angela Merkel im Januar 1991 zur Ministerin für Frauen und Jugend. Parallel lief ihre Karriere in der Partei: Im Dezember 1991 wurde sie zur stellvertretenden Parteivorsitzenden gewählt.

Ihr größter politischer Mißerfolg ist nach ihren eigenen Angaben ihre Niederlage bei der Wahl des Vorsitzenden der CDU Brandenburg gewesen. Angela derlage bei der Wahl des Vorsitzenden der CDU Brandenburg gewesen. Angela Merkel hatte – mit der massiven Unterstützung Helmut Kohls – gegen den Landesvorsitzenden Ulf Fink kandidiert und schließlich verloren. Nach dem spektakulären Rücktritt von Bundesverkehrsminister Günther Krause wurde sie im Juni 1993 jedoch dessen Nachfolgerin im Amt der Landesvorsitzenden von Mecklenburg-Vorpommern. Angela Merkel will sich dafür einsetzen, daß mehr Frauen auf allen Ebenen der Partei zum Zuge kommen. Allerdings vermeidet sie hier eine Konfrontation mit der Parteispitze und meint, dies sei auch ohne Quote zu schaffen. Daß Angela Merkel als Frauenministerin zu wenig konfliktbereit sei, beispielsweise beim § 218, werfen ihr die Kritiker vor (bei der Entscheidung über den »Gruppenantrag« zur modifizierten Fristenlösung im Juni 1992 im Bundestag enthielt sie sich der Stimme). Doch sie gewinnt zunehmend eigenes Profil, auch wenn es um die Vertretung der Ost-Interessen innerhalb der Partei geht. Die nüchterne, intelligente Politikerin, ohne Allüren im Auftreten, hat es bisher vermieden, sich einem bestimmten Parteiflügel zuordnen zu lassen.

Angela Merkel, die in ihrer Freizeit gerne kocht (am wenigsten gern mag sie bügeln), und Spaghetti und Gemüse ihre Lieblingsspeisen nennt, hat ausgerechnet die Sonnenblume, das Symbol der Grünen, zur Lieblingsblume erkoren. Zusammen mit ihrem Lebensgefährten wohnt sie in Berlin. Als Naturwissenschaftlerin hat sie ein klares Vorbild: Die französische Physikerin Marie Curie. Und was ist für Angela Merkel das wichtigste Ereignis in der Geschichte? »Der Urknall.«

J.H.

Schwächen: »Nachgiebigkeit, Ungeduld.«

Stärken: »Schnelle Auffassungsgabe, Zugehen auf Menschen.«

Hobbys: »Plaudern, Gartenarbeit, Wandern.«

Größte Ungerechtigkeit: »Daß die Gleichberechtigung bis heute nicht durchgesetzt ist.«

Asylkompromiß: »Ich halte ihn für notwendig, um den inneren Frieden in unserem Land zu sichern.«

§ 218-Entscheidung: »Ich habe mich für den Mehrheitsentwurf der Unionsfraktion gewogen.«

Frauen in der Bundeswehr: »Heute bin ich dagegen. Das ist ein Punkt, den wir uns nicht von Männern vorgeben lassen sollten.«

Susanne Rahardt-Vahldieck (CDU),
Bundestagsabgeordnete

»Ich bin nicht in den Bundestag gegangen, um den Mund zu halten, dann hätte ich auch zu Hause bleiben können.«

Susanne Rahardt-Vahldieck, CDU-Bundestagsabgeordnete und Berichterstatterin der CDU/CSU-Fraktion für Sekten und Psychokulte, scheut sich nicht vor offenen Worten. Besonders deutlich kam das in der kontroversen Heitmann-Debatte Ende des Jahres 1993 zum Ausdruck. Mit ein paar wenigen abtrünnigen Unionskollegen, wie Bundestagspräsidentin Rita Süssmuth oder Friedbert Pflüger, tat sie offen ihre Vorbehalte gegen den Bundespräsidentschaftskandidaten von Kanzler Kohl, Steffen Heitmann, kund. »Mit den Frauen hat er sich's schon verdorben«, sagte sie im Oktober 1993 zu den Äußerungen des sächsischen Justizministers, Frauen hätten durch die zunehmende Arbeitslosigkeit die Chance, sich auf ihre traditionelle Mutter- und Hausfrauenrolle zu besinnen. Auch die Bemerkungen zu Ausländern und Juden, für die Heitmann sogar Applaus von den Republikanern bekam, reizten Susanne Rahardt-Vahldieck zum Widerspruch. »Herr Heitmann polarisiert. Ein Bundespräsident sollte integrieren und nicht spalten.« Im Oktober 1993 sagte sie in die Fernsehkameras, daß es in der Fraktion an die dreißig Abgeordnete gebe, die nicht mit der Nominierung Heitmanns einverstanden seien. Die Berufung der früheren CDU-Sprecherin, Claudia Conrad, zur Sprecherin Heitmanns kommentierte sie so: »Das sieht ja wie eine Aufpasserin aus.« Nach der Vorstellung des umstrittenen Kohl-Kandidaten in der CDU/CSU-Fraktion in Bonn, bei der Kritikerinnen wie Rita Süssmuth ausgebuht worden waren, bedauerte Susanne Rahardt-Vahldieck den »Psycho-Terror«, der ein freies Gespräch behindert habe, und fand es traurig, daß Parlamentarier im Spannungsfeld zwischen Fraktionsdisziplin und eigenständiger Gewissensentscheidung es nicht mehr wagten, von der offiziellen Linie abzuweichen. »Wenn der Vorsitzende übermächtig wird, kann eine Partei nicht mehr atmen«, meinte sie, »und eine Partei, die nicht mehr atmen kann, verkrustet und versteinert.« Es sei vernünftig, über die Parteigrenzen hinweg einen Kandidaten zu finden, betonte die Politikerin, die Mitglied im Wahlmännerausschuß ist. Ihr Vorschlag: der Ost-Sozialdemokrat Richard Schröder.

Auch bei anderen Gelegenheiten fiel Susanne Rahardt-Vahldieck dem Kanzler unangenehm auf. Einmal schnitt Helmut Kohl ihr sogar das Wort mit »Schluß jetzt« ab. Bei einer Krisensitzung zur Neuregelung des § 218 wollte sich die Christdemokratin, die in die Politik gegangen ist, um »gerade jüngeren Frauen eine Stimme zu geben«, für die Fristenregelung aussprechen. Da platzte dem Kanzler und dem damaligen Fraktionsvorsitzenden Alfred Dregger der Kragen. Sie schalteten Rahardt-Vahldieck einfach das Mikrofon ab. In der Folgezeit bis zur Verabschiedung des parteiübergreifenden Gruppenantrags am 26. Juni 1992, der eine modifizierte Fristenlösung mit Beratungspflicht vorsah, übte die Unionsspitze massiven Druck auf mögliche Abweichler aus. Unter anderem wurde ostdeutschen CDU-Abgeordneten zu verstehen gegeben, daß sie in der Partei nichts mehr werden könnten, wenn sie für den Gruppenantrag stimmten. Susanne Rahardt-Vahldieck ließ sich nicht einschüchtern und votierte für den Gesetzentwurf, der schließlich verabschiedet wurde.

In der gemeinsamen Verfassungskommission von Bund und Ländern, in der sie Berichterstatterin für ihre Fraktion war, enthielt sich Susanne Rahardt-Vahldieck demonstrativ der Stimme, als der »Umweltschutz als Staatsziel« zur Aufnahme in die Verfassung zur Debatte stand. Auch hier hatte der Parlamentarische Geschäftsführer ihrer Fraktion, Jürgen Rüttgers, möglichen Abweichlern Konsequenzen angedroht, wenn sie dafür stimmen würden. Der Antrag verfehlte dann auch um zwei Stimmen die erforderliche Zwei-Drittel-Mehrheit, wurde jedoch später bei einer zweiten Abstimmung angenommen. In der Verfassungskommission setzte sich Susanne Rahardt-Vahldieck auch für einen Zusatz zum Grundgesetzartikel 3 ein, der den Staat jetzt verpflichtet, die Gleichberechtigung von Frauen aktiv zu fördern. Die größte Ungerechtigkeit ist für sie, daß die Leistungen von Frauen in vielen Ländern der Welt gar nicht und in allen Ländern viel zu wenig anerkannt würden, daß sie in Krise und Krieg am meisten litten.

Als Berichterstatterin der Union für Jugendsekten und Psychokulte kämpfte die Politikerin im Bundestag gegen Organisationen wie die »Scientology Church«, die mit ihren »autoritären Methoden Herrschaftsstrukturen aufbaut und labile, der Lebenshilfe bedürftige Menschen psychisch und finanziell ausbeutet«. Sie forderte eine Dokumentationsstelle für Sekten, die Förderung der wissenschaftlichen Forschung dazu und flächendeckende Beratungseinrichtungen.

Worum sich die Politik in nächster Zukunft am dringendsten kümmern müsse, sei die Konsolidierung des Arbeitsmarktes, vor allem auch für Frauen, findet die Parlamentarierin. Die Rechtsanwältin aus Hamburg, geboren 1953 in Göttingen, sprach sich im Bundestag auch für erweiterte Methadonprogramme für Drogensüchtige aus. Sie ist der Meinung, daß die Glaubwürdigkeit von demokratischen Politikern die beste Waffe gegen Rechtsradikalismus ist. Bei der Energiefrage hält sie die Autobahn-Vignette für vernünftig und steht einer Energiesteuer skeptisch gegenüber. Die Atomkraft ist für sie eine gefährliche Technologie, auf die man jedoch im Augenblick nicht verzichten könne. Die Politikerin, für die die CDU die einzige Partei ist, die ihrem Menschenbild entspricht (FDP zu überindividualistisch, zu egozentrisch, nur für kleine Wählergruppen, SPD zu kollektivistisch), trat mit 16 in die Junge Union (JU) ein. Von 1983 bis 1986 war sie Hamburger JU-Landesvorsitzende, war zweimal in der Hamburger Bürgerschaft und ist seit 1984 im Landesvorstand der CDU. Ihr Mann Heino, mit dem sie eine sechsjährige Tochter hat, ist Bürgerschaftsmitglied der CDU. 1990 kam Susanne Rahardt-Vahldieck zum ersten Mal in den Bundestag. Hier verband sie das Berufliche mit dem Privaten. Sie zog mit der CDU-Ost-Abgeordneten Elisabeth Grochtmann in eine Bürogemeinschaft und eine gemeinsame Wohnung. »Das fördert gegenseitiges Verständnis und eröffnet neue Horizonte.«

ast

Schwächen: (Aus Sicht der Mitarbeiter): »Verzettelung, chaotische Arbeitsweise, unbändiger Redefluß. (Aus eigener Sicht): »Kann leider meinen Mitarbeitern nur zustimmen.«

Stärken: »Kompetenz, Durchsetzungsvermögen, Beharrlichkeit, Übersicht im Chaos, läßt sich nicht aus macht- und oder parteipolitischen Erwägungen von ihren Vorstellungen und Meinungen abbringen, Beharrlichkeit und langer Atem, Frechheit.«

Hobbys: »Englische Geschichte (Mittelalter), englische Literatur (Jane Austen, Brontës, Dickens, Collins), englische Krimis (Dorothy Sayers, P.D. James, Martha Grimes).«

Was tun Sie gern/ungern? »Selbstgezogene Kräuter und Früchte verarbeiten/Steuererklärungen verfassen.«

Größte Angst: »Krankheit und Tod in meiner Familie«

Was müßte sich an Ihrer Partei ändern? »Sie muß reformfreudiger werden und offener für Frauen und Jüngere ... Der Eindruck, die da oben machen alles unter sich aus, muß abgebaut werden ...«

Solidarpakt: »Keiner meiner Kollegen, und ich auch nicht, stimmen mit allen Entscheidungen zum Solidarpakt überein ... Sehr unerfreulich ist, daß ein Teil der Maßnahmen diejenigen getroffen hat, die eine Unterstützung am nötigsten haben (Arbeitslose usw.).«

Eingreifen auch deutscher Soldaten im ehemaligen Jugoslawien? »Ich bin immer der Meinung gewesen, daß die UNO im ehemaligen Jugoslawien hätte eingreifen müssen. Das Morden, die Massenvergewaltigungen, der Hunger und das Elend dort sind unbeschreiblich. Das hätte selbstverständlich auch den Einsatz deutscher Soldaten bedeutet, nach Klärung der Verfassungslage.«

Beeindruckendste Persönlichkeiten: »Richard III. (nicht in der Shakespeare-Version), Elisabeth I., Napoleon, Bismarck, Rosa Luxemburg, Konrad Adenauer.«

Hannelore Rönsch (CDU),
Bundesministerin für
Familie und Senioren

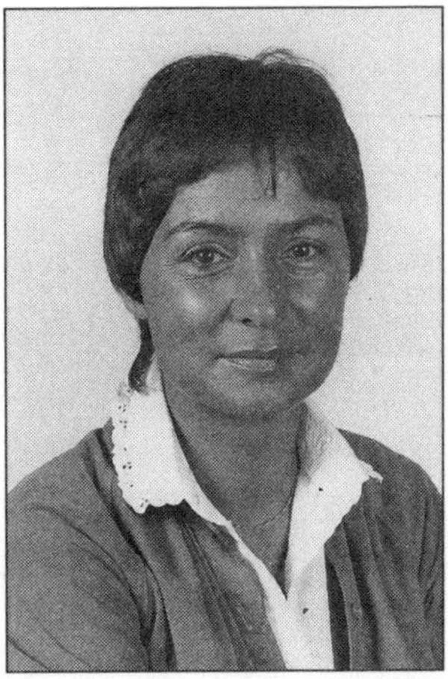

»Familie ist für mich ein kleines Stück Gemeinsamkeit, Schutz und Geborgenheit ...«

Lieblingsworte der Bundesministerin für Familie und Senioren, Hannelore Rönsch (CDU), die diesem »Hort« der Gesellschaft einen neuen Stellenwert geben möchte. Für die Familie hat sie sich deshalb auch wiederholt im Bundestag stark gemacht. Im November 1992 warnte sie davor, die Leistungen für Familien weiter einzuschränken, denn bereits im Haushalt 1993 sei knapp eine Milliarde Mark an Kindergeld, Kindergeldzuschlag und Erziehungsgeld wegen des Geburtenrückgangs eingespart worden. Im Frühjahr 1993 forderte Finanzminister Theo Waigel im Bereich Sozialhilfe aber dennoch seinen Tribut: Im Rahmen des Solidarpakts wurde der Anstieg der Sozialhilfe-Regelsätze bis Juni 1994 auf zwei Prozent begrenzt. Überlegungen, speziell kinderreichen Familien die Sozialhilfe zu kürzen (Rönsch: Größere Familien könnten wirtschaftlicher einkaufen), wurden später fallengelassen. Dieser Vorschlag basierte auf der Überlegung, daß vergleichbare Familien ohne Sozialhilfebezüge teilweise sogar weniger Einkommen haben als unterstützte Familien. Kritiker kreideten der Ministerin aber trotzdem an, daß sie zu wenig Stehvermögen für die Schwächeren dieser Gesellschaft gezeigt und den Kürzungsbeschlüssen der Bundesregierung allzu eilfertig nachgegeben habe. Bei der zweiten Sparrunde schaffte sie es jedoch, eine Kürzung des Kindergeldes abzuwenden.

Auch im Zusammenhang mit der Änderung des Bundessozialhilfegesetzes geriet sie unter Beschuß. Ihr Vorschlag, geeignete Sozialhilfeempfängerinnen unter bestimmten Umständen in Kindergärten zu beschäftigen, war für die SPD »eine schallende Ohrfeige für das in pädagogischen Einrichtungen arbeitende Personal«. Im Oktober 1993 verabschiedete die Koalition eine Verschärfung der Arbeitspflicht für jüngere Sozialhilfeempfänger. Um Sozialhilfemißbrauch einzuschränken, plädierte Hannelore Rönsch für mehr Möglichkeiten des »Datenabgleichs« zwischen Sozialhilfeträgern, der Bundesanstalt für Arbeit und den Trägern der Rentenversicherung. Bei der Verabschiedung des Asylbewerberleistungsgesetzes im Mai 1993 begrüßte sie den Ersatz von Bargeld für Asylbewerber durch Sachleistungen. Am Asylkompromiß hat die Ministerin nichts auszusetzen: »Deutschland bleibt für politisch, religiös und rassisch Verfolgte ein sicherer Zufluchtsort.« Auch bei der Neufassung des § 218 enttäuschte Hannelore Rönsch ihren Kanzler nicht. Sie gehörte zu den 249 Unionsabgeordneten, die gegen den parteiübergreifenden Gruppenantrag (modifizierte Fristenlösung) beim Bundesverfassungsgericht klagten. Der Gleichheitsartikel 3 des Grundgesetzes wurde ohne Hannelore Rönschs Unterstützung ergänzt. Diese Ergänzung hatte eine große, parteiübergreifende Fraueninitiative durchgesetzt und den Staat damit verpflichtet, die Gleichberechtigung von Frauen aktiv zu fördern. Auch wollte die Politikerin den Grundgesetz-Artikel 6 (Ehe und Familie) »nicht verwässern«. Als die Gleichstellung von nichtehelichen Lebensgemeinschaften mit der Ehe in der Verfassungskommission zur Debatte stand, befürchtete die Ministerin, daß dies die »tatsächliche Bedeutung von Ehe und Familie in der Gesellschaft nivellieren würde«.

Hannelore Rönsch, geboren 1942 in Wiesbaden, verheiratet, eine Tochter, hat selbst viel Familiensinn. »Mohrchen« (Spitzname seit dem Kindergarten) ist aber, wie ihr Mann Claus bedauert, zu selten zu Hause in Wiesbaden. Dafür ist sie unter anderem häufig für das Wohl von Senioren unterwegs. Im April 1993 gründete sie etwa eine Stiftung mit dem einprägsamen Namen »Daheim im Heim«, die die Situation von maroden Alten- und Pflegeheimen in Ostdeutschland verbessern soll. Mit Aktionen wie dem Literaturwettbewerb »Alt und jung gemeinsam – ein Gewinn für uns alle« oder dem Fotowettbewerb »Über das Alter in Europa« versucht die einzige europäische Seniorenministerin immer wieder, alte Menschen zu motivieren. In einem Interview mit der Zeitschrift »Lebendige Zelle« (herausgegeben vom Landeskomitee der Katholiken in Bayern) betonte sie zum Beispiel, daß ältere Menschen »Sachkenntnis, Lebenserfahrung und Einsicht in geschichtliche Abläufe« in die Gesellschaft einbringen könnten. Ihr größter politischer Erfolg ist nach eigenen Angaben der Bundes-Alten-Plan, der den Modellversuch »Senioren-Büro« beinhaltet. Diese Seniorenbüros – bis Ende 1993 wurden bundesweit 32 eingerichtet – sind Anlaufstellen für ältere Menschen, die gerne noch aktiv sein wollen und herauszufinden versuchen, wie sie ihre Fähigkeiten am besten in die Gesellschaft einbringen können.

Hannelore Rönsch wäre eigentlich gerne Lehrerin geworden, aber das Geld war zu knapp für ein Studium. Deshalb besuchte sie nach der mittleren Reife die höhere Handelsschule und arbeitete rund 20 Jahre lang als Angestellte des gemeinnützigen Wohnungsbauunternehmens »Nassauische Heimstätte«. 1963 kam sie zur CDU und engagierte sich ab 1966 in der Kommunalpolitik. 1980 wurde sie als Stadträtin in den Magistrat von Wiesbaden gewählt und kam 1983 zum ersten Mal in den Bundestag. Sie war dort hauptsächlich im Bildungs-, Wissenschafts- und Wohnungsbaubereich tätig und wurde 1987 Mitglied des Bundestagsausschusses für wirtschaftliche Zusammenarbeit. Seit Januar 1991 verwaltet Hannelore Rönsch den viertgrößten Ministerhaushalt mit dem Spitzen-Frauenanteil von 51 Prozent – ohne Quote.

Im Februar 1993 sollte ihr eine ungewöhnliche Ehre widerfahren: Die Kieler SPD-Landtagsfraktion wollte sie mit dem »Mutterkreuz« ehren. In einem Interview mit den »Kieler Nachrichten« hatte sie sich gegen eine Einmischung von Volker Rühe (CDU) in ihr Ressort gewehrt. Der Verteidigungsminister hatte vorgeschlagen, Bezieher höherer Einkommen könnten ruhig auf Kindergeld verzichten. Hannelore Rönsch dazu: »Ich werde Herrn Rühe sagen, daß es wichtig ist, Eltern in ihrem Kinderwunsch zu unterstützen. Schließlich braucht der Verteidigungsminister auch genügend junge Soldaten, um eine wehrtüchtige Armee aufrechterhalten zu können.« Die nach eigenen Angaben etwas »zu saloppe« Bemerkung kam ebenso in die Schlagzeilen wie die »Klassenfahrt« nach Bonn, die »Mohrchen« für 44 ehemalige Mitschüler im November 1992 organisierte. Die Zeche für das Wiedersehensfest nach 35 Jahren zahlte Hannelore Rönsch zwar selbst. Für den restlichen Aufenthalt – zwei Tage am Rhein mit Bonn-Programm – mußten allerdings die Steuerzahler aufkommen. Denn er wurde unter dem Titel »Tagung für politisch Interessierte« verbucht. Illegitim war dieses »Klassentreffen« nicht, denn Ministerin Rönsch, die gleichzeitig Bundestagsabgeordnete ist, hat das Recht, pro Jahr 50 Bürger aus ihrem Wahlkreis einzuladen. Der Kanzler soll aber trotzdem die Stirn darüber gerunzelt haben.

ast

Schwächen: »Große Gutmütigkeit, vergißt die Zeit bei Reden und Terminen, Ungeduld.«

Stärken: »Bürgernähe, Natürlichkeit, Aufgeschlossenheit, Tatkraft, Engagement, Toleranz, Zuhörenkönnen.«

Was muß sich an Ihrer Partei dringend ändern? »Wir müssen mehr junge Leute gewinnen, damit der Dialog zwischen den Generationen auch innerhalb der CDU lebendig bleibt und gute Konzepte für die Zukunft hervorbringt.«

Politische Ziele: »In der Familienpolitik möchte ich einen sozialen Umbau des Familienlastenausgleichs voranbringen. Das Kindergeld muß für einkommensschwache, kinderreiche Familien wesentlich höher ausfallen als heute. Dies wird möglich, sobald der Kinderfreibetrag hoch genug ist, um das Existenzminimum für jedes Kind steuerlich freizustellen.«

Was tun Sie gegen den Rechtsradikalismus? »Ich setze mich entschieden dafür ein, daß Eltern und Lehrer ihre Verantwortung in der Erziehung von Kindern und Jugendlichen wieder umfassender wahrnehmen.«

Was halten Sie von der Vereinigungspolitik? »Die schnelle Vereinigung bleibt richtig, denn die Einheit war nur zu diesem Zeitpunkt machbar. Die Menschen in Deutschland haben seit 1990 viel mehr gewonnen als verloren.«

Hobbys: »Lesen, radfahren, schwimmen«

Lieblingsblumen: »Veilchen«

Lieblingsland/Lieblingsstadt/Lieblingsmusik: »Hessen, Wiesbaden, Mozart, Bizet, Jazz.«

Petra Roth,

Vorsitzende der Frankfurter CDU

»Die Frau mit Mut tut Frankfurt gut.«

Dieser einfallsreiche Slogan sollte Petra Roth, CDU-Chefin von Frankfurt und frühere Stadtverordnetenvorsteherin im Römer, zum Sieg bei den Kommunalwahlen im März 1993 verhelfen. Mut war auch so ziemlich das einzige, was ihr Kritiker und Kollegen zunächst zugestanden. Denn die damals im kommunalen Bereich unerfahrene Politikerin trat eher als Notlösung gegen den Politprofi der rot-grünen Koalition Andreas von Schoeler (SPD) an, nachdem der damalige Forschungsminister Heinz Riesenhuber abgewinkt hatte. Aber obwohl es ihr nicht gelang, ihn am 7. März 1993 vom Oberbürgermeistersessel zu verdrängen, lehrte sie die SPD dennoch das Fürchten. Mit ihr als Kandidatin verloren die Christdemokraten zwar 3,2 Prozent, wurden mit 33,4 Prozent aber wieder stärkste Fraktion im Rathaus; nach eigenen Angaben ihr bisher größter politischer Erfolg. Von Schoeler hatte 8,1 Prozent der Stimmen verloren und mußte das schlechteste Ergebnis der Nachkriegszeit auf seine Kappe nehmen. Nur durch den Stimmenzuwachs bei den Grünen konnte die rot-grüne Koalition weiterregieren. Petra Roth galt damit als heimliche Wahlsiegerin. Die gelernte Arzthelferin, die ein gutes Jahr vorher als erste Frau Frankfurter CDU-Chefin geworden war, hatte ihre Chancen wegen der Bonner Politik selbst als nicht besonders hoch eingeschätzt. Die CDU habe derzeit »keine Saison«, sagte sie. Auch in den eigenen Reihen war man eher skeptisch. Horst Hemzal, damals Vorsitzender der CDU-Fraktion im Römer, hatte noch im Januar 1993 in einem Interview gesagt, als Landtagsabgeordnete brauche sie »halt Zeit, um sich in die Probleme Frankfurts einzuarbeiten«. Dennoch bescheinigte ihr die CDU Dynamik und großes Engagement. Die »Frankfurter Lösung für Frankfurter Themen« wollte drastisch gegen Verbrechen und Drogen in der Stadt einschreiten, die Probleme in der Wohnungspolitik angehen, ein besseres Verkehrskonzept erarbeiten und den Schuldenberg von damals sieben Milliarden abbauen. Die »akustische Überwachung von Wohnungen« hält sie für notwendig, um gegen das organisierte Verbrechen vorzugehen.

In einem Zeitungsinterview geriet sie in die Bredouille, weil sie einer möglichen Zusammenarbeit mit den Republikanern keine klare Absage erteilte. Auf die Frage: »Würden Sie Republikaner als Koalitionspartner akzeptieren?« antwortete Petra Roth: »Mehrheiten werden gebraucht zur Abwahl des Oberbürgermeisters. Wer sich an der Abwahl beteiligt, ist heute nicht vorhersehbar.« Dieser Satz wurde ihr sehr übelgenommen, so daß sie die »Mißverständnisse« schnell ausräumte und eine Brücke zu den Republikanern ausschloß. Ärger im Römer löste sie auch mit der Ankündigung aus, sie werde 1994 wieder für den Vorsitz der Frankfurter CDU kandidieren. Dies vertrage sich nicht mit der gebotenen Neutralität einer Stadtverordnetenvorsteherin, monierte die rot-grüne Koalition, die sie mit zur Parlamentschefin gewählt hatte. Im Januar 1994 trat Petra Roth von ihrem Amt als Stadtverordnetenvorsteherin zurück, blieb aber weiter Stadtverordnete.

»Aus Begeisterung für Rainer Barzel« füllte sie 1972 eine in der »FAZ« annoncierte Beitrittserklärung zur CDU aus. Die CDU sei eine »vorwärtsgewandte Partei, liberal-konservativ im besten Sinne«, begründet die heute 49jährige ihre Entscheidung. 1977 wurde Petra Roth zum ersten Mal Frankfurter Stadtverordnete, 1982 stellvertretende Kreisvorsitzende der CDU Frankfurt. 1987 kam sie in den hessischen Landtag und wurde dort Sprecherin der CDU-Fraktion für Wohnungsbau, Städteplanung und Sport. Pünktlich zu ihrer Nominierung als Herausforderin des medienbewußten OB von Schoeler, im Juni 1992, veröffentlichte die »FAZ« eine Umfrage, nach der 66,5 Prozent der Frankfurter mit der Politik im Römer unzufrieden waren. Dieselbe Zeitung tröstete sich nach der Wahlschlappe für die CDU damit, daß sie als Parlamentspräsidentin eine »fast ideale Plattform« habe, um den Sozialdemokraten bei den nächsten Wahlen aus dem Amt zu drängen.

In ihrer Lieblingsstadt Frankfurt (Roth: »Die Stadt ist eine Metropole und ein Seelenzustand.«) lebt die gebürtige Bremerin seit 1964. Petra Roth ist verheiratet und hat zwei erwachsene Söhne. Nach Abschluß der Höheren Handelsschule ging sie ein Jahr nach London. In ihrem Beruf Arzthelferin arbeitete sie fünf Jahre und war bis zu ihrer Wahl in den Frankfurter Stadtrat Hausfrau. In ihrer Partei, so formuliert sie diplomatisch, müßte sich »weniger ändern, als mancher Außenstehende meint und mehr, als manches Parteimitglied denkt«. Den Asylkompromiß hält sie für richtig, aber zu spät (»Es wäre uns viel erspart geblieben, wenn die SPD früher gesprungen wäre.«). Den Rechtsradikalismus empfindet Petra Roth als »eine Bedrohung, die ernstgenommen werden darf«. Um ihm zu begegnen, ist sie »jederzeit bereit, auf Kundgebungen gegen Gewalt von rechts und links zu reden«. Obwohl sie in der Abtreibungsfrage die Indikationslösung für richtig hält, findet sie, daß das Bundesverfassungsgericht, das im Mai 1993 die Fristenlösung mit Beratungspflicht für rechtswidrig, aber straffrei erklärt hatte, korrekt entschieden hat. Ihrer Meinung nach hat die Bundesregierung die Chance der Wiedervereinigung konsequent genutzt. Deutsche Soldaten sollen, wie sie meint, nicht im ehemaligen Jugoslawien eingesetzt werden. Frauen sollten nur freiwillig in der Bundeswehr Dienst tun können, denn Kindererziehung und Berufsausbildung ließen ihnen zu wenig Zeit dazu. In die Treuhandpolitik fehlt Petra Roth nach eigenen Angaben »ein hinreichend qualifizierter Einblick«.

ast

Schwächen: »Ungeduld.«

Stärken: »Zuhören und Zupacken, Sinn für das Praktische, Courage.«

Hobbys: »Familie, Skifahren, Tennis.«

Lieblingsfarbe: »Blau.«

Lieblingsblumen: »Duftende Blumen, besonders Flieder, Rosen, Pfingstrosen, Wikken.«

Lieblingsmusik: »Klaviermusik, Bach, ebenso frech-witzige Musik wie Badesalz.«

Lieblingsgetränk: »Frisch aufgebrühter Ostfriesentee.«

Wichtigstes historisches Ereignis: »Für die Zeit, die ich überschauen kann, der Fall der Mauer.«

Wichtigste historische Persönlichkeiten: »Männer und Frauen im Widerstand gegen das Nazi-Regime, wie die Geschwister Scholl.«

Steffie Schnoor (CDU),
Kultusministerin von
Mecklenburg-Vorpommern

»*Deutschland ist wie kaum ein anderes Land der Welt darauf angewiesen, den Mangel an natürlichen Rohstoffen durch die Ausbildung von geistigen Ressourcen auszugleichen*«,

findet Steffie Schnoor, Kultusministerin von Mecklenburg-Vorpommern. Im nordöstlichsten Bundesland will die CDU-Politikerin das Ihre dafür tun. Sie will beispielsweise das 13. Schuljahr streichen und fordert allgemein kürzere Ausbildungszeiten. Denn Deutschland sei im europäischen Vergleich nicht wettbewerbsfähig. Die späten Berufseinsteiger, die das bundesdeutsche Bildungssystem produziere, drücken die Konkurrenzfähigkeit. Deshalb müßten Schulen und Hochschulen gründlich reformiert werden. Zwar sind, wie Steffie Schnoor meint, »von der Lehrer-Schüler-Betreuungssituation her gesehen, die ostdeutschen Hochschulen ein Paradies«, es fehlten aber Labors und Fachleute. Immer wieder hatte die CDU-Politikerin aus dem Westen, die Mecklenburg-Vorpommern zuerst nur vom Hörensagen kannte, die Bundesregierung deshalb aufgefordert, in den alten Ländern beim Hochschulbau zurückzustecken und mehr in den neuen Ländern zu investieren. »Wir wären froh, wenn wir in den Schulen und Hochschulen der neuen Länder das an Grundausstattung hätten, was im Westen ersatzbedürftig ist«, sagte sie im Februar 1993. Kritik handelte sich die Kultusministerin damit vor allem bei ihrem Kollegen aus Bayern, Hans Zehetmair, ein. Der CSU-Politiker hatte die Ostländer, an deren Hochschulen »paradiesische Zustände« herrschten, davor gewarnt, mit ihren Geldforderungen den Bogen zu überspannen. Darauf erwiderte Steffie Schnoor: »Wenn Herr Zehetmair von paradiesischen Zuständen in den neuen Ländern spricht, dann möchte er sich das Paradies doch bitte vor Ort anschauen.« Erforderlich sei vor allem eine Verbesserung von Forschung und Lehre. Um das Lehrniveau anzuheben, sollten Professoren nur Zeitverträge erhalten. Außerdem, verlangte Steffie Schnoor, müsse der Bund mehr Geld ins ostdeutsche Bildungssystem stecken.

Die Lehrerin für Englisch und Technisches Werken fördert in Mecklenburg-Vorpommern neben dem dreigliedrigen Schulsystem von Haupt-, Realschule und Gymnasium auch die Gesamtschule. Kurz nachdem sie ihr Amt als Präsidentin der Kultusministerkonferenz (KMK) angetreten hatte, das 1993 turnusgemäß an Mecklenburg-Vorpommern fiel, plädierte sie für eine Zweiteilung des Studiums. Der erste Teil soll mehr praxisorientiert, mit berufsbefähigendem Abschluß sein, der zweite Teil die Möglichkeit zu einem vertieften Studium bieten. Die Ministerin mit dem Mammutressort (Schulen, Hochschulen, Wissenschaft, Forschung, Jugend, Sport, Denkmalpflege und Kultur) will rigoros gegen »Bummelstudenten« vorgehen und die Abbrecherquoten von rund 25 Prozent senken. Jungen Leuten, die nicht wirklich ernsthaft studieren, soll die Exmatrikulation drohen, wenn sie die Regelstudienzeiten über die Maßen strapazieren. Studiengebühren oder Strafgelder hält Steffie Schnoor nicht für sinnvoll.

Die »Vollendung der inneren Einheit«, die die Politikerin immer wieder hochhält, müsse auch bildungspolitisch erreicht werden. Sie will sich dafür einsetzen, daß DDR-Lehrerabschlüsse auch im Westen anerkannt werden – bis jetzt ist das zweite Staatsexamen zu wiederholen. Lehrern über 45 Jahren soll die gesamte Ausbildungszeit anerkannt werden. Mit ihrer Lehrpersonal-Politik hat sich Steffie Schnoor schon viel Ärger eingehandelt. Sie entließ rund 2.700 Pädagogen aus dem Schulbereich. Aus dem Hochschulbereich kündigte sie rund 4.000 Beschäftigten. Die Reaktionen kamen prompt: Die Gewerkschaft »Erziehung und Wissenschaften« (GEW) rief im Sommer 1992 zu Warnstreiks auf und veröffentlichte ein Gutachten, in dem stand, daß der Lehrerbedarf im Land nach dem Stellenabbau nicht mehr gedeckt sei. Auch Abgeordnete klagten über eine drohende Unterversorgung und forderten eine exakte Bedarfsanalyse. Sie werde nicht zulassen, daß das Schulwesen »zum Schauplatz von Scharmützeln der Avantgarde von vorgestern« gemacht werde, protestierte die Kultusministerin. Die »Schweriner Volkszeitung« bescheinigte dem »Westimport« etwas »Oberlehrerhaftes«, weil sie auf Unmutsbekundungen, ganz Pädagogin, pikiert geantwortet haben soll: »Aus der Schule bin ich gewohnt, zu warten bis Ruhe ist.«

Steffie Schnoor, die es als größte Ungerechtigkeit empfindet, »von Mitmenschen in ein Klischee (z. B. das der Politiker) gepreßt zu werden, ohne daß sie den Menschen Steffie Schnoor kennen«, ist seit 20 Jahren verheiratet und hat keine Kinder. Bevor sie in die Politik ging, um sich »nicht immer nur über

Dinge zu ärgern, sondern sie zu ändern«, war sie 18 Jahre im Schuldienst. Nach ihrem Studium in Freiburg/Brsg. (1970 bis 1972) unterrichtete die Berlinerin, geboren 1948, Englisch und Sport in ihrer Heimatstadt. 1979 wurde sie Gesamtschulrektorin als Fachbereichsleiterin Sprachen, 1983 stellvertretende Schulleiterin der Heinrich-Mann-Oberschule in Berlin-Neukölln. Drei Jahre später wurde sie zur Schulrätin befördert und 1990 ins Berliner Abgeordnetenhaus gewählt. Mitglied der CDU ist Steffie Schnoor seit 1977 (»Diese Partei lag meinen persönlichen Zielen am nächsten.«). 1991 war sie als Staatssekretärin in der Berliner Senatsverwaltung für Wissenschaft und Forschung tätig und als Vorsitzende der Amtschef-Konferenz der Ständigen Kultusministerkonferenz. Seit dem 31. März 1992 ist sie Kultusministerin von Mecklenburg-Vorpommern. Es habe sie noch nie allzulange in einer Position gehalten, vertraute sie einmal einer Zeitung an. Immer, wenn die Gefahr bestand, in Routine zu verfallen, habe sie versucht, »etwas Neues, Spannendes zu tun.«

ast

Schwächen: »Ungeduld, Emotionalität.«

Stärken: »Durchsetzungskraft, Dinge auf den Punkt bringen.«

Hobbys: »Sport, der eigene Kater, Lesen.«

Lieblingsspeisen, -getränk: »Steak, Käse, Rotwein.«

Wovor haben Sie am meisten Angst? »Vor Klapperschlangen.«

Was tun Sie besonders ungern? »Staubwischen.«

Asylkompromiß: »Er ist gut und war erforderlich, um den Asylgedanken im Land nicht ad absurdum zu führen.«

Solidarpakt: »Er ist dringend notwendig. Ein guter Kompromiß, wenn auch aus Sicht der neuen Bundesländer mehr gewünscht war.«

Treuhandpolitik: »Sie war und ist häufig aufbauverhindernd, aber bei aller Kritik hatte niemand eine Alternative parat. Mehr Flexibilität hätte ihr jedoch gut angestanden.«

Größter Skandal: »Die Barschel-Affäre in Schleswig-Holstein.«

Beeindruckendste historische Persönlichkeit: »Bismarck.«

Barbara Stamm (CSU),
Staatssekretärin im Bayerischen
Staatsministerium für Arbeit und
Sozialordnung, Familie, Frauen
und Gesundheit

»Frauen wollen heute nicht mehr vor die Entscheidung Beruf oder Familie gestellt werden.«

Barbara Stamm, Staatssekretärin im bayerischen Sozialministerium, hat die Vereinbarkeit von Familie und Beruf zu einem Schwerpunkt ihrer Politik gemacht. Immer wieder trat sie für bessere Rückkehrmöglichkeiten von Frauen ins Erwerbsleben ein, forderte flexiblere Arbeitszeiten, sozialversicherungspflichtige Teilzeitjobs und mehr Kinderbetreuungsplätze. »Daß Familienarbeit in unserer Gesellschaft nicht anerkannt wird« und Pflegezeiten nicht in die Rentenversicherung eingehen, hält die Politikerin für die größte Ungerechtigkeit. Auf die Kürzungen von Bundesfinanzminster Theo Waigel beim Erziehungs- und Kindergeld reagierte sie im Januar 1993 mit herber Kritik, unterstützte allerdings »angesichts der gespannten Finanzlage« die Einsparungen im Sozialbereich. Im Oktober 1993 versprach sie bayerischen Firmen 20.000 Mark Belohnung samt staatlicher Belobigung, wenn sie sich ein gutes Konzept für Chancengleichheit ausdächten. Die Frauenbeauftragte der bayerischen Staatsregierung trat gerade in emanzipatorischen Fragen als fleißige Kolumnistin des »Bayern-Kurier« in Erscheinung. In dem erzkonservativen CSU-Organ schrieb sie unter anderem gegen das »Klischee der kalten Karrierefrau« an und forderte mehr weibliche Führungskräfte. Nur vier Prozent Frauen im Managerbereich, die noch dazu schlechter bezahlt würden als Männer, seien einfach zu wenig. Sie warnte auch davor, eine weibliche Arbeitsmarkt-Reservearmee für Boom-Zeiten aufzusparen. Im sozialen Bereich gehört für Barbara Stamm eine Pflegeversicherung zu den dringendsten Aufgaben der Politik. Die Staatssekretärin, der der Generalsekretär ihrer Partei, Erwin Huber, in regelmäßigen Abständen seine Wertschätzung ausdrückt, machte sich auch für das »ungeborene Leben« stark. Die unerbittliche Abtreibungsgegnerin plädierte für einen europaweit einheitlichen Schutz »ungeborener Kinder« und stellte im August 1990 einen Film vor, in dem Aufnahmen von der Entwicklung des Embryo und rührende Bilder von Babys unmittelbar nach der Geburt gezeigt wurden. Er sollte unter anderem in Schwangerschaftsberatungsstellen die Entscheidung für ein Kind erleichtern. Dementsprechend war Barbara Stamm glühende Gegnerin der modifizierten Fristenlösung mit Beratungspflicht, die 1992 im Bundestag beschlossen wurde. Stramm auf CSU-Linie blieb die Politikerin auch beim Asylkompromiß. Schon im Vorfeld zur Bundestagsentscheidung konnte Edmund Stoiber, damals bayerischer Innenminister, im Sommer 1990 auf ihre volle Unterstützung bauen, als er drohte, der Freistaat werde die Aufnahme von Asylbewerbern aus SPD-regierten Ländern verweigern, wenn die SPD im Bundesrat die bayerische Initiative zur Grundgesetzänderung zu Fall bringe. Angesichts der »übergesetzlichen Krisensituation«, so Barbara Stamm, müsse »Bayern Signale setzen« und notfalls gegen geltendes Recht verstoßen.

Obwohl die Partei mit Lob für ihre prominente Staatssekretärin nicht spart, bei der Verteilung von Posten kam auch Barbara Stamm im »Männerladen» CSU schon des öfteren zu kurz. Vergeblich hoffte sie im Januar 1993, daß der damalige Ministerpräsident Max Streibl sie als Sozialministerin in sein Kabinett holen würde. Aber auch einige Zeit später, als Streibl »Amigo-Affären-geschädigt« seinen Trachtenhut nehmen mußte, hatte Amtsnachfolger Edmund Stoiber für weibliche Kabinettsmitglieder auf Ministerebene keinen Platz. Bei der Aufstellung seiner Regierungsmannschaft mußte die Justizministerin Mathilde Berghofer-Weichner, als erste und bis dahin einzige Frau in einem solchen Amt, gehen. Das war kein singulärer Mißerfolg, den Barbara Stamm in der männerwirtschaftenden CSU einstecken mußte. Im September 1993 wollte sich die langjährige Landtagsabgeordnete im Stimmkreis »Würzburg Land« für ein Mandat im bayerischen Parlament aufstellen lassen. Der urprüngliche Stimmkreis-Inhaber Christian Will ließ es sich jedoch nicht nehmen, seinen politischen Erben selbst auszusuchen, und wählte den Vorsitzenden der Würzburger CSU-Kreistagsfraktion Manfred Ach. Eine »Kampfkandidatur« lehnte Barbara Stamm daraufhin enttäuscht ab. Die »Würzburger Männermauschelei« löste sogar in der Parteispitze Empörung aus. Der CSU-Vorsitzende Theo Waigel war »stocksauer« und forderte Platz eins auf der Unterfrankenliste für Barbara Stamm (Listenkandidaten haben allerdings bei der kommenden Landtagswahl deutlich geringere Chancen als bei vorangegangenen Wahlen. Nach einer Verfassungsklage der FDP wird diesmal nach einem für kleinere Parteien günstigeren Verfahren ausgezählt). Von 127 CSU-Abgeordneten im Landtag sind nur elf Frauen. Vier davon haben einen eigenen Stimmkreis.

Auch bei der Würzburger Oberbürgermeisterwahl im März 1990 wurde Barbara Stamm von einem männlichen Parteikollegen ausgestochen. Obwohl sie mit überwältigender Mehrheit als Kandidatin für das höchste Rathausamt aufgestellt worden war – 150 von 152 Delegierten hatten für sie gestimmt – trat plötzlich ihr Parteikollege Jürgen Weber auf den Plan und ging ohne jegliche Absprachen ins Rennen. Er konnte denn auch seinen Vorteil als langjähriger zweiter Bürgermeister von Würzburg nutzen und schlug Barbara Stamm bei den Kommunalwahlen am 18. März haushoch. Sie bekam nur 25,5 Prozent der Stimmen – 15 Prozent weniger als Jürgen Weber – und konnte damit nicht einmal mehr für die Stichwahl mit dem SPD-Kandidaten Walter Kolbow, den Weber schließlich besiegte, antreten. Der »Verräter«, wie Parteikollegen Jürgen Weber damals nannten, wurde aus der CSU ausgeschlossen. Einen Karrieresprung innerhalb der Parteihierarchie kann die Staatssekretärin allerdings trotzdem vorweisen. Im Oktober 1993 machte Theo Waigel Barbara Stamm und Strauß-Tochter Monika Hohlmeier zu seinen Stellvertreterinnen.

Barbara Stamm, geboren 1944 in Bad Mergentheim, verheiratet, drei Kinder, ist gelernte Erzieherin. Nach Volksschule und Berufsschule machte sie eine Ausbildung zur Sozialpädagogin in Gmünden. Nach ihrem Abschluß 1964 arbeitete sie in einem Kinderdorf und einem Internat und wurde schließlich Leiterin im Schifferkinderheim in Würzburg. Weil sie »Verantwortung für andere tragen« wollte und »Politik aktiv mitgestalten«, trat Barbara Stamm 1969 in die CSU ein (»Das Grundsatzprogramm hat mich überzeugt.«). Von 1972 bis 1987 war sie Kommunalpolitikerin im Würzburger Stadtrat. 1976 wurde Barbara Stamm, die sich in ihrer Partei mehr Frauen wünscht (»aber ohne Quote«), in den bayerischen Landtag gewählt, wo sie zeitweise stellvertretende CSU-Vorsitzende war. Im Oktober 1987 berief sie der damalige Ministerpräsident Franz Josef Strauß als Staatssekretärin ins Sozialministerium. In ihrem Amt wappnete sich Barbara Stamm aber nicht nur mit detailliertem Aktenstudium. Einmal verordnete sie sich und ihren Mitarbeiterinnen sogar Karatekurse zur Selbstverteidigung. Daß sie dabei etwas gelernt hatte, bewies sie durch öffentliches Zerschlagen von Brettern.

ast

Schwächen: »Impulsivität, Ungeduld.«

Stärken: »Aufgeschlossenheit, Offenheit für andere, am Ball bleiben können, Fähigkeit, mit vielen Menschen ins Gespräch zu kommen.«

Hobbys: »Theater, Oper, Radtouren.«

Welche Gründe gibt es für Frauen, Sie zu wählen? »Ich versuche die Chancengleichheit zu verbessern und Frauen für Führungspositionen in der Partei zu gewinnen.«

Was konnten Sie bisher politisch umsetzen? »In der Familienpolitik Erziehungsgeld, -urlaub, Anrechnung von Erziehungszeiten in der gesetzlichen Rentenversicherung.«

Rita Süssmuth (CDU),
Bundestagspräsidentin

Die Überraschungskandidatin in Bonn

Gäbe es auf der Bonner Politik-Bühne so was wie eine Überraschungskandidatin – es wäre gewiß Rita Süssmuth. »Rita wer?« fragten sich ungläubig die Journalisten, als am 26. September 1985 Heiner Geißler die bis dahin in Bonn gänzlich Unbekannte als seine Nachfolgerin im Amt des Bundesministers für Jugend, Familie und Gesundheit vorstellte (damals gab es die offizielle Bezeichnung »Ministerin« noch gar nicht).

Kurz zuvor, im Frühjahr 1985, hatte die CDU auf ihrem Essener Parteitag erstmals das Frauenthema in den Mittelpunkt gerückt – geradezu revolutionär für eine Partei, die stets die traditionelle Rolle der Frau propagiert hatte. Rita

Süssmuth, die erst kurze Zeit vorher überhaupt Mitglied der CDU geworden war, fungierte in Essen als Mitglied der Antragskommission. Bundeskanzler Helmut Kohl akzeptierte gern den Vorschlag Geißlers, Rita Süssmuth ins Kabinett aufzunehmen, schließlich brachte sie die besten Voraussetzungen mit. Die Pädagogikprofessorin war unter anderem Vizepräsidentin des Familienbundes der Deutschen Katholiken und seit 1971 schon Fachberaterin des Familienministeriums. Um so größer war wohl das Entsetzen des Kanzlers und seiner Parteifreunde, als die neue Ministerin sich in einem Interview als »Feministin« bezeichnete und die in konservativen Kreisen verfemte Simone de Beauvoir als Vorbild benannte. Solche Töne hatte noch keine CDU-Ministerin von sich gegeben. Rita Süssmuth – von der Presse zunächst nur als »frauenpolitisches Aushängeschild« der Union mit wenig Durchsetzungschancen eingeschätzt – focht im Kabinett mehr Kompetenzen durch, als sie 1986 erste Bundesfrauenministerin wurde. Im Gesundheitsbereich vertrat sie eine liberale AIDS-Politik, wandte sich entschieden gegen alle Versuche, den kassenärztlichen Schutz bei Abtreibungen aufzuheben.

In der Frauenpolitik setzte sich Rita Süssmuth für den Erziehungsurlaub mit Arbeitsplatzgarantie, für die Vereinbarkeit von Beruf und Familie und die Anerkennung eines Babyjahres in der Rentenversicherung ein. Gleichzeitig etablierte sich Rita Süssmuth in der Partei: 1987 gewann sie in Göttingen ein Bundestagsdirektmandat, wurde ins »Allerheiligste der Partei«, ins Präsidium, gewählt und wurde 1988 Vorsitzende der Parteigliederung Frauen Union. Rita Süssmuths Popularitätskurve in der Bevölkerung stieg zusehends, doch den Parteivorsitzenden Helmut Kohl nervte die aufmüpfige und frauenbewegte Ministerin mehr und mehr. Als am 11. November 1988 Bundestagspräsident Philipp Jenninger nach einer skandalösen Rede zum 50. Jahrestag der Reichspogromnacht zurücktreten mußte, nutzte der Kanzler offensichtlich die Gelegenheit und machte die widerstrebende Rita Süssmuth zu dessen Nachfolgerin. »Sagen Sie ›Nein‹, Frau Ministerin«, forderte damals öffentlich die »Zeit«. Rita Süssmuth sagte jedoch »Ja«, nutzte ihr neues Amt allerdings, um sich kräftig in die Politik einzumischen.

Die sogenannte »Dienstwagenaffäre« jedoch traf sie politisch an empfindlicher Stelle: ihrer Glaubwürdigkeit. Sie war in die Schlagzeilen geraten, weil ihr Ehemann den Dienst-Mercedes einige wenige Male weiternutzte, nachdem er sie zu politischen Terminen chauffiert hatte. Die Affäre war mit hoher Wahrscheinlichkeit eine amtsinterne Intrige gegen die Präsidentin.

Mehr und mehr zählte Rita Süssmuth zu den parteiinternen Kritikern des Kanzlers. Als sie 1992 gemeinsam mit Unions-, FDP- und SPD-Abgeordneten einen zum offiziellen Unions-Gesetzentwurf alternativen Entwurf vorlegte, der das Selbstbestimmungsrecht der Frau beim Schwangerschaftsabbruch berücksichtigte, hatte sie endgültig den Groll der Parteiführung auf sich gezogen. Ein »auslaufendes Modell«, nannte der Kanzler Rita Süssmuth, als die CDU von Sachsen-Anhalt sie als Ministerpräsidenten-Kandidatin erwog. Spätestens dann war klar, daß Rita Süssmuth wohl nicht noch einmal damit rechnen kann, für ein herausragendes Amt nominiert zu werden. Nachdem der Kanzler quasi im Alleingang den sächsischen Justizminister Steffen Heitmann zum Bundespräsidenten-Kandidaten gekürt hatte, zeichnete sich für Rita Süssmuth ein weiterer Konflikt ab. Heitmann, rechtskonservativ orientiert, wollte Frauen wieder an den Herd schicken. Es dauerte einige Zeit, bis die Vorsitzende der Frauen Union wagte, ihre Vorbehalte laut und deutlich öffentlich zu äußern. Die Quittung ließ nicht lange auf sich warten. Als sich Heitmann in der Unions-Fraktion vorstellte, wurde Rita Süssmuth für ihre kritischen Fragen von den Fraktionskollegen ausgebuht und niedergebrüllt. Im Büro der Bundestagspräsidentin stapelten sich daraufhin Sympathiebekundungen aus der Bevölkerung. Helmut Kohl sah wohl, daß es ihm letztlich selbst schaden könnte, wenn die populäre Politikerin von der eigenen Partei demontiert würde. Er nahm Rita Süssmuth deshalb öffentlich in Schutz.

Die Politikerin führte die Frauen Union vom Mauerblümchen-Dasein innerhalb der Partei zur Organisation mit klarerem Profil. Da alle Gelöbnisse der CDU, mehr Frauen in Ämter und Mandate zu bringen, bisher ohne Erfolg blieben, verlangt nun die Frauen Union ebenfalls eine Art Quote. Sie soll in der Partei-Satzung verankert werden, doch die Widerstände innerhalb der CDU sind ernorm. Rita Süssmuth unbeirrt: »Es ist ein Skandal und ein Armutszeugnis für unsere Demokratie, daß Frauen in öffentlichen Funktionen derart unterrepräsentiert sind. Alle Appelle nützen nichts, deshalb brauchen wir jetzt andere, effektive Möglichkeiten, die Situation zu verändern.«

Rita Süssmuth bewältigt in Bonn ein geradezu unmenschliches Arbeitspensum: Als Bundestagsabgeordnete, als Vorsitzende der Frauen Union, als Schirmherrin zahlreicher Initiativen, beispielsweise der nationalen AIDS-Stiftung. Außerdem muß sie als Bundestagspräsidentin nicht nur zahlreiche Repräsentationstermine wahrnehmen oder Auslandsreisen machen, sie ist zudem für die gesamte Umzugsplanung nach Berlin mit zuständig. Von »mörderischen Arbeitszeiten« berichten Süssmuth-Mitarbeiter, nicht wenige haben schon nach kurzer Zeit entnervt das Handtuch geworfen. Die Präsidentin jedenfalls hält durch. Vielleicht, weil Politik bei ihr weniger mit persönlichem Karrierestreben als mit wirklichem Engagement zu tun hat?

Rita Süssmuth, 1937 in Wuppertal geboren, studierte nach dem Abitur Romanistik und Geschichte und bildete sich später in Pädagogik, Psychologie und Soziologie weiter. Ihr Traum war eine wissenschaftliche Laufbahn, und es sah zunächst nicht danach aus, als würde sie jemals in die Politik einsteigen. Seit 1964 ist Rita Süssmuth mit einem Geschichts-Professor verheiratet, mit dem sie eine mittlerweile erwachsene Tochter hat. Manchmal, räumt sie ein, denke sie daran, wieder zurückzukehren in ein »normales« Leben. Aber sie schiebt diesen Gedanken immer wieder beiseite und wird dies wohl auch in Zukunft tun. Rita Süssmuth weiß offensichtlich, daß ihre nicht wenigen Gegner nichts mehr freuen würde, als wenn sie resigniert aufgäbe. Schon deshalb wird sie ihnen den Gefallen nicht tun.

J.H.

Frauenpolitische Eckpunkte der CDU und der CSU

Die Christlich-Demokratische Union (CDU) wurde 1945 unabhängig voneinander in Berlin und im Rheinland (u. a. in Köln) gegründet. Sie organisierte sich 1945 bis 1949 auf der Ebene der deutschen Länder und Besatzungszonen. Im Oktober 1950 schlossen sich die Christdemokraten in Goslar auf Bundesebene zusammen. Erster Vorsitzender wurde Konrad Adenauer (1950 bis 1966). Die Christlich-Soziale Union in Bayern blieb eine eigenständige Partei, verband sich jedoch 1949 mit der CDU zu einer Fraktionsgemeinschaft der CDU/CSU im Bundestag. Der Frauenanteil in der CDU liegt bei rund 25 Prozent (rund 16 Prozent bei der CSU). Im Bundesvorstand der Christdemokraten sind 19,5 Prozent der Mitglieder weiblich. Im Präsidium sank ihr Anteil von 31,3 Prozent 1992 auf 23,5 Prozent 1993. Abgeschlagen neben anderen Parteien steht die Union im Bundestag da. Hier sind weibliche Abgeordnete mit nur 15,1 Prozent vertreten. Es gibt auf Bundesebene zwei christdemokratische Ministerinnen: Hannelore Rönsch (Familie und Senioren) und Angela Merkel (Frauen und Jugend). Die wichtigsten frauenpolitischen Beschlüsse fanden hauptsächlich in den 80er Jahren statt.

1985
Mit dem Beschluß der »Essener Leitsätze« zur »neuen Partnerschaft zwischen Mann und Frau« wird die politische Gleichstellung der Frau erstmals als Parteitagsthema benannt und gilt nicht länger nur als Angelegenheit der Frauen. Gleichstellungsmaßnahmen sollen »intensiver und bewußter« umgesetzt werden. Bis zum Jahr 2000 will die CDU die gesellschaftliche, aber vor allem die innerparteiliche Gleichstellung von Frauen erreichen.

1986
In Mainz wird ein Maßnahmenkatalog beschlossen. Danach sollen Frauen bei der Aufstellung von Listen und bei Direktkandidaturen für Kommunal-, Landtags-, Bundestags- und Europawahlen mehr als bisher berücksichtigt werden. Auch bei der Besetzung von Führungsämtern in Fraktion und Regierung werden bessere Chancen für Frauen angestrebt. Der Generalsekretär soll auf Bundesparteitagen über den Stand der innerparteilichen Gleichstellung berichten.

1988
Auf dem Wiesbadener Parteitag wird im Rahmen der »Richtlinien zur politischen Gleichstellung der Frauen in der CDU« beschlossen, daß in einer ersten Stufe Frauen entsprechend ihrem Mitgliederanteil für Ämter und Mandate zu nominieren sind und auf aussichtsreichen Listenplätzen abgesichert werden sollen. Dies will die CDU-Frauen Union nach einem Beschluß ihres Bundesvorstandes vom Januar 1994 jetzt durch ein verbindlich geregeltes Verfahren, das praktisch auf eine Quotenregelung hinausläuft, sicherstellen. Weil »Appelle und Selbstverpflichtungen nicht ausreichen«, will die Frauen Union eine Satzungsänderung erreichen, damit der Parteitagsbeschluß von 1986 in die Praxis umgesetzt werden kann.

Die Frauen Union, die in ihren Anfängen, 1948, »Frauenarbeitsgemeinschaft« und später »Frauenvereinigung« hieß, kümmerte sich in den 50er Jahren schwerpunktmäßig unter anderem um Schulpolitik, Jugendwohlfahrtsgesetz und Steuerrecht für Ehegatten, setzte jedoch auf das traditionelle Leitbild von Hausfrau und Mutter. Die heutigen Ziele der Frauen Union sind die Anerkennung und Aufwertung der Familienarbeit, familienfreundliche Arbeitszeiten und Kinderbetreuung, eigenständige soziale Sicherung der Frau als abhängig Beschäftigte, mithelfende Familienangehörige oder Selbständige, Zugang zu und Aufstieg der Frauen in traditionellen Männerberufen, Schutz vor Gewalt und Beteiligung an politischer Verantwortung.

Zur CSU-Frauenpolitik
Bis zum Ende der 60er Jahre waren CSU-Grundsatzprogramme durch traditionelle Rollenvorstellungen geprägt. Frauen wurden im Berufsleben zwar toleriert. Ihre Tätigkeit als Hausfrau und Mutter hatte jedoch Vorrang vor der Berufstätigkeit außer Haus. Noch im Grundsatzprogramm von 1957 soll »ausreichendes Kindergeld wirtschaftliche Not lindern und Berufstätigkeit der Mütter möglichst entbehrlich machen«. 1968 sollen für Frauen Bedingungen geschaffen werden, »die ihren besonderen Lebensphasen Rechnung tragen und dem Grundsatz der Gleichberechtigung entsprechen«. Ein Drei-Phasen-Modell der sogenannnten weiblichen Normalbiographie – Ausbildung/kurzzeitige Berufstätigkeit, Familienphase/Kindererziehung, Rückkehr ins Berufsleben wird in diesem Grundsatzprogramm festgeschrieben. Die 70er und 80er Jahre markieren eine frauenpolitische Wende. Die CSU nimmt Abstand von herkömmlichen Rollenverteilungen. Männer und Frauen sollen

sich für unterschiedliche Lebenswege entscheiden können – für ausschließliche Erwerbstätigkeit, für eine Kombination aus Familienarbeit und außerhäuslichem Berufsleben oder für eine ausschließliche Familientätigkeit. Im Grundsatzprogramm von 1993 setzt die CSU dann gänzlich auf gleichberechtigte Partnerschaft zwischen Mann und Frau. Dort heißt es: »Die Leistungen, die Frauen für die Gemeinschaft erbringen, müssen sich auch in ihrem Einfluß in politischen, gesellschaftlichen und wirtschaftlichen Organisationen widerspiegeln«. Dies soll sich auch in der Ämter- und Mandatsverteilung innerhalb der Partei äußern. Außerdem spricht sich die CSU für eine gezielte Frauenförderung und den Abbau von Benachteiligungen aus. Sie plädiert unter anderem für wirksamere rechtliche Regelungen und eine grundlegende Bewußtseinsänderung bei allen Tarifpartnern und Entscheidungsträgern in der Wirtschaft, für eine Erweiterung des Berufsspektrums für Frauen und für bessere Bezahlung in traditionellen Frauenberufen. Außerdem werden flexiblere Arbeitszeiten und mehr sozialversicherungspflichtige Teilzeitarbeitsplätze gefordert. Der berufliche Wiedereinstieg nach der Kinderphase soll für Männer und Frauen erleichtert werden. Familien haben laut Programm Anspruch auf umfassende staatliche und gesellschaftliche Hilfen. Der Lebensschutz ungeborener Kinder hat höchsten Rang.

Politikerinnen der SPD

Christine Bergmann (SPD),
Bürgermeisterin und Senatorin für
Arbeit und Frauen in Berlin

»Das schlimmste ist die hohe Arbeitslosigkeit.«

Sie sei ein Kämpfertyp, sagt Christine Bergmann über sich selbst. Anders könnte sie auch wohl kaum die schwierige Aufgabe als Senatorin für Arbeit und Frauen bewältigen, in einer Stadt, mit einer der höchsten Arbeislosenraten der Republik. Daß sie als Arbeitssenatorin keine Arbeit beschaffen kann, bereitet der 55jährigen Politikerin oft schlaflose Nächte. Mit Mut und Energie setzt sie sich dafür ein, daß angesichts der Geldknappheit nicht an der falschen Stelle gespart wird – bei Frauenprojekten beispielsweise. Sie entwickelte Umschulungs- und Förderprogramme und schaut letztlich doch optimistisch in die Zukunft: »Mit den Zusatzmitteln für die neuen Bundesländer kommt der Aufschwung am Ende doch noch in die Gänge, ich denke, daß Berlin im Jahr 2000 eine lebendige Stadt sein wird.«

Christine Bergmann ist in der großen Koalition des Berliner Senats die Nummer eins ihrer Partei. 1991 wurde sie zur Stellvertreterin des Regierenden Bürgermeisters Eberhard Diepgen (CDU) gewählt. Während für Diepgen nur 164 Abgeordnete stimmten, erhielt Bergmann mit 183 von 239 abgegebenen Stimmen das beste Ergebnis von allen Senatoren. Der Grund: Auch Abgeordnete anderer Parteien hatten für sie gestimmt; ein Beweis für das hohe Ansehen, das sich die Frau aus dem Osten auch bei politischen Gegnern bereits erworben hat. Christine Bergmann weiß, wie wichtig die Kategorie Glaubwürdigkeit in der Politik ist, insbesondere in Zeiten, da der Bevölkerung soziale Eingriffe zugemutet werden. Solange die aus dem Ostteil Berlins kommenden Beschäftigten des Öffentlichen Dienstes nur 40 Prozent der Gehälter ihrer Westkollegen beziehen, verzichtet sie »aus Solidarität« auf denselben Anteil ihres Senatorengehaltes.

»Ich bin mit dem Ziel, aus dem 40 Jahre erlebten Staat DDR eine demokratische Gesellschaft zu machen, Politikerin geworden. Jetzt müssen wir daran mitwirken, unseren Kindern eine freie Gesellschaft zu übergeben.« Christine Bergmann ist eine der wenigen ostdeutschen Politikerinnen, die sich bundesweit profilieren konnten. 1939 in Dresden geboren, studierte sie nach Abschluß der Oberschule in Leipzig Pharmazie. Wegen ihrer Kinder war sie in der Arzneimittelinformation tätig, eine Beschäftigung, die sie auch als Hausfrau ausüben konnte. Ab 1978 arbeitete Christine Bergmann als Abteilungsleiterin am Institut für Arzneimittelwesen in Berlin-Weissensee und promovierte während dieser Zeit. In den letzten DDR-Jahren engagierte sie sich in einer Friedensgruppe der Kirchengemeinde in Berlin-Kaulsdorf. Nach dem Ende der DDR stand für sie fest, daß sie aktiv in die Politik einsteigen würde (»Die Demokratisierung muß unumkehrbar werden – es geht darum, viele Menschen zu bewegen, ihre demokratischen Rechte zu nutzen.«). Nur die SPD kam für Christine Bergmann in Frage, schließlich gehörten überzeugte Sozialdemokraten seit jeher zur Familientradition, außerdem war es »die Ostpolitik Willy Brandts, die für uns wichtig und hoffnungsvoll war«. Die Politikerin zählt sich selbst zum pragmatischen linken Flügel der Partei. Bei den ersten freien Gesamt-Berliner Wahlen zum Abgeordnetenhaus 1990 errang sie das Direktmandat ihres Hellersdorfer Wahlbezirks.

Christine Bergmann ist verheiratet und hat zwei erwachsene Kinder, in der gering bemessenen Freizeit kocht sie gerne für die Familie, am liebsten Ungarisches Kesselgulasch. Ihre Lieblingsstadt sei »natürlich« Berlin, da ist es nur logisch, daß sie Berliner Weiße mit Schuß ihr »Lieblingsgetränk« nennt. Daß sie Vertrauen erwerben konnte, bezeichnet sie als ihren größten politischen Erfolg. Christine Bergmann, die humorvolle wie entschieden engagierte Politikerin, ist trotz der wirtschaftlichen Probleme Berlins nicht resigniert: »Wir brauchen einen langen Atem, Zähigkeit und Phantasie, dann haben wir eine gute Chance.«

J.H.

Schwächen: »Ungeduld, hohe Erwartungshaltung, Morgenmuffel.«

Stärken: »Mut zu Neuem, Sachlichkeit, Belastbarkeit, Humor.«

Hobbys: »Wandern, Konzerte hören.«

Was ist für Sie die größte Ungerechtigkeit? »Daß Frauen Selbstbestimmung verweigert wird.«

Was müßte sich in Ihrer Partei dringend ändern? »Weniger Diskussionen untereinander, mehr Kommunikation mit Bürgerinnen und Bürgern.«

Asylkompromiß: »Ich sehe die Handlungszwänge, hätte mir aber eine Paketlösung mit Einwanderungsgesetz und Regelungen zur doppelten Staatsbürgerschaft gewünscht.«

Frauen in der Bundeswehr: »Darauf lege ich keinen Wert. Ich bin geprägt vom Krieg, der Zerstörung Dresdens.«

Wichtigstes Ereignis in der Geschichte: »1986, der Beginn von Perestroika und Glasnost durch Gorbatschow. Am meisten haben mich Menschen, die in der Zeit des Nationalsozialismus Widerstand leisteten, beeindruckt, die Geschwister Scholl beispielsweise.«

Wovor haben Sie am meisten Angst? »Vor der Zunahme der Gewalt.«

Prägendstes Erlebnis: »Der 13. Februar 1945 – die Bombenangriffe auf Dresden.«

Herta Däubler-Gmelin (SPD),
stellvertretende Parteivorsitzende

»Eine anständige Frau muß sich in einer Demokratie in die Politik einmischen.«

»Herta Däubler-Gmelin – redlich und resigniert«, schrieb die alternative »Tageszeitung«, als die 50jährige Politikerin bei der Fraktionsvorsitzenden-Wahl Hans-Ulrich Klose im Herbst 1991 knapp unterlegen war. Gewiß, für Herta Däubler-Gmelin war es die bitterste Niederlage ihrer bisherigen politischen Laufbahn. Sie wäre die erste Frau gewesen, die im Bundestag diese Position erreicht hätte. Ungewöhnlich ehrgeizig, außerordentlich kompetent beispielsweise auf dem Gebiet der Rechtspolitik, unduldsam und manchmal auch verletzend – Herta Däubler-Gmelin hatte im Laufe der Jahre zu viele mit ihrer »Schwertgosch« (Fraktionsjargon) verärgert. Die Quittung folgte bei der Fraktionswahl. Einem Mann hätte man dies alles verziehen, gar noch als »persönliche Kantigkeit« nachgesehen, einer Frau nicht. Ob ihr Wunsch, Bundesverfassungsrichterin zu werden, aus dieser persönlichen Enttäuschung heraus entstanden war? Solche Fragen verneinte sie entschieden: »Die Aussicht, Vizepräsidentin des höchsten Gerichts zu werden, finde ich sehr reizvoll. Es ist keine Flucht aus der Politik, im Gegenteil, es ist eine neue herausfordernde Aufgabe«, sagte sie anfangs.

Doch die eiserne Ablehnung der Kandidatin Däubler-Gmelin durch die Union, auch die vorangegangenen SPD-internen Verfahrensquerelen, an denen sie selbst nicht ganz unschuldig war, führten zu einer wohl definitiven Blockade der Bewerbung. Herta Däubler-Gmelin war nicht bereit, sich in diesem Streit, bei dem sich vor allem CDU-Fraktionschef Schäuble zu profilieren suchte, auf Dauer verheizen zu lassen. Sie verzichtete auf die Bewerbung. Schließlich bietet sich möglicherweise eine andere Alternative im Wahljahr 1994: In einer SPD-geführten Bundesregierung wäre Herta Däubler-Gmelin unumstrittene Kandidatin für ein Ministeramt.

Die Parteibasis schätzt die unbequeme und engagierte Politikerin. Auf dem

Parteitag der SPD im Herbst 1993 wurde Herta Däubler-Gmelin mit einem überzeugenden Ergebnis als stellvertretende Parteivorsitzende bestätigt. Obwohl Parteichef Rudolf Scharping sie in sein Wahlkampfteam für 1994 aufnahm, liegt die energische Schwäbin in einigen Punkten konträr zu ihm, beispielsweise beim »großen Lauschangriff«.

Herta Däubler-Gmelin, 1943 geboren, Tochter des ehemaligen Tübinger Oberbürgermeisters Hans Gmelin, gilt als entschiedene Linke. Die hochqualifizierte Juristin wurde bereits während der Studentenzeit Mitglied der SPD. Der Grund: »Mir war schon damals klar, daß sich eine anständige Frau in die Politik einmischen muß, das können wir nicht allein den Männern überlassen. Für mich kam nur die SPD als Partei in Frage, weil sie allein die Nazizeit aufgearbeitet und nicht wie die Union einfach verdrängt hat. Außerdem hat mich Willy Brandt mit seinem Politikverständnis beeindruckt.«

Viele Parteiämter oder -mandate hat Herta Däubler-Gmelin schon ausgeübt: Kreisvorsitzende in Tübingen, stellvertretende Vorsitzende der Arbeitsgemeinschaft sozialdemokratischer Juristen, Landesvorsitzende der Arbeitsgemeinschaft sozialdemokratischer Frauen (ASF) in Baden-Württemberg. 1972 kandidierte sie erstmals in Baden-Württemberg für den Bundestag. Sie verschwieg damals wohlweislich, daß sie schwanger war – und gewann das Mandat. Bald danach wurde nach der Tochter noch ein Sohn geboren. Eine Politikerin mit zwei Kindern? Das war zu damaligen Zeiten noch geradezu sensationell. Mit viel Organisationstalent, der Hilfe der Eltern, die in Tübingen mit im Haus wohnen, und der Unterstützung des Ehemannes (Arbeitsrechtler Klaus Däubler) managte sie die Herausforderung. Mit eiserner Disziplin, Intelligenz und Hartnäckigkeit setzte sich Herta Däubler-Gmelin durch: Von 1976 bis 1983 hatte sie zunächst den stellvertretenden und dann den ersten Vorsitz im Rechtsausschuß des Bundestages inne. Sie war stellvertretende Fraktionsvorsitzende und ist Mitglied sämtlicher zentralen Gremien der SPD. 1988 wählte sie der Parteitag in Münster als erste Frau in der Geschichte der SPD zur stellvertretenden Parteivorsitzenden. Vorausgegangen war der Quotierungsbeschluß, der den Frauen einen Anteil an der Macht innerhalb der Partei sichert. Herta Däubler-Gmelin war wesentlich am Zustandekommen dieses Beschlusses beteiligt, so wie sie jahrzehntelang für die Überwindung der Benachteiligung von Frauen gekämpft hat. Auch den Staatsvertrag zur Wiedervereinigung prägte sie mit. »Daß es nicht gelungen ist, das Prinzip ›Rückgabe vor Entschädigung‹ zu verhindern und jetzt das Grundgesetz der Bundesrepublik mit einem breiten und öffentlichen Verfassungsrat weiterzuentwickeln, betrachtet sie als größte Mißerfolge. Verbraucherschutz, Ausländer- und Asylrecht, Rechtsextremismus, Verfassungsfragen, § 218 sind innenpolitische Themen, bei denen sie kräftig mitmischt. Daß die SPD dem Asylkompromiß zugestimmt hat, empfindet sie als herbe Enttäuschung.

Was sind ihre persönlichen Zukunftspläne? Da möchte sich Herta Däubler-Gmelin nicht festlegen. Im Laufe der Jahre hat sie gelernt, Niederlagen einzustecken. Sie wird innerhalb ihrer Partei unbequem bleiben. Und sie wird dafür kämpfen, daß Frauen bei den Machtstrukturen auch innerhalb der Partei nicht länger außen vor bleiben. »Die alten Seilschaften der Männer in den Führungsspitzen der SPD kommen noch zu sehr zum Tragen«, stellt Herta Däubler-Gmelin fest. »Wir müssen dafür sorgen, daß hier die Verkrustungen und Abschottungen aufgebrochen werden.«

J.H.

Schwächen: »Ich bin extrem ungeduldig, schlafe viel zu wenig.«

Stärken: »Ich kann mich schnell und konzentriert in Probleme einarbeiten, Durchsetzungsfähigkeit.«

Prägendstes Erlebnis: »1956 die Hilferufe des ungarischen Volkes, als die sowjetischen Truppen einmarschierten. Wir saßen damals nächtelang am Radio. Dann 1963 die Anfänge der Brandt/Bahr-Ostpolitik und das erste Berliner Passagierscheinabkommen. Ich habe den persönlichen Mut und die Risikobereitschaft Brandts bewundert.«

Was muß die Politik besonders voranbringen? »Arbeit muß so neu organisiert werden, daß mehr Menschen einen Arbeitsplatz finden. Wir brauchen eine ökologische Umorientierung in der Wirtschaft. Wir müssen den armen Ländern im Süden und Osten mehr Chancen einräumen – schon aus Eigeninteresse.«

Größte Angst: »Daß wir den wachsenden Terrorismus von rechts nicht unter Kontrolle bringen können.«

Hobbys: »Musikhören, Klavierspielen, Lesen (zur Zeit besonders gerne Lyrik von Rilke und Erich Fried).«

Anke Fuchs (SPD),
Bundestagsabgeordnete,
stellvertretende Fraktionsvorsitzende

»Ich muß nicht mehr überall sein.«

»Die Politik hat mich sehr verändert. Die für mich schwierigste Zeit war die Zeit zwischen meinem 40. und 50. Lebensjahr, da war ich regelrecht karrieresüchtig. Jetzt, in dem schönen Alter jenseits der 50, kehre ich zur Normalität zurück, die ich als junges Mädchen hatte. Der Zustand zwischendurch war ziemlich unerträglich.« So offen und humorvoll schilderte Anke Fuchs, eine der erfahrensten und kompetentesten Politikerinnen in Bonn, in einem Zeitungsinterview ihre persönliche Entwicklung. Die 55jährige Politikerin braucht niemandem mehr etwas vorzumachen. Sie hat ihre Fähigkeiten in vielen unterschiedlichen politischen Ämtern unter Beweis gestellt. Anke Fuchs war die erste Politikerin in Bonn, die sogar als mögliche Bundeskanzlerin im Gespräch war: Helmut Schmidt empfahl sie für dieses Amt zu einer Zeit, in der eine Frau in solcher Position noch undenkbar schien. Anke Fuchs' persönliche Tragik: Sie erreichte just zu dem Zeitpunkt (1982) den Höhepunkt ihrer politischen Karriere und wurde Bundesministerin für Jugend, Familie und Gesundheit, als der Regierungswechsel unmittelbar bevorstand. Die SPD geriet in die Opposition. Anke Fuchs mußte ihr Amt wieder abgeben, profilierte sich aber innerhalb der eigenen Partei.

»Die SPD ist die einzige verläßliche Kraft seit 130 Jahren«, begründete sie ihre Mitgliedschaft. Das ist gewiß nur ein Grund. Ein anderer ist wohl ebenso wichtig: Als Tochter des ehemaligen Hamburger Bürgermeisters Paul Nevermann wuchs sie in einer Familie mit alter sozialdemokratischer Tradition auf. Geboren 1937, studierte sie Jura, arbeitete danach beim DGB Nordmark und später im Vorstand der IG Metall in Frankfurt. Ihr besonderes Interesse galt schon damals den Problemen der berufstätigen Frau. Anke Fuchs kannte sie aus eigener Erfahrung. 1964 heiratete sie Andreas Fuchs (Senatsdirektor bei der Finanzbehörde in Bremen) und bekam zwei Kinder, Thomas (geb. 1965) und Barbara (geb. 1969). »Es waren geliebte und gewünschte Kinder«, erzählt Anke Fuchs, »und unsere Berufstätigkeit hat ihnen nicht geschadet. Seit dieser Zeit weiß ich, daß Sozialpolitik sehr viel mit Frauenpolitik zu tun hat.«

1977 holte der damalige Bundesarbeitsminister Ehrenberg Anke Fuchs als Staatssekretärin nach Bonn. Dort leitete sie die politisch wichtigsten Abteilungen für Arbeitsmarktpolitik, Renten- und Krankenversicherung. 1980 kandidierte die Sozialpolitikerin erfolgreich für den Bundestag. 1982 wurde sie von Helmut Schmidt ins Bundeskabinett berufen.

Anke Fuchs profilierte sich in den nachfolgenden Jahren als Oppositionspolitikerin und Gegenspielerin des christdemokratischen Arbeitsministers Norbert Blüm. 1987 trat Willy Brandt als SPD-Parteivorsitzender zurück und die Position des Bundesgeschäftsführers der SPD wurde frei. Anke Fuchs warf ihren Hut in den Ring – und wurde gewählt. Sie war mit zuständig für die programmatische Arbeit und die Organisation von Wahlkämpfen. 1990 ließ sie sich zusätzlich in die Pflicht nehmen und kandidierte für das Ministerpräsidenten-Amt in Sachsen, eine aussichtslose Angelegenheit. Gerade 19,09 Prozent der Stimmen konnte die SPD für sich gewinnen. Für Anke Fuchs war das der »größte politische Mißerfolg«. Im Herbst 1990 verlor die SPD auch die Bundestagswahl. Hans-Jochen Vogel trat als Parteivorsitzender zurück, damit wurde auch das Amt des Bundesgeschäftsführers traditionell wieder neu besetzt. Für Anke Fuchs setzten sich die Mißerfolge fort. Bei der Wahl einer Vizepräsidentin des Bundestages innerhalb der SPD-Fraktion unterlag Anke Fuchs knapp ihrer Konkurrentin Renate Schmidt. Fast sah es danach aus, als habe die ehemalige Bundesgeschäftsführerin keine politische Zukunft mehr. Doch Anke Fuchs war offenbar stark genug, trotz der Niederlagen nicht zu resignieren. 1993 wurde sie zur stellvertretenden Fraktionsvorsitzenden gewählt. Anke Fuchs, die die frühere israelische Politikerin Golda Meir als eines ihrer wichtigsten Vorbilder nennt, weiß wohl, daß es im politischen Leben darauf ankommt, Beharrlichkeit zu zeigen. Und ein weiteres Ziel hat die profilierte Politikerin, die innerhalb ihrer Partei zur politischen Mitte gerechnet wird, auch schon. 1994, so hofft Anke Fuchs, wird die SPD stärkste Partei im Deutschen Bundestag. Damit fiele ihr der Posten der Parlamentspräsidentin zu. Anke Fuchs wäre dann die Kandidatin der SPD für dieses Amt.

J.H.

Schwächen: »Loyalität und Disziplin, gelegentlich ›Bockigkeit‹.«

Stärken: »Politisches Stehvermögen.«

Hobbys: »Ehemann, Kinder, Lesen, Radfahren, Reisen.«

Was tun Sie besonders gern/ungern? »Gerne: Lachen; ungern: Haare waschen.«

Was essen/trinken Sie gerne? »Alle Arten von Spaghetti/trockene Weißweine.«

Größte Ungerechtigkeit: »Arbeitslosigkeit.«

Welche Gründe gibt es für Frauen, Sie zu wählen? »Ich habe die Frauenquote mit durchgesetzt. Ich setze mich für eine soziale Politik ein.«

Was müßte sich in Ihrer Partei ändern? »Solidarität statt Eitelkeit.«

Asylkompromiß: »Ich habe ihm zugestimmt. Neue Realitäten verlangen Antworten.«

Wie stehen Sie zu UNO-Kampfeinsätzen der Bundeswehr? »Ich bin dagegen.«

Welches Ereignis hat sie am meisten im Leben geprägt? »Die Geburt meiner Kinder.«

Monika Griefahn (SPD),
Umweltministerin von Niedersachsen

»Die 90er Jahre – das Jahrzehnt der ökologischen Veränderungen.«

»Was wären Sie eigentlich am liebsten, wenn Sie nicht schon Monika Griefahn wären?« – »Ein Wal oder Tina Turner«, sagt die Umweltministerin von Niedersachsen, »Wale kommen in der Welt herum, sind schwimmenderweise kosmopolitisch, sind groß und mächtig und zerstören nichts.« Und Tina Turner und Monika Griefahn haben eines gemeinsam – sie sind echte Power-Frauen.

Als der niedersächsische Ministerpräsident Gerhard Schröder die damalige Geschäftsführerin der internationalen Umweltschutzorganisation »Greenpeace« 1990 anrief und wissen wollte, ob sie sich vorstellen könnte, Umweltministerin zu werden, hatte er vor allem eines im Sinn: Monika Griefahn sollte seinem Landeskabinett umweltpolitischen Glanz verleihen. Schröders Kalkül ging auf. Inzwischen ist die 39jährige Politikerin eines der profiliertesten Mitglieder der rot-grünen Koalition in Hannover, hat einen Namen weit über die Landesgrenzen hinaus. Der SPD-Vorsitzende Rudolf Scharping berief sie in sein Schattenkabinett für die Bundestagswahl 1994.

1990 zögerte Monika Griefahn nicht lange mit ihrer Zusage, schließlich reizte es sie ungemein, Umweltministerin zu werden. »Eigentlich ist es letztlich doch eine Art Traumjob, denn ich kann für das arbeiten, was ich als wichtigstes Ziel unserer Generation ansehe – Frieden mit der Natur zu schaffen.« Ausstieg aus der Atomenergie, Müllvermeidung, die Entwicklung alternativer, erneuerbarer Energien (etwa Sonnenenergie) und umweltverträglicher Produkte, das sind »ihre« Themen. Daß sie in ihrem Amt viele Kompromisse eingehen muß, akzeptiert sie zähneknirschend. Das betrifft in erster Linie die Atomenergie. Ministerpräsident Schröder beispielsweise wollte im Rahmen der »Energiekonsensgespräche« mit der Bundesregierung zwar langfristig einen Ausstieg aus der Kernenergie anvisieren. Andererseits stimmte er zu, daß Atomkraftwerke sicherer gemacht werden könnten und in Niedersachsen

Schacht Konrad als Endlager für schwach radioaktive Abfälle installiert werden soll.

Bis 1992 blieb Monika Griefahn aus Überzeugung parteilos, dann trat sie überraschend in die SPD ein. Vielleicht nur deshalb, weil sie keine Lust auf die basisdemokratischen Auseinandersetzungen innerhalb der Öko-Partei »Die Grünen« hatte, die in der Regel nicht gerade zimperlich auch mit Parteimitgliedern, die Regierungsverantwortung ausüben, umgeht? Das ist sicher ein Motiv. Ein anderes formuliert sie so: »Gerade meine Kindheit im Ruhrgebiet hat mich besonders geprägt. Da ist es logisch, daß die SPD für meine Ziele die besten Möglichkeiten bietet, sie ist die Partei für breite Bevölkerungsgruppen.« Aber sie weiß auch, was sie in der SPD anders haben will: »Weniger vorauseilenden Gehorsam für vermeintliche Wirtschafts- und Rüstungsinteressen, weniger Mittelmäßigkeit in der Bonner Partei- und Fraktionsarbeit.«

»Meinem Großvater verdanke ich alles«, stellt die Umweltministerin fest. Er sorgte dafür, daß die begabte Grundschülerin, Geburtsjahrgang 1954, an einem naturwissenschaftlichen Gymnasium angemeldet wurde. Monikas Eltern waren mit den vier Kindern und dem Fleischgroßhandel in Mülheim an der Ruhr zu sehr beschäftigt, als daß sie sich noch um die schulische Karriere ihrer ältesten Tochter kümmern konnten. »Die heiratet ja doch«, hieß es damals. Nach dem Abitur studierte Monika Griefahn Mathematik und Soziologie an den Universitäten Göttingen und Hamburg. Sie engagierte sich in der kirchlichen Jugendarbeit und war nach ihrem Examen maßgeblich beim Aufbau des bundesdeutschen Greenpeace-Büros in Hamburg beteiligt. Als Geschäftsführerin organisierte Monika Griefahn jene spektakulären Aktionen, die die Umweltschutzorganisation in die Schlagzeilen der Presse brachten. Sie saß mit im Schlauchboot und hinderte 1983 den Chemie-Tanker »Titan« daran, Dünnsäure in die Nordsee zu kippen. Sie kletterte beim Chemie-Konzern Boehringer den Schornstein hoch, um Schadstoffe zu messen und seilte sich von einer Rheinbrücke ab, um beim Einleitungsrohr der Bayer AG in Leverkusen Giftproben zu entnehmen. Monika Griefahn – in der Öffentlichkeit war ihr Name bald identisch mit Greenpeace, erst recht, als sie als einzige Frau in den internationalen Vorstand der Organisation gewählt wurde.

Status-Symbole findet Monika Griefahn überflüssig, privat fährt sie nur Fahrrad oder Bahn. Gemeinsam mit ihrem Mann, dem Ökochemiker Michael Braungart, und den beiden Kindern Jonas (4) und Nora-Sophie (2) bewohnt sie ein kleines Haus mit Grasdach vor den Toren Hannovers. Die niedersächsische Umweltministerin ist eine Art »Symbolfigur« einer neuen, anderen Politikerinnen-Generation, die nicht mehr bereit ist, sich den herrschenden, ungeschriebenen Gesetzen für Frauen in der Politik anzupassen. Eine schwangere Ministerin? Einst undenkbar! Als Monika Griefahn hochschwanger im ehrwürdigen und männerdominierten Bundesrat in Bonn eine Rede hielt und 1992 – während ihrer Amtszeit also – Töchterchen Nora-Sophie zur Welt kam, berichtete gar der »Spiegel« darüber. Und sie nahm sich auch heraus, hin und wieder das Baby in ihr Büro ins Ministerium mitzunehmen und Landtagssitzungen zu versäumen, als es erkrankt war. Die Politiker-Männerwelt reagierte verunsichert. Monika Griefahn bleibt da gelassen: »Was Männer scheinbar so gut miteinander vereinbaren können, Vater-Sein und beruflich engagiert, müssen wir Frauen nun endlich auch auf eigene Weise in Anspruch nehmen.«

J.H.

Schwächen: »Zu harmoniesüchtig, zu sehr sachorientiert, ungeduldig.«

Stärken: »Phantasie, Kommunikationsfähigkeit, Organisationstalent.«

Warum sind Sie Politikerin geworden? »Ich wollte umweltpolitische Forderungen durchsetzen können, Lösungen für Umweltprobleme erreichen.«

Welche Gründe gibt es für Frauen, Sie zu wählen? »Ich ermutige Frauen, Familie und Beruf miteinander zu verbinden, ich habe in einem männerdominierten Ministerium die ersten weiblichen Führungskräfte eingestellt. Ich setze mich für die Zukunft unserer Kinder ein.«

Energie der Zukunft: »Sie besteht aus alternativen, erneuerbaren Energien, Energieeinsparung. Viel mehr Forschungsmittel müssen auf Sonnenenergie verwandt werden.«

Asylkompromiß: »Auch ich habe Schwierigkeiten.«

Was müßte nach Ihrer Ansicht die Politik am meisten vorantreiben? »Umweltpolitik darf nicht in Zeiten von Wirtschaftsrezession als Luxus angesehen werden. Frauen müssen in Führungspositionen ohne Wenn und Aber.«

Was tun Sie besonders gern? »Auf einer bunten Wiese liegen und in die Luft starren, Hausarbeit kann ich dagegen nicht ausstehen.«

Größte Angst: »Daß wir es nicht mehr schaffen, die Lebensbedingungen unserer Kinder zu erhalten.«

Bedeutendste historische Persönlichkeit: »Rosa Luxemburg.«

Christel Hanewinckel (SPD),
Bundestagsabgeordnete

Die Pastorin im Parlament

Sie fällt auf in ihrer Fraktion. Christel Hanewinkkel ist eine markante, eigenwillige Frau, die bereits nach einem Jahr im Bundestag zur familienpolitischen Sprecherin der SPD gewählt wurde. »Ich habe in meinem Leben in allen möglichen Situationen gelernt, daß es Sinn hat, nicht aufzugeben, den Mund aufzumachen und notfalls auch richtig penetrant zu sein, wenn es eine Sache erfordert«, stellt sie lachend fest. Mut ist seit jeher eine Stärke der 47jährigen, die zu den wichtigsten Personen der Friedensbewegung in der ehemaligen DDR zählte. Auch heute kämpft sie weiterhin für die Ziele jener Zeit – Friedenspolitik, soziale Gerechtigkeit, Demokratisierung der Gesellschaft. In der SPD-Bundestagsfraktion gehört Christel Hanewinckel zur Gruppe der »Parlamentarischen Linken«.

1947 in Bad Tennstedt in Thüringen geboren, absolvierte sie nach dem Abitur zunächst eine Buchhändlerlehre. Dann entschied sich Christel Hanewinckel für das Studium der evangelischen Theologie in Halle. »Ich war fasziniert von der Idee der biblischen Botschaft, ich wollte die gesellschaftspolitische Dimension des Evangeliums herausfinden und verwirklichen.« Theologin hinter dicken Kirchenmauern – für Christel Hanewinckel undenkbar. Sie arbeitete als Klinikseelsorgerin und baute die Familien- und Lebensberatung des Kirchenkreises Halle mit auf. »Am meisten geprägt und letztlich auch politisiert hat mich 1968 der Einmarsch der Truppen des Warschauer Paktes in Prag«, erzählt Christel Hanewinckel, »ich war zufällig zu diesem Zeitpunkt in der früheren CSSR. Es war ein Einschnitt in meinem Leben – jetzt erst recht, habe ich mir damals gesagt. Ich habe mich entschieden, in kleinen Gruppen gemeinsam mit anderen etwas zu bewegen.«

Ab 1981 veranstaltete die Evangelische Kirche der DDR jedes Jahr die »Friedensdekaden«; ein wichtiger Ausgangspunkt für die neu entstehenden christlichen Friedensgruppen im Land, die mit ihrem Anspruch, auf die politischen Verhältnisse Einfluß zu nehmen, der herrschenden SED immer mehr zu schaffen machten. »Was uns damals zunehmend stärker machte, war die Erfahrung, wenn wir gemeinsam was tun und zusammenhalten, schaffen wir auch was in diesem Land«, meint Christel Hanewinckel. Im Oktober 1989, auf dem Höhepunkt der Demonstrationen, organisierte sie mit ihrer Gemeinde Mahnwachen für die von der Stasi Inhaftierten. Nach der »Wende« 1989 schloß sich Christel Hanewinckel sehr schnell der SPD an, weil sie in dieser Partei am ehesten die sozialen Werte aufgenommen sah, für die sie kämpfte. Von Dezember 1989 bis Mai 1990 moderierte sie den Runden Tisch der Stadt Halle, der alle gesellschaftlichen Gruppen zum Dialog vereinte. Dann kandidierte sie für das Stadtparlament, arbeitete im Sozialausschuß und wurde Vizepräsidentin der Stadt Halle.

Die schwierigste Entscheidung war die, ob sie für den Bundestag kandidieren sollte. »Ich bin schließlich von der Basis überredet und überzeugt worden«, erinnert sich Christel Hanewinckel. Auch ihr 18jähriger Sohn Friedemann, Tochter Mirjam (24) und Ehemann Hans-Joachim, wie sie Gemeindepastor in Halle, redeten ihr zu. Das erste Halbjahr in Bonn wurde für Christel Hanewinckel so etwas wie ein »Kulturschock«. »Ich hatte überhaupt keinen Durchblick, ich mußte mich vollkommen neu einarbeiten – und dann diese Sprache! Was ist bloß eine ›Beitragsbemessungsgrenze‹?« Sie ließ sich in den Petitionsausschuß des Bundestages delegieren, dort wo sie, wie sie sagt, unmittelbar mit den Problemen der Bürgerinnen und Bürger konfrontiert werde und auch etwas bewegen könne. Christel Hanewinckel engagierte sich zudem im Ausschuß für Familien- und Seniorenpolitik, ein Bereich, der ihr aus ihrer früheren Arbeit vertraut ist. »Inzwischen bin ich in meiner parlamentarischen Arbeit schon richtig routiniert, jetzt arbeite ich mich zudem in die Wirtschaftspolitik ein, denn die Probleme, mit denen ich zu Hause konfrontiert bin, sind Arbeitslosigkeit und der Zusammenbruch ganzer Industriezweige.«

Die Entscheidung, 1994 wieder für den Bundestag zu kandidieren, ist Christel Hanewinckel nicht schwergefallen. Länger als 12 Jahre allerdings, meint sie, sollte niemand im Parlament bleiben, sondern dann wieder an die Basis zurückkehren, um die Alltagsprobleme nicht aus den Augen zu verlieren. In der Verfassungskommission des Bundestages setzte sich Christel Hanewinckel dafür ein, Vorschläge des Runden Tisches der ehemaligen DDR mit einzubringen, zum Umweltschutz, zur sozialen Grundsicherung, zur Gleichstellung der Frauen und zur Friedenspolitik. Sie ist wütend darüber, wie wenig davon schließlich aufgenommen wurde. Skeptisch ist sie auch, was die Realität der Deutschen Einheit betrifft: »Die bisherigen Erfahrungen beschreibe ich mit: unklar, gespalten, zentralistisch, abhängig, unsozial, ausgegrenzt.«

Kein Zweifel, Christel Hanewinckel profiliert sich in Bonn immer mehr – sie ist bereits als Ministerkandidatin in Magdeburg im Gespräch, sollte 1994 in Sachsen-Anhalt die SPD die Landtagswahl gewinnen. Sie macht keinen Hehl daraus, daß sie sich als demokratische Sozialistin versteht: »Wir hatten in der DDR immer auf einen anderen, besseren Sozialismus gehofft – auch in der Demokratie hier in der Bundesrepublik gibt es viel zu verändern.« Und ihre persönlichen Zukunftspläne? Christel Hanewinckel wünscht sich ausreichend Zeit für ihre Familie und Freunde. Außerdem möchte sie richtig Englisch lernen. Sie interessiert sich sehr für die afrikanischen Länder, vor allem für die, die gerade eine Demokratie aufbauen (»Da gibt es viele Parallelen zu unseren Erfahrungen in der DDR.«). »Ansonsten«, sagt sie, »lebe ich im Hier und Jetzt und lasse mich nicht beunruhigen.«

J.H.

Schwächen: »Ich will alles perfekt hinkriegen – das führt zwangsläufig zu Überforderung.«

Stärken: »Ich denke, daß ich mit einer starken Intuition ausgestattet bin. Ich bin konsequent. Ich arbeite sehr gerne mit anderen zusammen.«

Hobbys: »Theater, Kabarett, Tanzengehen«

Was tun Sie besonders gern/ungern? »Mit vielen anderen zusammen frühstücken/ ich hasse Bügeln.«

Größte Ungerechtigkeit: »Obwohl Frauen in dieser Gesellschaft die Mehrheit stellen, sind sie nach wie vor benachteiligt, die Quotierung wird nur an einer Stelle eingehalten – in der Ehe.«

Asylkompromiß: »Ich habe dagegen gestimmt.«

Wichtigstes Ereignis in der Geschichte: »Die Geburt des Juden Jesus, der dieser Welt das Christentum brachte.«

Beeindruckendste Persönlichkeiten: »Willy Brandt, Rahel Varnhagen, Bettina von Arnim.«

Was muß Ihrer Ansicht nach in der Politik nach vorn bewegt werden? »Wenn die bisherige Politik fortgesetzt wird, droht weltweit eine ökologische Katastrophe. Wir brauchen neue Modelle in der Wirtschaft. Gerade wir Frauen sollten den selbstmörderischen Omnipotenzphantasien der Mächtigen Einhalt gebieten.«

Regine Hildebrandt (SPD),
Sozialministerin von Brandenburg

»Das kriegen wir hin, wir müssen uns nur Mut machen.«

Als »Mutter Theresa des Ostens« reist die brandenburgische Sozialministerin, Regine Hildebrandt (SPD), durchs Land, hört sich die Sorgen der einen an und nervt die anderen als »Überdruck-Kassandra«, die ihre Wut in Mikrofone und Fernsehkameras schreit. Die frühere DDR-Bürgerrechtlerin drängte sich nicht ans Licht der Öffentlichkeit. Ihre Basisgruppe der 1989 gegründeten »DDR-SPD«, der sie kurz vor der Wende beigetreten war (damals hieß sie noch SDP), überredete sie regelrecht zur Volkskammer-Kandidatur. Jetzt gehört sie zu den populärsten Politikerinnen in Deutschland. 94 Prozent der Ostdeutschen kennen sie. 1993 erhielt sie bei Umfragen die Traumnote 1,5 als beliebteste Volksvertreterin. Ihr Geheimnis scheint zu sein, daß sie eine »glaubwürdige Nervensäge ist«, wie eine Ost-Zeitung schrieb. »Wenn sie mit Berliner Herz und Schnauze spricht, wenn sie nörgelt und schreit, dann hängen ihr überall im Osten die Zuhörer an den Lippen.«

Besonders aufregen kann sie sich über die Bonner Finanz-, Wirtschafts- und Sozialpolitik. Den Solidarpakt findet sie »unmöglich«, weil er die sozial Schwachen zu viel und die besser Verdienenden zu wenig belaste. Zu den Kürzungen der Arbeitslosenunterstützung sagte sie: »Die hamm doch einen anner Glocke.« Im März 1993 beschwerte sie sich über den »Blödsinn, die Solidaritätsabgabe bei 10 Prozent Arbeitslosigkeit im Osten einzuführen und bei 15 Prozent Arbeitslosigkeit ein Jahr später wieder abzuschaffen«. Im selben Monat platzte ihr der Kragen wegen des Stopps von Arbeitsbeschaffungsmaßnahmen (ABM). Auch die »Entindustrialisierung« des Ostens will Regine Hildebrandt nicht hinnehmen. Mit nur noch 60 Industriearbeitsplätzen auf 1.000 Einwohner (im Westen 110) stehe Ostdeutschland in der EG hinter Griechenland und Portugal, sagte sie im Sommer 1993. Schuld daran sei die verfehlte Umstrukturierungspolitik der Bundesregierung. Die Kalikumpel, die wegen der Schließung ihrer Grube in Bischofferode in Hungerstreik getreten waren, mahnte sie allerdings, die angebotenen Alternativ-Arbeitsplätze anzunehmen: »Diese Aktionen mußten jetzt sein, aber bitte nicht bis zum Kräfteverfall.« Den Vorschlag ihres Parteifreundes Oskar Lafontaine im Oktober 1993, Gehälter und Renten im Osten langsamer ansteigen zu lassen, nahm sie ungewöhnlich ruhig auf, machte aber keinen Hehl daraus, daß sich solche Äußerungen im Osten »verheerend« auswirkten. Im Juli 1993 beschuldigte sie Theo Waigel, durch Kürzungen bei der Bundesanstalt für Arbeit dem Lehrstellenmangel in Ostdeutschland Vorschub geleistet zu haben und forderte ein Bonner Hilfsprogramm von bis zu 80 Millionen Mark für mindestens 20.000 Jugendliche. Auch für alte Menschen setzte sie sich ein und protestierte gegen eine von Bonn auferlegte Regelung, wonach die Ersparnisse von pflegebedürftigen Rentnern mit der Sozialhilfe verrechnet werden müssen. Gerüchte, die Ministerin sei Wochen, bevor die Regelung im Januar 1993 in Kraft trat, durch Altenheime gereist und habe Senioren ermuntert, ihr Erspartes auf den Kopf zu hauen, bestätigten sich nicht. Dennoch soll Regine Hildebrandt dem einen oder anderen Rentner ihre Meinung dazu gesagt haben, wenn sie um Rat gebeten wurde. Um die Wiedervereinigung bezahlen zu können, sei unter anderem eine Solidarabgabe der Besserverdienenden nötig, findet sie. Außerdem müsse verhindert werden, daß durch Steuermißbrauch und Wirtschaftskriminalität Unsummen für die Gesellschaft verlorengehen.

Lautstark zu Wort meldete sich die dreifache Mutter, Regine Hildebrandt, auch beim Urteil des Bundesverfassungsgerichts zur Neuregelung des § 218 im Mai 1993. Den Tränen nahe, stürzte sie aus dem Gerichtssaal und verkündete: »Das Urteil ist eine gelinde Katastrophe.« (Die Fristenregelung mit Beratungspflicht ist rechtswidrig, aber straffrei. Krankenkassen übernehmen nur noch in Ausnahmefällen, zum Beispiel bei sozial Bedürftigen die Kosten.) Mit dem »Verbot der Abtreibung auf Krankenschein« und in staatlichen Kliniken werde ein Zwei-Klassen-Recht geschaffen, so Hildebrandt. Das sei ein »Rückfall in die Steinzeit«, »menschenverachtend« und gerade für Frauen im Osten »unerhört«. In dieser Zeit war die Ministerin eine medienwirksame Furie. Sie regte sich so auf, daß CDU-Generalsekretär Peter Hintze sie aufforderte, sich bei den Karlsruher Richtern zu entschuldigen, und eine Tageszeitung monierte die »hysterischen Zornausbrüche« der Ministerin. Regine Hildebrandt hält mit ihrer Meinung selten hinter dem Berg. So sprach sie sich auch offen für den umstrittenen Asylkompromiß aus: »Da bin ich absolut dafür. Es konnte so nicht weitergehen mit den vielen Menschen, die in dieses Land strömen, die meisten aus rein wirtschaftlichen Gründen.« Im Februar 1993 verteidigte sie die Regelung, daß Asylbewerber Coupons statt Bargeld erhalten. »Viele kommen doch überhaupt nur wegen unserer Sozialleistungen hierher. Das kann ich doch als Argument nicht einfach abtun, daß unser Bargeld die Leute hier herlockt.« Eine Feststellung, mit der sie sicher großen Teilen der Bevölkerung und den Asyl-Hardlinern der Regierungsparteien aus der Seele sprach. Auch beim großen Lauschangriff hat die Politikerin keine Berührungsängste. Im Oktober 1993 sagte sie dazu: »Na, da bin ich doch unbedingt dafür ... ich sehe doch, wie die Kriminalität um sich greift ...«

Einige ihrer früheren Mitstreiter haben Probleme mit Regine Hildebrandts Vergangenheitsbewältigung. Zum Beispiel steht sie wie ein Fels hinter ihrem Ministerpräsidenten Manfred Stolpe, der wegen ungeklärter Stasikontakte in Verruf geriet. Für sie ist er »eine Perle« und immer ein Mann der Kirche gewesen, der ihr vollstes Vertrauen hat: »Was mich ärgert, ist, daß wir den ganzen Quatsch, den die Führungsoffiziere aufgeschrieben haben, für die Wahrheit nehmen ...« Im November 1993 plädierte sie für die Schließung der Stasi-Akten ab 1996. Eine ebenso unverblümte Meinung hatte Regine Hildebrandt auch zur Bundespräsidenten-Kandidatur Steffen Heitmanns. Im September 1993 sprach sie von einer »existentiellen Bedrohung«, wenn der sächsische Justizminister Bundespräsident würde. Der Bundeskanzler diskriminiere die Ostdeutschen damit, denn Heitmann könne sich als Weizsäcker-Nachfolger nur blamieren. Und: Für Frauen sei er untragbar: »Es kann nicht sein, daß derjenige, der den Osten vertreten soll, zum Thema Frauenpolitik sagt: Endlich können die Frauen sich wieder um die Kinder kümmern.«

Regine Hildebrandt, geboren 1941 in Berlin, ist promovierte Biologin. Nach der Erweiterten Oberschule studierte sie an der Humboldt-Universität in Berlin und war bis 1990 zunächst stellvertretende Abteilungsleiterin der pharmakologischen Abteilung im VEB Berlin-Chemie und später Bereichsleiterin in der Zentralstelle für Diabetes und Stoffwechselkrankheiten in Berlin. Die frühere Bürgerrechtlerin, die sich für »Demokratie jetzt« engagiert hatte und dann bei den Sozialdemokraten eintrat, wurde zunächst Sozialministerin im Kabinett Lothar de Maizieres. Ende 1990 wurde Regine Hildebrandt Sozialministerin in der frisch gegründeten brandenburgischen Ampelkoalition von Manfred Stolpe. Seit September 1990 ist sie Mitglied des SPD-

Bundesvorstands. Die im Berliner Wedding aufgewachsene Politikerin, die mit 20 Jahren erlebte, wie wegen des Mauerbaus das Haus an der Bernauer Straße, in dem sie wohnte, zugemauert und die Familie zwangsumgesiedelt wurde, zählte mit ihrem Mann Jörg zur kirchlichen Opposition. Sie spielt Gitarre, Flöte und Klavier und singt seit 1961 mit ihrem Mann und später auch mit ihren Kindern in der Berliner Domkantorei. Regine Hildebrandt liebt Blumen, besonders Winterlinge (»Ick bin ja schließlich Biologin«), und ißt gern Äpfel. Für ihren Fahrer ist sie »eine Frau ohne Zeit«, weil sie oft spontan Termine zusagt, obwohl ihr Terminkalender überquillt. Ein Biograph schrieb über sie: »Seit ich Regine Hildebrandt begegnet bin, weiß ich, daß es das Perpetuum mobile doch gibt.«

ast

Karin Junker (SPD),
Europa-Abgeordnete,
Vorsitzende der Arbeitsgemeinschaft
Sozialdemokratischer Frauen (ASF)

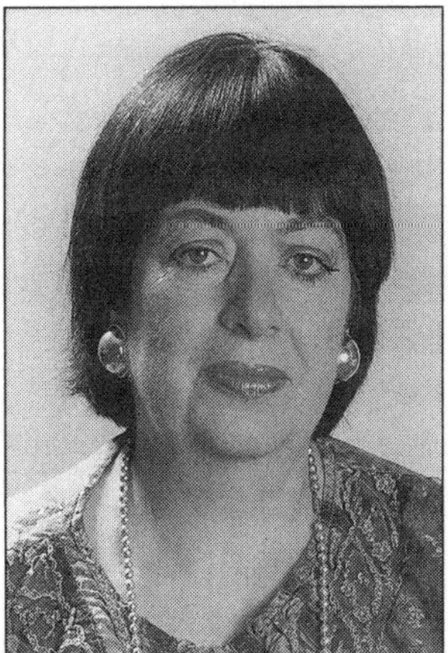

»Ich bin nicht everybody's darling.«

»Ich weiß, daß ich viele Ressentiments auf mich ziehe, auch die von Frauen, die kein Frauenbewußtsein haben.« Karin Junker, ASF-Vorsitzende seit 1991, sieht das einigermaßen gelassen: »Und ich weiß natürlich auch, daß ich polarisiere mit meinen Forderungen. Doch ohne geradezu penetrant wiederholtes Einfordern der Rechte von Frauen läßt sich nur wenig bewegen. Diese Erfahrung machen alle Politikerinnen, die sich in der Frauenpolitik engagieren.« Als Beispiel nennt Karin Junker die Frauenquote in der SPD. Viele Männer hat die Diskussion darüber unendlich genervt – aber sie wurde durchgesetzt und sichert den Frauen einen Anteil an Macht innerhalb der Partei.

Als ASF-Vorsitzende vertritt Karin Junker konsequent feministische Positionen. Den parteiübergreifenden Gruppenantrag zum § 218 akzeptierte sie »zähneknirschend«, sieht sie doch in der »Zwangsberatung« und der Verankerung des § 218 im Strafgesetzbuch eine Diskriminierung der Frauen. Die ASF ist statt dessen für die vollständige Streichung des § 218.

Seit 1989 ist die 52jährige Politikerin Abgeordnete im Europäischen Parlament, dort ist sie stellvertretende Vorsitzende des Ausschusses für Außenwirtschaftsbeziehungen und Mitglied im Ausschuß für wirtschaftliche Zusammenarbeit. Die Arbeit im Europa-Parlament ist für Karin Junker faszinierend: »Wir leben jetzt nach dem Ende des Ost-West-Konfliktes in einer historisch spannenden Zeit, und im ökonomischen Bereich laufen jetzt die wesentlichen Entscheidungen.« Karin Junker bewältigt ein enormes Arbeitspensum: Neben Europa-Parlament und ASF-Vorsitz gehört sie zum Bundesvorstand der SPD und ist sehr engagiert im Medienbereich. Seit 1980 ist sie Mitglied im Rundfunkrat des WDR und stellvertretende Vorsitzende des Programmausschusses. Daß die Frauen im Rundfunkrat unabhängig von ihrer Parteienzugehörigkeit in Frauenfragen zusammenhalten und gemeinsam Position beziehen, ist vor allem auch Karin Junker zu verdanken. »Geht das hier jetzt auch schon los?!« stöhnten die Herren vernehmlich, als Karin Junker dort erstmals das Thema »Frauen und ihre Darstellung im Fernsehen« zur Sprache brachte.

Karin Junker, 1940 in Düsseldorf geboren, machte schon in frühen Jahren bittere Erfahrungen mit Frauendiskriminierung. Ihre alleinerziehende Mutter konnte als Dolmetscherin keine qualifizierte Stelle finden. »Das Credo zu Hause war,« berichtet Karin Junker, »daß sich eine Frau unabhängig von einem Mann machen muß.« Nach dem Abitur absolvierte sie eine Ausbildung als Tageszeitungsredakteurin, arbeitete anschließend freiberuflich in der Öffentlichkeitsarbeit für Ministerien, Behörden und Verbände. 1980 wurde Karin Junker Referentin im Oberbürgermeisterbüro der Stadt Gelsenkirchen. Schon 1964 wurde sie Mitglied der SPD (»Die Sozialdemokratie hat sich seit jeher für Demokratie und soziale Gerechtigkeit eingesetzt und mit ihrer Politik maßgeblich dazu beigetragen, die Bundesrepublik zu einem sozialen Rechtsstaat zu entwickeln.«).

Karin Junker zählt zum linken Flügel der Partei. Ob Asylkompromiß oder »großer Lauschangriff« – sie ist mit dem neuen Kurs der Partei nicht einverstanden. Auch in Bezug auf Frauenpolitik ist sie skeptisch: »Gerade im Bereich der Spitzenpositionen gibt es in der SPD noch eklatante Benachteiligungen von Frauen.« Zäh und hartnäckig kämpfte Karin Junker um ein Landtagsmandat in Düsseldorf. Im Laufe der Jahre, so sagt sie, habe sie gelernt, auch bittere Niederlagen wegzustecken.

Bequem und angepaßt ist die ASF-Vorsitzende innerhalb ihrer Partei keineswegs. Das habe auch, mutmaßte der Berliner »Tagesspiegel«, mit ihrem unkonventionellen Outfit zu tun: »Die Politikerin gewandet sich mit Vorliebe in auffällige, lang und großzügig wallende, meist violette Stoffe.« Das fällt natürlich auf im Grau der männlichen Politiker. Karin Junker ist verwitwet. Ihr Lieblingskontinent ist Afrika, wenn sie reist, dann besonders gern in mittelalterliche europäische Städte wie Toledo, Siena oder Nürnberg. Sie haßt frühes Aufstehen, arbeitet dafür lieber Nächte durch. Ihre Zukunftspläne? »Die Arbeit im Europa-Parlament weiter ausbauen und natürlich weiter für Frauenrechte kämpfen.« Aber sie hat es auch satt, »Berufsfrau« zu sein. »Ich mach' dieses Thema, weil es zuwenige machen – aber es bindet viel Kraft, und dann kann man zuwenig andere Themen aufgreifen.«

J.H.

Schwächen: »Neigung zu Unpünktlichkeit, Verschlossenheit, manchmal zu arbeitswütig ohne Rücksicht auf Gesundheit und Nerven der MitarbeiterInnen.«

Stärken: »Fähigkeit, die Dinge auf den Punkt zu bringen, rhetorisch nicht unbegabt, hilfsbereit.«

Hobbys: »Politik, Reisen, Lesen, moderne Malerei, gemeinsame Essen mit Freundinnen und Freunden.«

Mit welchem Ziel sind Sie Politikerin geworden? »Ich wollte die Gesellschaft verändern und die Gleichstellung von Männern und Frauen in allen Bereichen der Gesellschaft herstellen.«

Größte Ungerechtigkeit: »Verletzung der Menschenrechte, soziale Ungerechtigkeit.«

Lieblingsmusik: »New Orleans Jazz.«

Größte Angst: »Vor physischer Gewalt und vor Schlangen.«

Prägendstes Erlebnis: »Die Erfahrung des Zweiten Weltkrieges in meiner Kindheit.«

Jutta Limbach (SPD),
Justizsenatorin von Berlin

»Mutter, Du bist für die Politik zu moralisch.«

Das stellte ganz pragmatisch Anna Carolina, die große Tochter von Jutta Limbach fest, als der Familienrat über ein Angebot des damaligen Regierenden Bürgermeisters von Berlin nachdachte. Walter Momper (SPD) wollte die Rechtsprofessorin Limbach als Justizsenatorin für seine Regierung gewinnen. Das gelang ihm schließlich auch, und die Juristin überlebte ihn politisch sogar. Nach der Ablösung der rot-grünen Koalitionsregierung Mompers durch die große Koalition Eberhard Diepgens (CDU) sitzt Jutta Limbach immer noch fest in ihrem Senatorinnensessel – nach wie vor umstritten und erfolgreich.

Bereits bei ihrem Amtsantritt, im März 1989, sorgte sie für Wirbel. Sie forderte einen liberaleren Strafvollzug für RAF-Häftlinge, die in den Hungerstreik getreten waren. Auch die Auflösung der »P-Abteilung«, in der die Staatsanwaltschaft politisch motivierte Straftaten verfolgte, geriet besonders in konservativen Kreisen zum Eklat. Von den einen als »Perle der Politik« gelobt, wurde sie von anderen als »SPD-Hexenjägerin« von DDR-Richtern und Staatsanwälten verdammt (von 371 Ostjuristen wurden 43 übernommen). Die Arbeitsgruppe »Regierungskriminalität«, die sie 1990 zur Aufklärung von SED-Unrecht gegründet hatte, brachte ihr viel Kritik ein. Im Juli 1991 attackierten sie 216 Berliner Staatsanwälte, weil sich wegen »skandalöser Personalpolitik« an die 20.000 unbearbeitete Fälle angesammelt hätten. Auch die Bundesregierung erhob Vorwürfe wegen schleppender Ermittlungsverfahren. Jutta Limbach, die den Aufbau des Justizapparates im wiedervereinten Berlin als ihren größten politischen Erfolg ansieht, rechtfertigte die vielen unbearbeiteten Fälle immer wieder mit der »Jahrhundert-Aufgabe«, die die Berliner Justiz mindestens bis zur Jahrtausendwende beschäftigen würde. In einer Sitzungswoche in Berlin lud sie den Bundestags-Rechtsausschuß zum Gespräch ein. Nach mehrstündiger Debatte bestätigte ihr der damalige Ausschußvorsitzende, Herbert Helmrich (CDU), eine »sehr intensive« Ermittlungstätigkeit. Durchgestanden hat Jutta Limbach auch diverse Mißtrauensvoten. Zum Beispiel im März 1993 einen Mißtrauensantrag von Bündnis 90/Die Grünen und Innensenator Diether Heckelmann (CDU). Ihr wurde vorgeworfen, sie habe der Berliner Staatsanwaltschaft bei der Kritik am Urteil des Landesverfassungsgerichts wegen der Freilassung Erich Honeckers »Formulierungshilfe« geleistet und damit die Grenzen der Gewaltenteilung überschritten. Nachdem sie die Unterstützung zunächst abgestritten hatte, mußte sie schließlich zugeben: »Ich bin Opfer meiner lehrerhaften Art geworden, Texte, die mir unklar erscheinen, so nicht stehenzulassen.« Die Justizsenatorin, die laut »Spiegel« viel Disziplin aufbot, um sich über die Auslieferung Honeckers aus Moskau nach Berlin nicht öffentlich zu freuen, stand auch wegen der Verfahren gegen DDR-Größen wie Erich Honecker, Willi Stoph oder Erich Mielke unter Dauerkritik. Vor allem wegen der Mauerschützenprozesse, bei denen einfache Soldaten verurteilt wurden, weil sie die Befehle der Schreibtischtäter des Nationalen Verteidigungsrates ausgeführt hatten (zwischen 1949 und 1989 kamen 200 Menschen an der Mauer um), stieß sie auf Unverständnis. Erich Honecker, der Vorsitzende des Nationalen Verteidigungsrates, wurde zum Beispiel nur wegen »dringenden Verdachts zur Anstiftung zum Totschlag« angeklagt, dann aus medizinischen Gründen freigelassen und setzte sich schließlich ungehindert zu seiner Familie nach Chile ab. Jutta Limbach wies deshalb immer wieder auf die juristischen »Grauzonen« hin, mit denen die bundesdeutsche Rechtsprechung nach dem Fall der Mauer konfrontiert sei. Warum die Fertigstellung der rund 800 Seiten langen Anklageschrift von Erich Honecker eineinhalb Jahre gedauert hatte, erklärte sie unter anderem damit, daß eine wirklich gute Anklage für ein solches Großverfahren eben seine Zeit brauche.

Kritik hagelte es auch wegen Pannen und Drogenmißbrauch in Berliner Justizvollzugsanstalten. 1991 waren 640 Freigänger nicht mehr in die Zelle zurückgekehrt oder Gefangene aus dem von Jutta Limbach unterstützten offenen Vollzug geflohen. Im Dezember 1992 kam es zu einem Koalitionskrach, weil der mutmaßliche Großdealer Kuchenbecker während des Küchendienstes in einer Essensreste-Tonne aus dem Untersuchungsgefängnis Moabit entwischt war.

Jutta Limbach, für die zu den wichtigsten politischen Aufgaben der Kampf gegen den Rechtsradikalismus gehört, ist auch für ein Diskriminierungsverbot von Ausländern, die doppelte Staatsbürgerschaft, die Stärkung der Rechte der Ausländerbeauftragten und für schärfere Bestrafung von ausländerfeindlichen Gewaltdelikten eingetreten. »Türken sollen auch Richter und

Staatsanwälte werden können«, forderte sie. Denn: »Es ist für Deutsche wichtig, zu erfahren, daß auch ein Richter ausländischer Herkunft über sie zu Gericht sitzen kann.«

Jutta Limbach, geboren 1934 in Berlin-Neukölln, stammt aus einer sozial und politisch engagierten Familie. Ihre Urgroßmutter mußte zweimal wegen majestätsbeleidigender Reden ins Gefängnis. In Hosen, als Mann getarnt, nahm sie an politischen Veranstaltungen teil und gründete 1885 den »Verein zur Vertretung der Interessen der Arbeiterinnen«. Limbachs Großmutter war SPD-Abgeordnete im Reichstag, der Vater SPD-Bürgermeister in Pankow. Sie selbst schloß sich erst 1962 der SPD an. Die Rechtsprofessorin (Rechtssoziologie, Bürgerliches Recht, Handels- und Wirtschaftsrecht) habilitierte sich 1971, lehrte an der FU Berlin und später zusätzlich an der Universität Heidelberg. Ursprünglich wollte sie politische Journalistin oder Ärztin werden (»wegen der Trotzkopf-Bücher«). Jutta Limbach ist seit 30 Jahren verheiratet und hat drei Kinder. In ihrer »ambulanten Ehe« herrsche eine »positive Spannung«, sagte sie einmal in einem Zeitungsinterview. Denn wegen der beruflichen Karrieren der Eheleute (Peter Limbach arbeitet im Bonner Innenministerium) hätten sie die meiste Zeit eine Wochenend-Ehe geführt.

Besonders eingesetzt hat sich Jutta Limbach für Frauenförderung und Frauenrechte. Sie kämpfte erfolgreich in einer parteiübergreifenden Initiative für die Ergänzung des Gleichheitsartikels 3 des Grundgesetzes, die den Staat nun verpflichtet, die »tatsächliche Durchsetzung« der Gleichberechtigung zu fördern. Auch für die Fristenlösung trat sie ein und forderte die Frauen in der Bundesrepublik im August 1990 zu einer »feministischen Attacke« für ein DDR-inspiriertes, liberaleres Abtreibungsrecht auf. Berüchtigt ist Jutta Limbach für ihre beißende Ironie, vor allem gegen politische Widersacher, aber auch für ihre Schlagfertigkeit. Die »Berliner Zeitung« stellte ihr einmal die Frage: »Welchen Zeitgenossen möchten Sie kennenlernen?« Antwort: »Die erste deutsche Bundeskanzlerin.«

ast

Schwächen: »Ungeduld, Rastlosigkeit.«

Stärken: »Willensstärke, Durchsetzungsvermögen und optimistische Grundeinstellung zum Leben.«

Hobbys: »Schreiben und Stricken.«

Lieblingsspeise: »Was mein Mann kocht, Kaffee und Wein.«

Größte Angst: »Vor dem Verlust von Vernunft und Verstand.«

Prägendstes Erlebnis: »Das Ende des Krieges 1945.«

Was tun Sie besonders ungern: »Warten.«

Was tun Sie besonders gern: »Lesen und lachen.«

Warum sind Sie Politikerin geworden? »Um für sozial-liberale Politikziele zu streiten, aber auch um zu zeigen, daß ein weibliches Wesen in diesem rauhen Geschäft seine Frau stehen kann.«

Was müßte die Politik am dringendsten vorantreiben? »Die innere Einheit Deutschlands und die Angleichung der Lebensverhältnisse in Ost und West, sowie den Kampf gegen Hunger und Gewalt, insbesondere gegen Rechtsradikalismus in jeder Form.«

Ingrid Matthäus-Maier (SPD), Bundestagsabgeordnete

Die Finanzfrau

Ingrid Matthäus-Maier ist eine der noch wenigen (wenn auch zahlreicher werdenden) Politikerinnen in Bonn, die es geschafft haben, in traditionelle »Männerdomänen« einzubrechen. Mit Beharrlichkeit und außerordentlicher Fachkompetenz hat sie ihre politische Lebensplanung auf die Schlüsselbereiche der Politik ausgerichtet, in denen am meisten verändert werden kann – auf die Wirtschafts- und Finanzpolitik. Seit 1988 ist die 48jährige finanzpolitische Sprecherin der SPD-Bundestagsfraktion, sie erhielt damals ein »Traumwahlergebnis«. 110 der 147 anwesenden Fraktionskollegen und -kolleginnen stimmten für sie.

Dies verblüffte manche Beobachter der »Bonner Szene«, schließlich galt die frühere exponierte FDP-Politikerin als ziemlich chancenlos in der SPD. Daß alles anders kam, verdankt sie nicht zuletzt ihrer glänzenden Fähigkeit, finanzpolitische Zusammenhänge so populär auf den Punkt zu bringen, daß sie die Leute auf der Straße auch verstehen. »Soziale Gerechtigkeit«, sagt Ingrid Matthäus-Maier, »ist der Dreh- und Angelpunkt der Politik, für die ich stehe. Es darf einfach nicht sein, daß Familien mit Kindern in dieser Gesellschaft benachteiligt sind.« Die Familienpolitik der Union/FDP-Koalition sei eine Katastrophe – zum Beispiel, weil mit wachsendem Einkommen die Steuerentlastung für Kinder zunehme, wobei reiche Eltern für ihr Kind fast das dreifache an Entlastung bekämen als Eltern mit niedrigem Einkommen (»Das ist für mich die größte Ungerechtigkeit.«).

Ingrid Matthäus-Maier – von Beruf Verwaltungsrichterin – macht in der Politik seit 1972 von sich reden. Sie war die erste Frau an der Spitze eines politischen Jugendverbandes, der Jungdemokraten, einst die Nachwuchsgruppe der FDP. Die damals Linke in der FDP, die sich stark in der 60er Tradition sieht, kämpfte in ihrer Partei für fortschrittliche Politik. Bekannt wurde sie vor allem auch durch ihr »Manifest zur Frauen-Emanzipation« 1972, in dem sie – damals noch geradezu revolutionär – Berufstätigkeit von Mann und Frau bei gleicher Verantwortung für die Kindererziehung propagierte. 1976 kam Ingrid Matthäus-Maier über die Landesliste Nordrhein-Westfalen der FDP in den Bundestag. Bald hatte sie den Ruf einer intelligenten, brillanten und unbequemen Abgeordneten. Sie griff den damaligen »Extremistenerlaß« an und setzte sich gegen Genehmigungen neuer Kernkraftwerke ein. 1977 wurde sie gegen den Willen von Graf Lambsdorff Obfrau ihrer Partei im Finanzausschuß, zwei Jahre später wurde die gerade 34jährige zur Vorsitzenden des renommierten Finanzausschusses des Bundestages gewählt.

Die damalige SPD/FDP-Koalition stand unter zweifachem Druck – die Bundesfinanzen mußten saniert und gleichzeitig das soziale Netz gehalten werden. Der Bruch kam 1982 mit der sogenannten »Wende«, als Hans-Dietrich Genscher mit Helmut Kohl paktierte. »In meinem politischen Leben hat mich der Sturz von Helmut Schmidt und das Ende der sozial-liberalen Koalition durch den Wortbruch der FDP am meisten geprägt«, erinnert sich

Ingrid Matthäus-Maier. Es war für sie eine Frage der eigenen Glaubwürdigkeit. 1982 trat Ingrid Matthäus-Maier aus der FDP aus, legte ihr Bundestagsmandat nieder und wurde wieder Richterin.

Dann kam die Aufforderung von Willy Brandt, dem damaligen Vorsitzenden, in die SPD einzutreten. Ingrid Matthäus-Maier war wohl schon zu sehr von der Politik fasziniert, als daß sie hätte ablehnen können. 1983 kehrte sie auf einem sicheren Listenplatz der SPD Nordrhein-Westfalen in den Bundestag zurück – sicher nicht ganz ohne Argwohn so mancher neuer Parteigenossen... Die ehemalige FDP-Politikerin überzeugte jedoch mit ihrer Fachkompetenz. 1988 wurde ihr der Vorsitz des Untersuchungsausschusses des Bundestages zum Hanauer Nuklearskandal angetragen – ein eindeutiger Vertrauensbeweis der SPD-Fraktion. Angesichts der sich abzeichnenden deutschen Einheit 1989 gehörte Ingrid Matthäus-Maier zu den ersten Politikern in Bonn, die (noch vor der CDU!) eine Wirtschafts-und Währungsunion mit der früheren DDR forderten. Sie legte damals einen detaillierten Zeitplan vor und zog sich damit die Feindschaft des Kanzlerkandidaten Oskar Lafontaine zu, der eine Währungsunion entschieden ablehnte. Seitdem steht die brillante Finanzpolitikerin im Schatten des Saarländers. Da der neue SPD-Parteivorsitzende Rudolf Scharping in seinem Schattenkabinett Lafontaine zum »Wirtschafts- und Finanzminister« bestellte, hält nun er im Bundestag, und nicht Ingrid Matthäus-Maier, die wichtigen Reden zu diesem Thema. Das hat sie gewiß verletzt. Aber sie wird wohl einen langen Atem haben, um auch diese persönliche »Durststrecke« innerhalb ihrer Partei durchzustehen.

Ingrid Matthäus-Maier ist mit dem Diplom-Mathematiker Robert Maier verheiratet, der ihr zuliebe seinen Job aufgab, um sie in ihrer politischen Arbeit zu unterstützen. Er engagierte sich als Hausmann bei der Kindererziehung, gleichzeitig arbeitete er auch als persönlicher Assistent der Bundestagsabgeordneten. »Ein unschlagbares Duo«, sagen alle, die die beiden kennen. Sie haben zwei Kinder, Helen (geb. 1978) und Robert (geb. 1980). Anfang November wurde Ingrid Matthäus-Maier mit überwältigender Mehrheit wieder von ihren Wahlkreisdelegierten in Siegburg als Bundestagskandidatin nominiert. Daß sie zu den entschiedensten Gegnern des Berlin-Umzugs zählt, hat nicht nur damit zu tun, daß ihr Wohnort (St. Augustin) und Wahlkreis im Einzugsbereich Bonns liegen. Die Finanzfrau findet es vollkommen absurd, 20 Milliarden Mark und noch viel mehr für die Verlegung von Parlament und Regierung an die Spree auszugeben: »Wer den Sozialhilfeempfängern und Arbeitslosen das Geld kürzt, kann es nicht gleichzeitig für neue Regierungsbauten in Berlin zum Fenster rausschmeißen.«

Ingrid Matthäus-Maier war immer in den vordersten Reihen, wenn es darum ging, die Situation der Frauen zu verbessern und zu verändern. Sie kämpfte vehement für den Rechtsanspruch auf einen Kindergartenplatz und setzte im SPD-Wahlprogramm die Forderung von 250 DM Kindergeld für jedes Kind durch. Und sie weiß auch genau, wo das Geld herkommen soll: Aus dem Rüstungsetat. »Schließlich«, stellt die Bundestagsabgeordnete fest, »ließen sich für einen »Jäger 90« tausend Sozialwohnungen bauen.«

J.H.

Schwächen: »Ungeduld.«

Stärken: »Engagement, Hartnäckigkeit, trotz aller Hektik und Arbeit im Büro immer ein offenes Ohr für Mitarbeiter.«

Hobbys: »Photoalben bekleben (seit Geburt der Kinder 26!).«

Was essen/trinken Sie gerne? »Spätzle, chinesisches Essen, ein Kölsch.«

Wovor haben Sie am meisten Angst? »Daß die Rechtsextremen wieder stark werden.«

Was tun Sie gern/ungern? »Mit den Kindern wandern und radfahren und ins Kino gehen – ungern: an langen Sitzungen in verqualmten Räumen teilnehmen.«

Mit welchen Zielen sind Sie Politikerin geworden? »Während meines Studiums stellte ich fest, daß die Lebenswirklichkeit in vielen Bereichen den Geboten des Grundgesetzes nicht entspricht (z. B. Gleichberechtigung der Frau, soziale Gerechtigkeit). In mir wuchs der Wunsch, durch politisches Engagement die Lebenswirklichkeit näher an die Forderungen des Grundgesetzes heranzuführen.«

Warum sind Sie gerade in Ihre Partei eingetreten? »Ich bin 1969 am Tag der Wahl von Willy Brandt zum Bundeskanzler durch die sozial-liberale Koalition in die FDP eingetreten, um dort durch eine Stärkung des linken Flügels eine auf Dauer gefestigte sozial-liberale Koalition zu unterstützen. Als die FDP wortbrüchig wurde und Helmut Kohl zum Bundeskanzler wählte, bin ich aus der FDP ausgetreten. Als Willy Brandt und Johannes Rau mich baten, für die SPD zu kandidieren, habe ich das getan. Vor der Wende war ich eine sozialliberale Demokratin, jetzt bin ich eine liberale Sozialdemokratin.«

Welche Gründe gibt es für Frauen, Sie zu wählen? »Mein jahrelanges Eintreten für die Besserstellung der Frauen und Familien, sowohl programmatisch als auch personell. Sowohl in allen meinen politischen Ämtern als auch durch die persönliche Lebensführung einer langen Zusammenarbeit mit meinem Mann als eine Art ›Copilot‹ habe ich versucht, Frauen Mut für die Politik zu machen, gerade auch in den Bereichen, in denen Frauen nach wie vor unterrepräsentiert sind (Steuern, Finanzen, Atomenergie).«

Was müßte nach Ihrer Ansicht die Politik in der nächsten Zukunft am dringendsten vorantreiben? »Bekämpfung der Arbeitslosigkeit, Reduzierung der Staatsverschuldung, die die Zukunft unserer Kinder belastet, soziale Gerechtigkeit in der Steuerpolitik, Maßnahmen, durch die Frauen und Männer Erwerbstätigkeit und Kindererziehung gemeinsam wahrnehmen können.«

Christa Meier (SPD),
Oberbürgermeisterin von Regensburg

»Sagen's lieber Oberbürgermeisterin,
da woll ma scho genau sei.«

So präsentierte sich Christa Meier (SPD) als erste »Frau Oberbürgermeister« Bayerns nach ihrem Wahlsieg im April 1990 der Presse. Mit der Stichwahl um das höchste politische Amt in der 136.000-Einwohner-Stadt Regensburg/Oberpfalz beendete sie nicht nur die traditionelle CSU-Regierung, sondern gewann im zweiten Wahlgang mit 55,89 Prozent der Stimmen als erste Frau das Bürgermeisteramt. Dieser Doppelsieg in einer solchen Stadt, in der die Christsozialen in ihren besten Zeiten über 60 Prozent der Stimmen hatten, war eine Sensation. Christa Meiers Vorgänger, Friedrich Viehbacher, der zwölf Jahre lang Herr im Rathaus gewesen war, hatte vergeblich für sich mit dem schlichten Satz geworben »Regensburg braucht ihn«. Er scheiterte letztendlich an dem 50-Millionen-Projekt einer Stadthalle, das er durchdrücken wollte. Christa Meier setzte andere Prioritäten. Sie wollte Wohnungen bauen, die Altstadt und andere Wohngebiete verkehrsberuhigen, bürgernah sein und den Umweltschutz großschreiben.

Bei der »Halbzeit« 1993 war ersichtlich, daß die 52jährige frühere Hauptschullehrerin die Probleme in Regensburg in Angriff genommen hatte. 1991 und 1992 entstanden rund 2.900 neue Wohnungen. Im Mai 1993 waren Bauplätze für 13.440 Wohnungen ausgewiesen. Der soziale Wohnungsbau war seit 1992 mit acht Millionen Mark gefördert worden. Christa Meier hatte auch für verkehrsberuhigte Zonen gesorgt, günstige Bustickets eingeführt und eine Million Mark für den Ausbau von Radwegen zur Verfügung gestellt. In ihren ersten drei Jahren richtete sie außerdem ein Umweltamt, eine hauptamtliche Gleichstellungsstelle, ein Seniorenamt und Krabbelstuben für Kleinkinder ein. Es gab Zuschüsse für Notruf- und Frauenzentrum, eine Fraueninformationsbörse und einen städtischen Preis für den frauenfreundlichsten Betrieb. Auch das Versprechen vom »offenen Rathaus« hielt Christa Meier ein. In ihrer bisherigen Amtszeit stand sie den Regensburgern in zahlreichen Bürgerversammlungen und Bürgergesprächen Rede und Antwort.

Allerdings stellte sich nicht erst zur Amtshalbzeit heraus, wie schwierig es ist, mit knapper Mehrheit Politik zu machen. So brach zum Beispiel im Juli 1991 die mühsam errungene »Gestaltungsmehrheit« aus SPD, FDP/Freie Wähler und Grünen wegen Streitigkeiten über die Gewerbesteuer auseinander. Und auch später kam es im Rathaus immer wieder zu wahlkampfartigen Tumulten. Statt Toleranz und Zusammenarbeit herrschten dort Machtkämpfe zwischen den Fraktionen und Kleingruppen. Regiert wird meist mit wechselnden Mehrheiten. Die größte Fraktion im 50köpfigen Plenum ist die CSU mit 21 Räten, gefolgt von der SPD mit 19 Vertretern, der Rest besteht aus FDP/Freie Wähler, Grünen und einer Bürgerfraktion, die aus abtrünnigen Republikanern hervorgegangen ist. Mit solchen »Nichtmehrheiten« Politik zu machen, sei eben sehr schwierig, verteidigte sich Christa Meier. Die Versuche, kontinuierlich mit der SPD, der FDP und den Grünen zusammenzuarbeiten, seien deshalb genauso gescheitert wie die mit der CSU. Dabei kam es dann auch zu unangenehmen Überraschungen für die Rathauschefin. Zum Beispiel wurde keine der vier Referentenstellen mit einem Mann oder einer Frau nach dem Geschmack der SPD besetzt. Die Regensburger CSU nahm die Streits im Rathaus immer wieder zum Anlaß, Christa Meier als unfähig hinzustellen. Regensburg habe, so ein CSU-Vertreter, »viel an Anziehungskraft verloren, seitdem Amateure die Führung im Rathaus übernommen haben«. Die Oberbürgermeisterin regiere »mit kaum zu überbietender Schwächlichkeit«. Die Stadt, die vor Jahren wegen ihrer Industrieansiedlungen als »Boomtown« von sich reden gemacht habe, werde nur noch verwaltet.

Die 52jährige Christa Meier ist keine politische Anfängerin. 1966 trat sie der SPD bei, weil sie ihrer Meinung nach antimilitaristisch und für Chancengleichheit bei Mädchen, Frauen und Arbeiterkindern war. 1972 wurde sie zum ersten Mal in den Stadtrat ihrer Heimatstadt Regensburg gewählt. Drei Jahre später war sie erste SPD-Unterbezirksvorsitzende, 1979, ein Jahr nach ihrer Wahl in den bayerischen Landtag, erste stellvertretende SPD-Landesvorsitzende und 1982 Vorsitzende des kulturpolitischen Ausschusses im Landtag – auch als erste Frau. Die Sozialdemokratin, die die Bekämpfung der Arbeitslosigkeit und eine Pflegeversicherung als wichtigstes politisches Nahziel ansieht, studierte nach dem Gymnasium in Regensburg Pädagogik und wurde zunächst in Aachen Grund- und Hauptschullehrerin. 1970 kehrte sie mit ihrem Mann, dem Architekten Ludwig Meier, nach Regensburg zurück, wo sie unterrichtete und 18 Jahre lang Stadträtin war. Sie wuchs in bescheidenen Verhältnissen auf. Der Tod ihres Vaters, eines Reichsbahngehilfen, der kurz vor Kriegsende fiel, und die Schwierigkeiten ihrer Mutter, die Familie allein durchzubringen, haben Christa Meier, wie sie selbst sagt, am meisten in ihrem Leben geprägt.

Die Politikerin lehnt den Asylkompromiß ihrer Partei mit der Koalition ab, ist für die Fristenlösung und empfindet die Treuhandpolitik als ein »brutales Überstülpen des Kapitalismus«. Christa Meier ist gegen Atomkraft und trat gegen die früher geplante Wiederaufbereitungsanlage in Wackersdorf ein. Die Energie der Zukunft liegt für sie in der Solar- und Wasserstofftechnik. Als eine der wenigen Sozialdemokratinnen stimmte sie gegen die Quotenregelung ihrer Partei. So etwas hätten Frauen nicht mehr nötig, fand sie; nach dem optimistischen Motto: »Wer seine Arbeit ordentlich macht, hat auch Erfolg.«

ast

Schwächen: »Hektik, Termindruck, ständig in letzter Minute kommen.«

Stärken: »Keine Chefallüren, menschlicher Umgang, nicht pedantisch, spontan.«

Lieblingsland: »Italien.«

Lieblingsstadt: »Regensburg.«

Hobbys: »Lesen, Schwimmen, Kakteenzüchten, Tanzen.«

Was tun Sie besonders gern: »Kinder beobachten.«

Was tun Sie besonders ungern: »Repräsentieren, früh aufstehen.«

Größte Ungerechtigkeit: »Daß die Reichen immer reicher und die Armen immer ärmer werden, bei uns und in der ganzen Welt.«

Was müßte sich an Ihrer Partei dringend ändern? »Sie sollte sich nicht so viel mit sich selbst und in Gremien beschäftigen, sondern zu den Menschen gehen.«

Wichtigste historische Persönlichkeiten: »Hannibal, Willy Brandt.«

Ilse Ridder-Melchers (SPD),
Frauenministerin von Nordrhein-Westfalen

»Meine Ziele waren für mich nur in der SPD umzusetzen.«

»Hartnäckig – energisch – respektiert«, mit derart lobenden Attributen versah vor kurzem eine Tageszeitung die nordrhein-westfälische Frauenministerin Ilse Ridder-Melchers. Frauenpolitik innerhalb der männerdominierten und eher konservativen NRW-SPD durchzusetzen, kommt schließlich auch einer Sisyphus-

Arbeit gleich. Nach drei Jahrzehnten Politikgeschäft für die Sache der Frauen hat die 50jährige Ministerin nichts von ihrer kämpferischen Art eingebüßt. »Ich will erreichen, daß gleichberechtigte Teilhabe von Frauen auf allen Gebieten Normalität und nicht weiter Ausnahme oder Besonderheit bleibt. Es geht ja schließlich um eine Umverteilung von Chancen, Einkommen, Macht und Entscheidungspositionen in Wirtschaft, Politik und Gesellschaft.«

Seit 16 Jahren ist Ilse Ridder-Melchers Landtagsabgeordnete in Düsseldorf. 1986 ernannte sie Ministerpräsident Johannes Rau zur parlamentarischen Staatssekretärin für die Gleichstellung von Mann und Frau. Nach nur fünf Monaten Amtszeit konnte sie bereits eine stolze Bilanz vorweisen: Nordrhein-Westfalen hatte inzwischen 66 kommunale Gleichstellungsstellen und 35 Frauenhäuser – soviele wie kein anderes Bundesland. Im Juni 1990, kurz nach den Landtagswahlen, wurde das Staatssekretariat in ein eigenständiges Ministerium umgewidmet, mit Ilse Ridder-Melchers an der Spitze. Es ist kein Mammut-Ministerium, gerade 60 Beschäftigte gehören dazu, darunter nur drei Männer. »Wir müssen schließlich unserem Anspruch, ein Frauenministerium zu sein, auch gerecht werden«,verteidigte sich die Ministerin damals gelassen, als ihr die Opposition im Landtag das ungleiche Zahlenverhältnis vorhielt. Ilse Ridder-Melchers machte bald Nägel mit Köpfen. Sie legte ein Landesgesetz vor, das im Öffentlichen Dienst vorschreibt, daß bei gleicher Leistung, Eignung und Befähigung Frauen solange bei Bewerbungen bevorzugt werden, bis sie die Hälfte der Mitarbeiter innerhalb einer Abteilung stellen. Eine Klage gegen dieses Frauenförderungsgesetz liegt mittlerweile beim Bundesverfassungsgericht in Karlsruhe vor. »Daß ich dieses Gesetz durchsetzen konnte, betrachte ich als meinen größten politischen Erfolg«, stellt Ilse Ridder-Melchers zufrieden fest. Seitdem sich die mittlerweile aufgelöste Verfassungskommission von Bund und Ländern dafür ausgesprochen hat, Frauenförderung verpflichtend ins Grundgesetz aufzunehmen, ist sie ausgesprochen zuversichtlich, daß die Richter in Karlsruhe dem Landesgesetz zustimmen werden.

Mit Phantasie entwickelte die Ministerin Modelle zur Förderung von Frauen auch in der Privatwirtschaft. Alle zwei Jahre vergibt Ilse Ridder-Melchers einen mit 20.000 DM dotierten Preis an den »frauenfreundlichsten Betrieb des Jahres«. Ein Gesetzesbeschluß, der bei der Vergabe öffentlicher Aufträge Frauenfördermaßnahmen bei den Bewerbern zur Voraussetzung macht, soll die Wirtschaft zusätzlich motivieren. Modellversuche, bei denen Jungen und Mädchen schon früh zum Rollentausch animiert werden, Förderung von

Frauenhäusern und mehr Möglichkeiten, Gewalt gegen Frauen einzudämmen – das sind neben vielen anderen Ilse Ridder-Melchers Projekte.

Sie hat gelernt, mit Hartnäckigkeit und Beharrlichkeit ihre Ziele durchzusetzen.

Ilse Ridder-Melchers ist 1944 in Hindenburg (polnisch Zabrze) im oberschlesischen Revier geboren. »Die Erzählungen meiner Mutter, die einige Monate vor Ende des Krieges mit uns Kindern fliehen mußte, haben mich am meisten geprägt. Ich bin dann im Münsterland aufgewachsen. Ein evangelisches Flüchtlingskind im katholischen Münsterland hatte es in den ersten Jahren nicht ganz leicht. Vor diesem Hintergrund war es immer mein Ziel, mich einzusetzen für soziale Gerechtigkeit, Toleranz und ein Lebensumfeld, das allen Kindern mehr Entfaltungsmöglichkeiten bietet«, erzählt Ilse Ridder-Melchers. 1965 machte sie in Münster Abitur, schon als 22jährige trat sie in die SPD ein (»Meine Ziele waren für mich nur in der SPD umzusetzen. Sie steht historisch und aktuell für soziale Gerechtigkeit und Toleranz.«). In Coesfeld wurde Ilse Ridder-Melchers Ratsfrau und bald Sprecherin ihrer Fraktion, bis sie schließlich 1977 in den Landtag einzog. Schwerpunkt ihrer Arbeit: Die Rechte von Frauen und Kindern. Ilse Ridder-Melchers heiratete früh und hat zwei Söhne. »Die rote Ilse«, wie sie damals genannt wurde, kämpfte stets mit persönlichem Einsatz. Anfang der 70er Jahre etwa opferte sie ihren Sommerurlaub und machte Kinderbetreuung auf dem Abenteuerspielplatz. Sie erreichte, daß diese Aufgabe von der Stadt schließlich übernommen wurde.

Wenn Ilse Ridder-Melchers über ihr Ministeramt spricht, ist viel von »Kämpfen«, »Durchboxen« und »Anstoßen« die Rede. Ein Jahresbudget von 20 Millionen Mark läßt wenig Spielraum für große Sprünge. Aber sie ist entschlossen, auch in Zeiten knapper Staatsmittel dafür zu sorgen, daß Frauenpolitik nicht als »Luxus für bessere Zeiten« auf später verschoben wird.

J.H.

Stärken/Schwächen: »Meine Mitarbeiterinnen sagen, ich könne Schwächen zeigen und beschäftige mich intensiv mit den Menschen und ihren Problemen. Als Schwäche sehen sie, daß ich nicht auch mal eine schnelle Entscheidung treffe, auf die Gefahr hin, daß sie sich später als falsch erweist. Ich glaube, die Mitarbeiterinnen haben recht.«

Hobbys: »Spazierengehen mit meiner Familie und meinem Hund, radfahren, lesen und Tennis spielen.«

Was mögen Sie besonders gern? »Ich liebe das Meer (Atlantik) und ich mag Rosen und Klaviermusik.«

Größte Angst: »Meine ›heimliche‹, persönliche Angst sind Spinnen im Schlafzimmer. Richtig Angst aber machen mir gewalttätige Auseinandersetzungen jeglicher Art.«

Entscheidung zum § 218: »Das Frauenbild, das hinter dem Urteil steht, ist nicht meines. Zwar bestätigt das Gericht im Kern die Fristenregelung, gleichzeitig streicht es jedoch die Krankenkassenfinanzierung und baut eine Vielzahl von Beratungshürden auf.«

Was muß nach Ihrer Ansicht die Politik am dringendsten voranbringen? »Soziale Gerechtigkeit muß wieder zum Maßstab werden. Wir brauchen aktive Entwicklungshilfe. Die Rüstungsproduktion muß umgestellt werden.«

Renate Schmidt (SPD),
Bundestagsvizepräsidentin,
Landesvorsitzende der bayerischen SPD

»Ich will Ministerpräsidentin werden!«

Das ist oberstes Ziel der Bundestagsvizepräsidentin und bayerischen SPD-Landesvorsitzenden Renate Schmidt. Am liebsten würde sie den CSU-Ministerpräsidenten Edmund Stoiber gleich bei den nächsten Landtagswahlen ablösen – spätestens aber 1998. Ihr Ziel ist um so klarer, als sie sehr schnell von der Idee Abstand genommen hat, sich als erste Frau in der Geschichte der Bundesrepublik als Kanzlerkandidatin aufstellen zu lassen. Nachdem die SPD wegen Björn Engholms Rücktritt nach einem neuen Parteivorsitzenden und Kanzlerkandidaten Ausschau halten mußte, fiel ihr Blick unter anderem auf die prominente Renate Schmidt. Von ihren bayerischen Parteifreunden ins Gespräch gebracht, machte sie im Mai 1993 Schlagzeilen wegen ihrer möglichen Kandidatur. Geschmeichelt ließ sie sich das Medienspektakel gefallen und nutzte »als wendige Forelle im Teich der Karpfen« (Süddeutsche Zeitung) »günstige Strömungen, um flußaufwärts zu schwimmen«. Mehr war allerdings nicht drin. Ihre Chancen, Kanzlerkandidatin zu werden, so die SZ, schätzte sie selbst realistisch – nämlich gering ein.

Renate Schmidt machte der Diskussion sehr bald selbst ein Ende, führende Genossen sollen ihr allerdings bei der Entscheidung geholfen haben. Sie war mit den Bedingungen für die Kandidatur nicht einverstanden. Zu diesem Zeitpunkt wollten die Sozialdemokraten den Posten erst Anfang 1994 vergeben. Außerdem war unklar, ob die SPD auf die Forderung Renate Schmidts, die Kanzlerkandidatur vom Parteivorsitz zu trennen, eingehen würde. Im Hinblick auf ihren Wahlkampf in Bayern betrachtete sie dies als »unerträgliche Hängepartie«, die die Chancen vermindern würde, die »Amigo-CSU« abzulösen, und erklärte, nicht für das Amt zur Verfügung zu stehen. Zur künftigen Regierung in Bayern äußerte sich die bayerische Spitzenkandidatin für die Landtagswahl noch einmal im Dezember 1993. Um den Einfluß von Rechtsradikalen abzuwehren, sei es nicht ausgeschlossen, daß die SPD eine große Koalition mit der CSU eingehen müsse, betonte sie. Innerhalb eines solchen Bündnisses strebe sie jedoch kein Regierungsamt an.

Geschadet hat es der SPD-Aufsteigerin sicher nicht, als mögliche Kanzler-Kandidatin ins Gespräch gekommen zu sein – im Gegenteil, sie schied »politisch« aufgewertet aus dem Rennen. In einem hatte sich die Bundestagsvizepräsidentin allerdings getäuscht. Zur Kandidatur ihrer Kollegin Heidemarie Wieczorek-Zeul für den Parteivorsitz hatte sie noch hoffnungsfroh gesagt: »Alle beide können sie nicht mehr abmeiern.« Doch das kam dann anders. Heidi Wieczorek-Zeul verlor bei der SPD-Mitgliederbefragung im Juni 1993 gegen Rudolf Scharping und wurde im darauffolgenden November stellvertretende Parteivorsitzende.

Renate Schmidt hat sich den Kampf um die Kanzlerschaft wohl für später aufgehoben. Den Ehrgeiz dazu hätte sie. Ist sie doch – anfangs etwas zögernd, dann aber immer zielstrebiger – die politische Karriereleiter hochgeklettert. Als die gelernte Systemanalytikerin und spätere Betriebsrätin aus Nürnberg

1980 zum ersten Mal in den Bundestag kam, hatte sie noch Bauchschmerzen, wenn sie vor Brandt, Wehner und Schmidt reden mußte. Im Parlament engagierte sie sich dann aber immer selbstbewußter für mehr Bafög, für Rentenansprüche von Müttern und das Recht auf Kindergartenplätze. Sie votierte gegen die Nachrüstung, gegen Tierversuche und forderte Entschädigung für Nazi-Opfer. 1982 sprach sie sich mit sieben Kollegen gegen den Haushaltsentwurf der eigenen Regierung aus. Sie war Vorsitzende des SPD-Arbeitskreises »Gleichstellung von Mann und Frau« und wurde stellvertretende Obfrau der SPD im Bundestagsausschuß für Jugend, Familie und Gesundheit.

1984 traf sie ein schwerer Schicksalsschlag, von dem sie sich lange nicht erholte. Ihr Mann, Gerhard Schmidt, mit dem sie 23 Jahre lang verheiratet gewesen war, starb an einem Herzinfarkt. Trotzdem ließ sich Renate Schmidt nicht hängen. Immer schneller stieg sie auf, wurde Stellvertreterin des damaligen SPD-Fraktionsvorsitzenden Hans-Jochen Vogel (1987 bis 1990). Vor den ersten gesamtdeutschen Wahlen am 2. Dezember 1990 schnappte sie dem früheren Bundesbauminister Oskar Schneider (CSU) im Wahlkreis Nürnberg-Nord sein Direktmandat mit sensationellen 42,3 Prozent der Stimmen weg. Wieder im Bundestag, bewarb sie sich um die Nachfolge von Annemarie Renger als Bundestagsvizepräsidentin und gewann gegen die vom SPD-Vorstand favorisierte Anke Fuchs. Im gleichen Jahr, 1991, wurde sie – als erste Frau – zur Landesvorsitzenden der bayerischen SPD gewählt.

Bei ihren süddeutschen Kollegen verschaffte sich Renate Schmidt jedoch nicht nur Respekt, wie etwa mit der geglückten Umstrukturierung der verkrusteten bayerischen SPD. Im Oktober 1992 erlebte sie bei ihnen auch den bis dahin größten Reinfall ihrer politischen Karriere. Ihre Genossen ließen sie beim Augsburger Asyl-Parteitag abstürzen und stimmten gegen eine Änderung des Asylrechtsartikels 16. Damals hatte sie sich als allzu folgsame Parteisoldatin hinter Björn Engholm gestellt und seine »Petersberger Schlittenfahrt« mit dem Asylrecht verteidigt (die Petersberger Gespräche leiteten die SPD-Asylwende ein). Bei der Basis kam das ebensowenig an wie bei ihrem Stellvertreter Ludwig Stiegler, der deswegen von seinem Amt zurücktrat. Für die »rode Renade« war das eine ziemliche Schlappe. War sie doch nun seit längerer Zeit gewohnt, daß ihr Wort Gewicht hat und ihre Auftritte Wirkung erzielen.

Dafür ist sie dauerhaft Liebling der Presse: Renate mit dem »Sozialistenhut« – von einem SPD-Kreisverband überreicht, die »närrische« Renate mit dem Faschingsorden, Renate im Tigerkostümchen oder als Maßkrugstemmerin im Dirndl oder – besonders medienwirksam – die Bundestagsvizepräsidentin, die im Berliner Reichstag aus allen Nähten platzt, weil sie sich ein zu enges Kleid gekauft hatte. Daß sie auf ihr Äußeres großen Wert legt, daraus hat die mittlerweile 50jährige Mutter und Großmutter nie einen Hehl gemacht: »Ich bin nicht bereit, mich in Sack und Asche zu kleiden.« Wie sie einmal einer Zeitung anvertraute, tut ihr »die ganze graue Männerschar mit ihren Aktenköfferchen leid«. Sie schillert lieber: Zum Beispiel, wenn sie, wie bei einem Fest in Coburg – einmalig in der deutschen Geschichte – als erste Bundestagsvizepräsidentin in Strapsen auftritt.

Für Sensationen sorgte »Poky« – so wurde Renate Schmidt von ihren Mitschülern wegen ihres Mädchennamens Pokorny genannt – bereits in jungen Jahren. Mit 17 wurde sie schwanger (»ich war schon immer etwas neugieriger als andere«) und mußte deswegen das Gymnasium verlassen. Die Tochter eines Pragers und einer Siebenbürgerin, 1943 in Hanau geboren, heiratete ihre Tanzstundenliebe, den Architekturstudenten Gerhard Schmidt, mit dem sie noch zwei weitere Kinder bekam. Er wurde Anfang der 60er Jahre übrigens einer der ersten Hausmänner der Republik. Währenddessen stieg Renate Schmidt als Programmiererin und spätere Systemanalytikerin ins Berufsleben ein. Zur SPD stieß sie 1972 und gründete wenig später mit ihrem Mann eine Gruppe der SPD-Jugendorganisation »Die Falken«.

Damals hatte sich Renate Schmidt noch nicht einmal im Traum vorstellen können, daß sie einmal einen Ministerpräsidenten dazu beflügeln würde, sich Tiernamen für sie auszudenken. »Amigo« Max Streibl bedachte die Politikerin bei einem Aschermittwoch in Passau mit Ausdrücken wie »Sprüchamsel« und »Krampfhenne«. Mit der Frage: »Was will denn so ein Mäuschen bei uns in Bayern?« versuchte er sich im »Herrenbiotop CSU« zu Straußscher Fasson aufzupumpen. Er hatte dann aber doch weniger Lacher auf seiner Seite, als er gedacht hatte. Zum Schluß stand er ziemlich einsam als abgehalfteter CSU-Chauvi da.

ast

Ulla Schmidt (SPD),
Bundestagsabgeordnete

»Wer sich nicht wehrt, kommt an den Herd.«

Wo immer sie Frauen im Hintertreffen wähnt, hält Ulla Schmidt (SPD) tapfer die lila Fahne hoch. Die 44jährige Sonderpädagogin aus Aachen hat sich einen Namen als frauenpolitische Kämpferin der Bonner Sozialdemokraten gemacht. Eine Ausgangsbasis für diese mühevolle Aufgabe gab ihr der SPD-Softi Hans-Ulrich Klose, als er Ende 1990 sein Amt als Fraktionsvorsitzender antrat. Damals noch voller Tatkraft, strukturierte er die SPD-Fraktion so gründlich um, daß so allerlei Leichen seinen Weg pflasterten. Ulla Schmidt aber gehörte zu den Gewinnerinnen: Obwohl sie erst seit 1990 im Parlament war, holte Klose den Bundestagsneuling von der SPD-Hinterbank an die Fraktionsspitze und gab ihr den Vorsitz der Querschnittsgruppe »Gleichberechtigung von Mann und Frau«. Ein Amt, das Ulla Schmidt mit Elan übernommen hat, denn für sie ist die größte Ungerechtigkeit überhaupt die Benachteiligung von Frauen (»Männer sollten sich schämen, daß es Quoten geben muß.«). Vor allem, um gegen diese Benachteiligung zu kämpfen, ist sie Politikerin geworden, und in diesem Bereich hat sie sich bis jetzt auch am meisten profiliert.

Zum Beispiel im Sommer 1992, als der Schlachtruf »Jetzt oder nie, Frauenrechte in die Verfassung« ein sonst friedliches, von Benediktinerinnen bewohntes Eiland im bayerischen Chiemsee erschütterte. Mit der Organisation eines »Verfassungskonvents der Frauen« auf der Fraueninsel setzte Ulla Schmidt einen trotzigen Kontrapunkt zur nahegelegenen Herreninsel. Auf Herren-Chiemsee hatten im August 1948 31 Männer unter Ausschluß der Bevölkerungsmehrheit, der Frauen, das deutsche Grundgesetz ausgearbeitet. Nur dank der Sozialdemokratin Elisabeth Selbert, die erfolgreich die Öffentlichkeit mobilisierte, wurde 1949 der Satz »Männer und Frauen sind gleichberechtigt« in die Verfassung aufgenommen. Ein gut gemeinter Vorsatz, fanden die rund 200 Unzufriedenen, unter anderem Länderministerinnen, Senatorinnen und Parlamentarierinnen (übrigens mit der FDP-Politikerin Margret Funke-Schmitt-Rink als einziger Vertreterin der Koalition), der jedoch in fast einem halben Jahrhundert zu wenig bewirkt hat. Er sollte deshalb mit einer Gleichberechtigungsverpflichtung des Staates für alle gesellschaftlichen Bereiche ergänzt werden. Eine schriftliche, verbindliche Resolution für die Bonner Verfassungskommission ging auf Frauenchiemsee im allgemeinen Chaos und im ungeduldigen Tuten des Chiemseedampfers »Irmingard« unter, der zur Abfahrt mahnte. Ulla Schmidt wurde der chaotischen Organisation bezichtigt, Teilnehmerinnen beklagten den Referate-Marathon, Ostfrauen fühlten sich von weiblichen »Besserwessis« dominiert, und es sah erst einmal so aus, als seien die Frauenrechte am Chiemsee den Bach hinuntergegangen. Aber nach einer weiteren parteiübergreifenden Großveranstaltung im Frühjahr 1993 und nach monatelangem Tauziehen in der damaligen Verfassungskommission von Bund und Ländern beschloß das stark männlich geprägte Gremium (53 Verfassungsväter und 11 -mütter) Artikel 3 des Grundgesetzes mit den Worten zu ergänzen: »Der Staat fördert die tatsächliche Durchsetzung der Gleichberechtigung von Frauen und Männern und wirkt auf die Beseitigung bestehender Ungleichheiten hin.« Ein Triumph nicht nur für die Initiatorin des »Verfassungskonvents«, Ulla Schmidt, sondern auch für ihre vielen Mitkämpferinnen – neben Bundestagspräsidentin Rita Süssmuth unter anderem Mutter Beimer aus der »Lindenstraße«.

Als Parlamentarierin hat es sich Ulla Schmidt zur Aufgabe gemacht, für eine gerechtere Sozial- und Familienpolitik einzutreten. Einer ihrer Schwerpunkte ist, gegen die Frauenarbeitslosigkeit in Ostdeutschland zu kämpfen. Auch für die Fristenlösung hat sie sich im Bundestag stark gemacht. Die §-218-Entscheidung des Bundesverfassungsgerichts (in der Regel muß die Frau die Kosten für den Abbruch selbst bezahlen) nahm sie jedoch im Gegensatz zu vielen sozialdemokratischen Mitstreiterinnen letztendlich erstaunlich milde auf: In einer Presseerklärung empfahl sie lediglich, den Gestaltungsspielraum des Gerichts so weit wie möglich auszuschöpfen. Heftig protestiert hat Ulla Schmidt jedoch gegen das »Erlanger Experiment«, bei dem eine hirntote 18jährige Frau ihr Baby austragen sollte. (Schmidt: »Die unantastbare Würde jeder Frau steht auf dem Spiel.«). Der Gleichstellungsgesetz-Entwurf von Bundesfrauenministerin Angela Merkel bleibt für sie »weit hinter dem zurück, was Frauen jahrelang gefordert haben«, weil er Quoten nicht zwingend vorschreibt. Den dringendsten Handlungsbedarf in der Politik sieht

Ulla Schmidt unter anderem in der Bekämpfung des Rechtsradikalismus: »Eine Politik, die immer größere Bevölkerungsgruppen vom Wohlstand ausschließt, schafft einen Nährboden für rechtsradikales Gedankengut.« Deshalb will sie sich im Bundestag unter anderem für bezahlbare Wohnungen und aktive Jugendpolitik einsetzen.

Angefangen hat das gesellschaftliche Engagement von Ulla Schmidt, geschieden, eine Tochter, bei der katholischen Jugend, 1968 ging sie in der Studentenbewegung auf die Barrikaden. In die SPD trat sie erst nach der Wende 1982 ein. 1989 wurde sie im Kommunalwahlbezirk Richterich beim ersten Anlauf ins Rathaus gewählt und schaffte 1990 den Sprung in den Bundestag. Auf ihre Mitgliedschaft beim Kommunistischen Bund Westdeutschlands (KBW) von 1975 bis 1978 angesprochen, antwortete sie in Abwandlung eines Churchill bonmots: »Wer mit Zwanzig kein Kommunist ist, der hat kein Herz, und wer es mit Dreißig noch immer ist, der hat keinen Verstand.«

ast

Schwächen: »Verbreitet gern kreatives Chaos.«

Stärken: »Kreativität und Zuverlässigkeit.«

Lieblingsspeise: »Eine gesunde Mischung aus Gesundem und Ungesundem.«

Größte Angst: »Eine rechtsradikale Bundesrepublik.«

Asylkompromiß: »War notwendig.«

Dienst an der Waffe für Frauen: »Nein.«

Energie der Zukunft: »Ausstieg aus der Kernenergie, Nutzung von alternativen Energien, Energiesparen.«

Wichtigstes historisches Ereignis: »Zusammenbruch des Sozialismus.«

Gisela Schröter (SPD),
Bundestagsabgeordnete,
Landesvorsitzende der SPD Thüringen

»Politik ist etwas, das man lernen kann.«

»Ich kann mir vorstellen, eines Tages aus der Politik auszusteigen und wieder zurück in meinen Beruf zu gehen.« Gisela Schröter wundert sich noch heute über ihren erstaunlichen Lebensweg: Sie als Spitzenpolitikerin – einst unvorstellbar! 1948 wurde sie in Geisa im Südwesten Thüringens geboren. Ihre Familie gehört zu den 1952 zwangsumgesiedelten Grenzbewohnern, die der SED-Staat damals um ihre Heimat brachte. In den Augen der Partei galten sie als politisch unzuverlässig, fast »asozial«. Obwohl ihr Vater Jurist war, mußte er sich beim staatlichen Kohlehandel durchschlagen. Gisela Schröter, die noch vier weitere Geschwister hat, entschied sich nach dem Realschulabschluß für eine Ausbildung als Unterstufenlehrerin in Nordhausen. Der ideologisch geprägte Schulbetrieb machte ihr zunehmend Schwierigkeiten, sie entschloß sich zu einem Zusatzstudium für Rehabilitation und beendete dieses mit der Qualifikation als Sonderschullehrerin. 1990 wurde Gisela Schröter Leiterin einer Sonderschule in Sondershausen.

Doch da war bereits die »Wende« gelaufen, das von der 45jährigen Politikerin als Befreiung empfundene Ende der DDR war gekommen. Für Gisela Schröter, die sich zusammen mit ihrer Familie in Opposition zum SED-Staat sah, war klar, daß sie sich nun politisch engagieren mußte: »Wir hatten immer gemeckert, jetzt wollten wir was tun.« Gemeinsam mit einem ihrer Brüder ging sie zum »Demokratischen Aufbruch«, einer der ersten politischen Gruppierungen nach der Öffnung der Mauer. 1990, nachdem sich der »Demokratische Aufbruch« mit der CDU zusammengetan hatte, entschied sich Gisela Schröter für einen anderen Weg: Sie trat – wiederum gemeinsam mit ihrem Bruder – in die SPD ein. »Eigentlich ist mir dieser Schritt doch sehr schwergefallen«, stellt sie fest, »denn eine Partei hat letztlich mit Disziplinierung zu tun und das war mir fremd. Aber die SPD ist für mich eben wie

Willy Brandt war – glaubwürdig, demokratisch orientiert, und sie hat immer gegen die bestehenden Machtstrukturen gekämpft. Das hat mich letztlich auch überzeugt.«

Bereits im April 1990 wurde Gisela Schröter in den Landesvorstand Thüringen gewählt. Es gab noch wenige feste Strukturen, die erste Zeit verlief chaotisch, vor allem fehlten Frauen, die bereit waren, sich politisch zu engagieren. Da war es nur logisch, daß Gisela Schröter gedrängt wurde, sich auch als Kandidatin für die Bundestagswahlen nominieren zu lassen. Auf Platz zwei der Landesliste zog sie schließlich in das Parlament in Bonn, wurde Mitglied im Innen- und Haushaltsausschuß. Obwohl sie sich dem Gesprächskreis der parlamentarischen Linken anschloß – wie übrigens fast alle Frauen aus dem Osten – möchte sie sich in keine bestimmte Schublade eingeordnet sehen: »Für uns in den neuen Bundesländern lassen sich die Probleme nicht immer nach dem Schwarz-Weiß-Denken lösen.« 1991 wurde Gisela Schröter auf dem Eisenacher Parteitag als SPD-Landesvorsitzende gewählt, kurz danach stieg sie auch ins Präsidium auf. Mit Wolfgang Thierse vertritt sie jetzt die ostdeutschen Parteimitglieder im 13köpfigen engsten Führungszirkel der Partei.

In Thüringen muß Gisela Schröter harte Aufbauarbeit leisten, gerade 6.000 Mitglieder zählt hier die SPD – ausgerechnet in einem Landesbezirk, in dem einst die Sozialdemokratische Partei gegründet wurde. Sie hat sich auch ein Stück Distanz zur Politik bewahrt: »Eigentlich empfinde ich es immer noch als ein Leben auf zwei Ebenen, das der großen Politik zusammen mit all den Leuten, die ich früher nur aus dem Fernsehen kannte – und andererseits das Zusammensein mit dem alten Familien- und Freundeskreis.« Das Hauptproblem für die Menschen im Osten ist ihrer Meinung nach die mangelnde wirtschaftliche Perspektive – Arbeitslosigkeit und die Unsicherheit, wie alles weitergehen wird. Sie sieht eine wesentliche Aufgabe darin, den Menschen in ihrer Umgebung im Bonner Parlament und in der SPD Gehör zu verschaffen.

Gisela Schröter ist geschieden und hat zwei erwachsene Kinder. Private Zeit bleibt ihr bei ihrer aufwendigen politischen Arbeit kaum noch. Ihr geheimer Wunsch: endlich mal ausgiebig Urlaub machen. Doch dazu wird es kaum kommen. Jedes Wochenende in den kommenden Monaten ist bereits mit Parteiterminen besetzt. »Ich habe mich entschieden, auch 1994 wieder für den Bundestag zu kandidieren«, sagt Gisela Schröter, »schließlich muß doch die SPD dafür sorgen, daß es in Thüringen bald wieder anders aussieht.«

J.H.

Schwächen: »Zu emotional, zu gutgläubig.«

Stärken: »Gradlinigkeit, ich kämpfe für meine Überzeugungen.«

Hobbys: »Lesen, klassische Musik, Kino, Theater (leider viel zu selten).«

Welches Erlebnis hat Sie am meisten geprägt? »Die Zwangsumsiedlung aus unserer Heimat, damals war ich noch nicht vier Jahre alt. Der Tod meines Vaters 1983.«

Was muß sich in Ihrer Partei ändern? »Begriffe wie ›Geschlossenheit‹ kann ich überhaupt nicht ausstehen. Die SPD müßte klarer Opposition machen, sie ist oft zu staatstragend und kompromißbereit.«

Wie stehen Sie zum Asylkompromiß? »Ich habe dagegen gestimmt, was mir einige Schwierigkeiten in meinem Landesvorstand eingetragen hat. Aber ich konnte nicht gegen meine Überzeugung stimmen.«

Wovor haben Sie am meisten Angst? »Daß ich die Menschen, die ich gerne habe, verlieren könnte, daß das politische System ins Trudeln geraten könnte und daß wir die Konflikte, die sich im Osten abzeichnen, nicht bewältigen können.«

Was muß in der Politik dringend vorangebracht werden? »Die Menschen müssen wieder das Gefühl haben, daß es um sie geht und nicht um die Selbstdarstellung der Politiker.«

Heide Simonis (SPD),
Ministerpräsidentin
von Schleswig-Holstein

Die »Pfennigfuchserin« als Regierungschefin.

»Daß sich viele Leute eher daran erinnern, was ich für Ringe trage, als an das, was ich gesagt habe«, das ärgert Heide Simonis schon. Als sie im Juli 1993 zur ersten Ministerpräsidentin in der Geschichte der Bundesrepublik gewählt worden war, berichteten die Medien ausführlich über die Vorliebe der 50jährigen Politikerin für auffallende Fingerringe, exzentrische Hüte und aparten Ohrenschmuck. Wenn es um Frauen in der Politik geht, dann steht für die Presse die äußere Erscheinung eben immer noch im Vordergrund – ganz anders, als etwa bei männlichen Politikern. Daß Heide Simonis Regierungschefin in Kiel wurde, »verdankt« sie vor allem Björn Engholm. Er hatte sein Amt aufgegeben, nachdem er öffentlich zugeben mußte, daß er schon frühzeitig von den kriminellen Machenschaften des ehemaligen CDU-Ministerpräsidenten Barschel erfahren hatte. Engholm schlug Heide Simonis als seine Nachfolgerin vor und niemand wagte ernsthaft seinen Vorschlag in Frage zu stellen. Wozu auch? Ihre Sachkenntnis, Entschiedenheit und ihr politisches Charisma sind – auch bei ihren Gegnern – unumstritten.

Als Frauenpolitikerin im klassischen Sinn versteht sie sich nicht. »Ich habe mich selbst in der Politik nie als wirklich benachteiligt empfunden, aber ich war anderen Frauen gegenüber durch Ausbildung und Familiensituation ganz bestimmt privilegiert. In der SPD gibt es, wie in jedem anderen gesellschaftlichen Bereich, immer noch Männer – und gelegentlich auch Frauen – die es schwierig finden, eine Frau an der Spitze irgendeiner Hierarchie zu akzeptieren. Es ist ja durchaus etwas anderes, ob eine Frau mitreden darf oder ob sie das letzte Wort hat.«

Nein, Heide Simonis ist alles andere als eine »Landesmutter« im herkömmlichen Stil. Unkonventionell wie sie aussieht, tritt sie auch auf, geht direkt auf die Menschen zu, steigt auch mal bei einer Veranstaltung aufs

Podium und gibt eine Solovorführung (»Schließlich nehme ich ja seit Jahren Gesangsunterricht, das mache ich, weil ich so eine Schnellsprecherin bin. Und beim richtigen Singen schult man auch die Atemtechnik.«).

Heide Simonis geht Konflikten nicht aus dem Weg. Als sie ihr Amt in Kiel übernahm, startete sie mit einem Paukenschlag und verkündete, Landesbeamte sollten eine Stunde pro Woche mehr arbeiten. Das hat ihr viel Kritik vor allen aus den eigenen Reihen eingebracht. Aber damit blieb sie ihrem Ruf treu, eine »Pfennigfuchserin« zu sein – die Finanzpolitik durchzieht schließlich wie ein roter Faden ihre politische Karriere.

Heide Simonis, 1943 in Bonn geboren, absolvierte 1967 ihr Diplom als Volkswirtin. Danach folgten ihre »internationalen Jahre« in Zambia und Tokio, sie arbeitete für das Goetheinstitut und war in der freien Wirtschaft tätig. 1969 trat sie der SPD bei (»In welche Partei sonst? Bei der SPD waren damals Aufbruch, Anregung, junge Leute! Und ich fand mich mit dem Thema ›Politik für Entwicklungsländer‹ in der SPD am besten aufgehoben.«) und zählte zum linken Flügel der Partei. 1976 dann der Sprung in den Bundestag mit einem spektakulären Coup: Es gelang ihr, dem populären CDU-»Bauernführer« Karl Eigen den Wahlkreis Rendsburg-Eckernförde abzunehmen und zog mit einem Direktmandat in den Deutschen Bundestag ein. Eine junge Parlamentarierin, politisch selbstbewußt, ein finanzpolitisches Talent – das fiel auf. Elf Jahre gehörte Heide Simonis dem Haushaltsausschuß des Bundestages an, der von jeher als klassische Männerdomäne gilt. Seitdem duzt sie sich auch mit vielen politischen Gegnern, mit dem Finanz-Kollegen Theo Waigel etwa.

Heide Simonis wurde in Bonn ein Begriff, scharfzüngig und unverblümt formulierte sie ihre Standpunkte. Als 1987 der damalige Parteivorsitzende Willy Brandt eine unbekannnte Griechin als Parteisprecherin durchzusetzen versuchte, forderte sie als erste seinen Rücktritt. Das allerdings hat sie später bereut, sie habe Brandt damit unrecht getan, räumt sie ein. Nach dem Wahlsieg Björn Engholms 1988 in Kiel wurde Heide Simonis Finanzministerin in Schleswig-Holstein. In ihrem Amt fuhr sie einen strengen Sparkurs – sie war auch gezwungen dazu, denn das Land war hochverschuldet. Nachdem Heide Simonis auch noch Verhandlungsleiterin der Bundesländer bei den Tarifverhandlungen mit der Gewerkschaft ÖTV wurde, hatte sie bald ein bundesweites Image als »Eiserne Lady«.

Sparsamkeit ist offensichtlich auch ihre Leitlinie als Ministerpräsidentin. Heide Simonis erntete harsche Kritik in den eigenen Reihen, als sie beispielsweise die »Denkfabrik« von Björn Engholm aus finanziellen Gründen auflöste – eine Einrichtung, die dafür sorgen sollte, daß neue Wege in der Politik ausfindig gemacht und mehr Austausch zwischen Kultur und Politik stattfinden sollte.

Seit 30 Jahren ist die Ministerpräsidentin mit Udo Simonis, einem Professor für Umweltpolitik am Wissenschaftszentrum in Berlin, verheiratet. Sie führen eine Wochenend-Ehe, und das kommt beiden offenbar auch nicht ungelegen (»Udo ist mehr ein nach innen gewendeter Mensch, ich bin das Gegenteil. So kann sich jeder auch eher ausleben.«). Mindestens drei Wochen Urlaub jährlich, das ist ein »Muß«, am liebsten irgendwo in Asien oder in der Toskana. Heide Simonis hat noch andere Leidenschaften, Flohmarktbesuche beispielsweise. Die Leute machen große Augen, wenn ihre Ministerpräsidentin etwa in Kiel oder Lübeck an den Ständen erscheint und nach Schnäppchen sucht. Sie hat eine Vorliebe für alte Gläser, in allen Variationen und aus allen Epochen. Je origineller, um so besser. Mehr als 200 davon, schätzt Ehemann Udo, lagern mittlerweile in der gemütlichen Altbauwohnung in Kiel, die das Paar seit 20 Jahren gemietet hat. Bald, sagt er, sei gar kein Platz mehr für all das, was seine Frau auf den Trödelmärkten ausfindig mache. Und die Zukunftspläne der Heide Simonis? »Ich möchte die Wahl 1996 in Schleswig-Holstein gewinnen. Die nächste wäre dann im Jahr 2000.« Als größten politischen Erfolg wertet sie, daß »ich mich immer wieder überredet habe, weiterzumachen, auch wenn ich frustriert war«.

J.H.

Schwächen: (Aus Sicht der Mitarbeiter): »Keinen Terminwunsch abschlagen können. (Aus eigener Sicht): »Ungeduld.«

Stärken: »Ich bin nicht nachtragend.«

Was essen/trinken Sie gerne? »Italienisch, chinesisch, trockene Weißweine, Sekt«

Mit welchem Ziel sind Sie Politikerin geworden? »Für Gerechtigkeit und Fortschritt.«

Größte Ungerechtigkeit: »Wenn auf Schwache eingeprügelt wird.«

Asylkompromiß: »Er war notwendig.«

Frauen in der Bundeswehr? »Nein.«

Welches Erlebnis hat Sie am meisten geprägt? »Meine Erfahrungen im afrikanischen Entwicklungsland Zambia.«

Was muß nach Ihrer Ansicht die Politik am meisten vorantreiben? »Die Grundbedürfnisse der Menschen nach Arbeit, bezahlbarem Wohnraum und sozialer Sicherheit müssen im Zentrum der Politik stehen.«

Beeindruckendste historische Persönlichkeiten: »Julius Leber, Michail Gorbatschow.«

Cornelie Sonntag (SPD),
Bundestagsabgeordnete

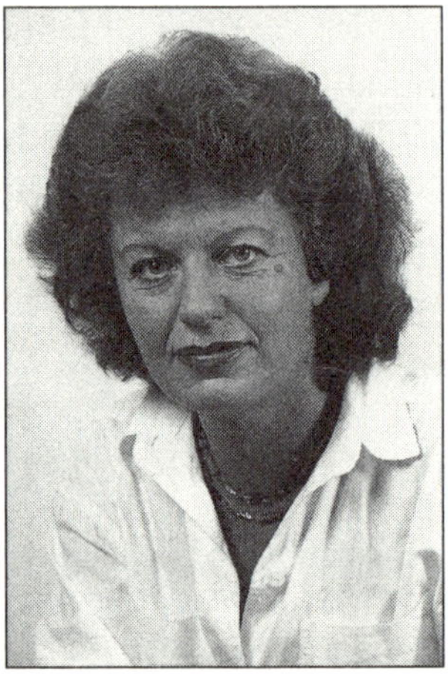

Eine Stimme für ihre Partei.

Fast alle kennen sie aus dem Fernsehen. Eine große blondgelockte Frau, immer in der Nähe der Spitzenleute der SPD, am häufigsten sah man sie neben dem ehemaligen Vorsitzenden Björn Engholm. Kein Wunder, er war es auch, der die 52jährige SPD-Bundestagsabgeordnete bei seinem Amtsantritt 1991 zur leitenden Parteisprecherin berief. Cornelie Sonntag war die erste Frau in Bonn, die bei den etablierten Parteien diesen Posten übernahm. Jahrzehntelang hatte man das den Frauen nicht zugetraut, allenfalls als Stellvertreterinnen durften sie in den Parteipressestellen fungieren. Das Beispiel machte Schule: kurz danach plazierte auch die CDU mit Claudia Conrad zum erstenmal eine Frau an die Spitze.

Im Herbst 1993 gab Cornelie Sonntag ihren Parteisprecher-Job wieder auf. Sie begründete dies offiziell mit der bevorstehenden Bundestagswahl 1994:

»Parteien und Parlament gehen in den Endspurt. Ich will mich uneingeschränkt meiner Arbeit als Abgeordnete sowohl in Bonn, als auch in meinem Wahlkreis Steinburg/Dithmarschen-Süd widmen können.« Inoffziell gab es sicher noch einen zweiten Grund: Björn Engholm war mittlerweile als Parteivorsitzender der SPD zurückgetreten, und der Neue, Rudolf Scharping, besetzte sämtliche Schlüsselfunktionen der Partei wieder neu.

Die Doppelfunktion Pressesprecherin und Abgeordnete war Cornelie Sonntag ohnehin nicht leichtgefallen, offensichtlich war es 1991 die Loyalität gegenüber ihrem schleswig-holsteinischen Parteifreund Engholm, die sie dazu brachte, diese Doppelbelastung zu übernehmen. »Das bedeutete einen Arbeitstag von rund vierzehn Stunden und irgendwann ist der Punkt erreicht, wo man zwei so wichtige Funktionen nicht mehr miteinander verbinden kann«, stellt sie im nachhinein fest.

»Grenzgängerin« zu sein, ist Cornelie Sonntag gewohnt. Aber sie weiß auch, daß sich das nur für eine begrenzte Zeit durchhalten läßt. So hatte sich die profilierte NDR-Hörfunkjournalistin nach jahrelangem parallel laufenden politischen Engagement in der SPD dafür entschieden, ganz in die Politik einzusteigen. Was ihr, wie sie sagt, doch auch schwergefallen sei.

Cornelie Sonntag wurde 1942 in Nürnberg als Tochter einer Pianistin und eines Kaufmanns geboren. Ihr Studium der Germanistik, Literatur- und Musikwissenschaft absolvierte sie in Hamburg. Dann entschied sie sich für ihren »Traumberuf« Journalistin. Nach dem Volontariat bei der »Hamburger Morgenpost« wechselte sie 1972 zum Norddeutschen Rundfunk. Sie gehörte zu den wenigen Journalistinnen, die sich damals für das Ressort Politik entschieden. Cornelie Sonntag moderierte aktuelle Sendungen, sprach Kommentare, unter anderem auch im Fernsehen. 1971 hatte sie sich der SPD angeschlossen. Wesentlicher Grund damals war ihre Begeisterung für Willy Brandt und seine Politik. »Außerdem wollte ich nach meiner Erfahrung mit dem Journalismus Politik auch mal von der anderen Seite kennenlernen.« Ein weiteres Motiv: »Ich wollte mich wirksam für die Benachteiligten dieser Gesellschaft einsetzen«, sagt Cornelie Sonntag. 1979 entschied sie sich für den Ausstieg aus dem Journalismus und wurde Mitglied im Schattenkabinett des damaligen SPD-Spitzenkandidaten in Schleswig-Holstein, Klaus Matthiesen. Seit 1988 ist Cornelie Sonntag Bundestagsabgeordnete und arbeitet vorwiegend im Innenausschuß. Sie gilt als Spezialistin für Ausländerfragen, Asylrecht und für Medienpolitik.

Verheiratet ist Cornelie Sonntag mit dem Journalisten Thomas Wolgast, beide wohnen in Hamburg. Eine Leidenschaft begleitet die Abgeordnete seit frühester Kindheit: Das Geigespielen. »Leider, leider«, seufzt sie, »komme ich manchmal wochenlang nicht mehr dazu.«

J.H.

Schwächen: »Nachgiebigkeit, die Neigung, unbequeme Entscheidungen hinauszuschieben.«

Stärken: »Belastbarkeit, Treue, geschriebene Reportagen.«

Was tun Sie besonders gern/ungern? »Mit Mann und Freunden gemeinsam tafeln/ Jemandem etwas aufdrängen.«

Größte Ungerechtigkeit: »Das schnelle Fallenlassen von Menschen, die eben noch höchst wichtig erschienen und dann – etwa nach einem Rücktritt – alsbald vergessen werden.«

Größte Angst: »Meinen Mann zu verlieren, schwerkrank zu werden.«

Was müßte sich in Ihrer Partei dringend ändern? »Sie muß den Hang zur Vielstimmigkeit zurückdrängen, ohne ihre gut ausgeprägte Streitkultur zu verlieren.«

Asylkompromiß: »Ich habe das Gesetzespaket mitgetragen und habe damit Abschied genommen von meiner früheren Position. Aber ich bin dennoch der Überzeugung, daß der frühere Artikel 16 unseres Grundgesetzes der Vielfalt der Probleme und der Motive, die Menschen zur Migration treibt, nicht mehr gerecht wird. Aber wir müssen auch Fluchtursachen bekämpfen, und wir brauchen ein Einwanderungsgesetz.«

Frauen in der Bundeswehr: »Kein Beitrag zur Gleichstellung. Über Wehrpflicht können wir gern dann reden, wenn Frauen aufgrund ihres Geschlechtes und der Tatsache, daß sie die Kinder kriegen, keinerlei Nachteile mehr in Gesellschaft und Beruf erfahren.«

Was müßte nach Ihrer Ansicht die Politik am dringendsten vorantreiben? »Endlich der Ökologie die Bedeutung geben, die sie verdient und zugleich sozial gerechte Politik konsequent verwirklichen.«

Brigitte Unger-Soyka (SPD),
baden-württembergische Ministerin
für Familie, Frauen, Weiterbildung
und Kunst

»Ich will kein Männerleben anfangen.«

Das machte Brigitte Unger-Soyka, baden-württembergische Ministerin für Familie, Frauen, Weiterbildung und Kunst, gleich bei ihrem Amtsantritt im Juni 1992 klar. Sie werde nicht jeden Tag bis 23 Uhr arbeiten, »um zu zeigen, wie arbeitswütig und wichtig ich bin«, sondern versuchen, das Ministerinnenbüro zwei- bis dreimal pro Woche um 16 Uhr zu verlassen, damit sie sich auch ihrem Mann und ihren drei Kindern (zehn, 13 und 16 Jahre) widmen könne. Dieser Vorsatz, dem die SPD-Politikerin bis jetzt kaum nachkommen konnte, löste Ratlosigkeit und Empörung aus. Die »Bildzeitung« fragte in einer Telefonaktion: »Wie faul darf eine Ministerin (Gehalt: 24.623 DM) sein?« Einen Tag später meldete das Blatt, 91,2 Prozent der Anrufer seien der Meinung gewesen, Frau Unger-Soyka sei zu faul. Für den Bund der Steuerzahler war die Ministerin überflüssig und der FDP-Fraktionsvorsitzende im baden-württembergischen Landtag, Walter Döring, sah darin den Beweis für die eher geringe Bedeutung des Ressorts und plädierte für die Abschaffung des »Sammelsurium-Ministeriums«.

Der Diplompädagogin und Sonderschullehrerin hat der Pressewirbel nicht geschadet, sondern sie populärer gemacht. Heute gehört sie zu den bekanntesten Politikern Baden-Württembergs. Und das, obwohl sie erst 1988 in den Landtag gewählt worden war. Dort arbeitete sie im Wissenschafts- und Petitionsausschuß, bevor sie die SPD 1989 in den Landesvorstand holte. 1991 wurde sie ins Präsidium der baden-württembergischen Sozialdemokraten gewählt. Ihre Amtszeit als jüngstes Kabinettsmitglied begann zunächst mit einem nervenzerrenden Tauziehen für die Mindestausstattung ihres Ressorts. In den ersten fünf Monaten sei sie keinem Streit aus dem Weg gegangen, heißt es. Besonders mit dem Ministerpräsidenten der großen Koalition, Erwin Teufel (CDU), der sich das erste Frauenministerium im »Ländle« wohl als Zugeständnis an die SPD hatte abringen müssen, und dem CDU-Finanzminister Gerhard Mayer-Vorfelder geriet sie aneinander. Den Finanzminister verärgerte die Sozialdemokratin, die den dringendsten politischen Handlungsbedarf in der Schaffung eines gerechten Familienlastenausgleichs sieht, besonders damit, daß sie seine Finanzpolitik bereits vor den Haushalts-Chefgesprächen öffentlich als »drohenden kulturellen Kahlschlag« anprangerte. Das Ergebnis war, daß die Künstlerlobby gegen die vermeintlichen Einsparungen Sturm lief. Die ursprünglich geplanten Kürzungen – 1993/94 jeweils 60 Millionen weniger vom 400-Millionen-Kulturhaushalt, dazu die Streichung von 201 Stellen – fielen schließlich mit nur rund fünf Millionen Mark wesentlich geringer aus.

Auch die innerhalb der Verwaltungsreform geplante Aussetzung der Kindergartenrichtlinien (unter anderem Gruppenobergrenze von 25 Kindern) war mit Brigitte Unger-Soyka nicht zu machen. Im April 1993 forderte sie außerdem bessere Kinderbetreuungsmöglichkeiten und wurde dafür wiederum von Mayer-Vorfelder kritisiert. Sie solle ihre Versprechen, die sie »landauf-landab« mache, an den Tatsachen der Haushaltslage messen. Trotz gesetzlicher Verpflichtung ab 1996 seien mehr Zuschüsse für Kinderkrippen, Kindergärten und Kinderpflegestellen unmöglich. Ab 1994 hat Brigitte Unger-Soyka erstmals eine Bezuschussung der Kinderhorte von 21.000 Mark pro Jahr durchgesetzt.

Bei ihrem Amtsantritt wurde sie nicht nur von Politikerkollegen mißtrauisch beäugt, sondern auch von der ausgeprägten Kunstszene Baden-Württembergs. So freimütige Äußerungen wie »es ist ja kein Geheimnis, daß ich mit Kunst vorher wenig zu tun hatte ..., aber wenn ein männlicher Wirtschaftsminister plötzlich Verkehrsminister wird, fragt auch niemand, kann er das?« gehören für sie jedoch zur politischen Leitlinie. Der anfängliche Spott über ihr »Handarbeitsministerium« oder das »Ministerium für Frauen, Familie, Weiterbildung und Bauchtanz« (Stuttgarter Nachrichten) ist mittlerweile abgeflaut.

Brigitte Unger-Soyka, 1949 in Friedrichshafen am Bodensee geboren, wurde nach dem Abitur Grund- und Hauptschullehrerin. 1972 arbeitete sie ein Jahr lang in einer Behindertenwerkstätte in England und ließ sich dann in Heidelberg zur Sonderschullehrerin für sprachlich und geistig behinderte Menschen ausbilden. 1975 heiratete sie den jetzigen Medizinprofessor Thomas Unger. Nach ihrem Diplom, 1976, lebte sie zwei Jahre mit ihrer Familie in Montreal, Kanada. Bis zu ihrem Landtagsmandat, 1988, war sie Sonderschullehrerin für körperlich und sprachlich behinderte Kinder. Als ihren größten politischen Erfolg bezeichnet sie die Erringung des Direktmandats für Heidelberg am 5. April 1992. Die SPD steht für sie für soziale Gerechtigkeit und für ein »entschiedenes Eintreten bei Frauenbelangen«. Ändern müßten die Sozialdemokraten, ihrer Meinung nach, die Führungsschwäche an ihrer Spitze (»Ich hoffe und glaube da sehr an Rudolf Scharping«). Den Asylkompromiß hält Brigitte Unger-Soyka für unbefriedigend, den Solidarpakt für ungenügend, weil die Pflegeversicherung und der Rechtsanspruch auf einen Kindergartenplatz ausgeklammert seien. Die Vereinigungspolitik der Bundesregierung ist für sie verfehlt. Sie werde der einzigartigen Herausforderung und Verantwortung nicht gerecht.

ast

Schwächen: »Das müssen Sie andere fragen.«

Stärken: »Das müssen Sie auch andere fragen.«

Was essen/trinken Sie gerne? »Italienisch/Prosecco.«

Wovor haben Sie am meisten Angst? »Vor Krieg.«

Prägendstes Erlebnis: »Das Kennenlernen meines künftigen Mannes.«

Beeindruckendste historische Persönlichkeit: »Willy Brandt.«

Größter politischer Skandal: »Die Barschel-Affäre.«

Wichtigstes Ereignis in der Geschichte: »Die Einführung des Wahlrechts für Frauen.«

Neuregelung des § 218: »Rückschritt für Frauen in der Bundesrepublik.«

Inge Wettig-Danielmeier (SPD),
Schatzmeisterin, MdB

»Das Urteil ist kein Sieg und keine Niederlage, es ist der Schneckenfortschritt, an den wir Frauen uns gewöhnt haben.«

Nach der Entscheidung des Bundesverfassungsgerichtes zur Reform des § 218 im Mai 1993 überwog bei manchen Politikerinnen, die im Bundestag vehement für die modifizierte Fristenlösung gestritten hatten, ein gewisses Harmoniebedürfnis. So auch bei Inge Wettig-Danielmeier, SPD-Schatzmeisterin und Präsidiumsmitglied der Sozialdemokraten. Die Politikerin, die in die SPD eingetreten ist, »weil ich da meine Vorstellungen am besten umsetzen kann«, gilt neben der FDP-Frau Uta Würfel als zweite »Mutter des Gruppenantrags« (straffreie Abtreibung bis zur zwölften Woche nach vorherigem Beratungsgespräch), der im Juni 1992 im Parlament verabschiedet worden war. Das Bild von Inge Wettig-Danielmeier und Uta Würfel, die sich nach ihrem Sieg im Plenum spontan parteiübergreifend in die Arme fielen, ging durch alle Medien.

Nach dem Urteil in Karlsruhe zollte die Zwei-Frau-Koalition den Richtern allerdings erst einmal Dank, obwohl es die Bundestagsentscheidung in wesentlichen Punkten einschränkt (zum Beispiel zahlt die Krankenkasse den Abbruch nur in Ausnahmefällen). Vorher hatte Inge Wettig-Danielmeier rigoroser geklungen: »Einige Richter wollen offenbar unbedingt eine Mißbilligung des Schwangerschaftsabbruchs zum Ausdruck gebracht sehen und sind fatalerweise auf die Idee gekommen, die Finanzierung durch die Krankenkassen abzuschaffen. Das würde aber das Konzept der Fristenregelung schwer beeinträchtigen« (Dezember 1992 in einem Zeitungsinterview).

Beim Asylkompromiß, den ihre Partei mit der Koalition geschlossen hat, blieb Inge Wettig-Danielmeier allerdings hart: »Nicht gelungen«, urteilte sie über die Ergänzung von Artikel 16. Aus ihrer Abneigung gegen die »Petersberger Wende«, bei der der damalige SPD-Chef Björn Engholm auf die Asyllinie der Union eingeschwenkt war, hatte die erste Schatzmeisterin ihrer Partei nie einen Hehl gemacht. Dafür zog das SPD-Präsidiumsmitglied den Zorn mancher Parteigenossen schon zu Beginn der heißen Phase der Asyldebatte auf sich. Bei einer Vorstandstagung zur »Petersberger Linie« in Salzuflen beschwerten sich Engholm-Freunde über die abtrünnige Genossin, die als »bezahlte Angestellte der Partei« dem Parteivorsitzenden durch Stimmenthaltung in den Rücken gefallen sei. Ihre Ablehnung dem Asylkompromiß gegenüber, der »die anstehenden Zuwanderungsprobleme nicht löst und das Grundrecht auf Asyl aushöhlt«, hielt Inge Wettig-Danielmeier jedoch bis zum Schluß durch und stimmte bei der endgültigen Entscheidung im Bundestag dagegen. Hart in der Sache blieb sie außerdem als eine der rigorosesten Kämpferinnen für die Frauenquote, die sie neben dem Ringen um die § 218-Reform als ihren größten politischen Erfolg ansieht – freilich mit der Einschränkung: »Wenn sie ausreichend verteidigt wird«.

Auch in anderen Fragen hat die Frau mit den vielen Berufserfahrungen (Textilarbeiterin, Dolmetscherin, Angestellte in Industrieunternehmen, freie Gutachtertätigkeit, wissenschaftliche Tätigkeit an einer Universität) mit ihrer Meinung nicht hinter dem Berg gehalten. Inge Wettig-Danielmeier, geboren 1936 in Heilbronn, verheiratet mit einem SPD-Europa-Abgeordneten, drei Kinder, war eine der schärfsten Kritikerinnen der Urwahl (zu teuer, Angst vor Mißbrauch, Zweifel an bindenden Wirkungen). Die Schatzmeisterin kritisierte die »praxisfernen Vorschläge« einer vom Bundespräsidenten eingesetzten Kommission zur Neuordnung der Parteienfinanzierung und trat für eine Begrenzung der Abgeordnetenzeit auf zwei oder drei Legislaturperioden ein (»Damit wieder junge Leute ins Parlament kommen.«).

Als Schatzmeisterin hat sie sich mehrmals in die Nesseln gesetzt. So wollte sie zum Beispiel »Wahlmuffel« unter Androhung von Bußgeld zur Urne treiben. »Unsinn«, konterten nicht nur Unionspolitiker, die ihr unterstellten, durch die dann höhere Wahlkampfkostenerstattung lediglich die SPD-Kassen aufbessern zu wollen. Auch Genossen hielten den Vorschlag für unglücklich. »Durch Zwang kann Wahlbeteiligung nicht verbessert werden, nur durch überzeugendere Leistungen der Politiker«, kritisierte der Parlamentarische Geschäftsführer der SPD Peter Struck. Auch die Einsparungen, die das langjährige SPD-Mitglied (Eintritt 1959) vergangenes Jahr in ihrer Partei vornehmen wollte, kamen nicht gut an. Der Vorsitzende der Arbeitnehmergemeinschaft (AfA), Rudolf Dreßler, drohte mit seinem Rücktritt, weil zwei seiner vier Fachreferenten gehen sollten, während die Arbeitsgemeinschaft sozialdemokratischer Frauen (ASF), deren frühere Vorsitzende Inge Wettig-Danielmeier war, viel weniger finanziell beschnitten werden sollte.

Für die Politikerin, die als prägendstes Erlebnis die Benachteiligung als Mädchen und Kriegswaise im Bildungssystem erfahren hat, ist die Herstellung gleicher Lebensbedingungen für Männer und Frauen im vereinigten Deutschland das wichtigste Nahziel in der Politik. Den Rechtsradikalismus hält sie für ein »nicht vergängliches Phänomen«. Dennoch: »Ich setze auf die Stabilität der Demokratie und begegne ihm mit Aufklärung.«

ast

Schwächen: »Rigorosität.«

Stärken: »Rigorosität, Hartnäckigkeit.«

Was müßte sich an der SPD dringend ändern? »Das Politikmanagement.«

Vereinigungspolitik der Bundesregierung: »Die Bundesregierung hat die deutsche Einheit verstolpert und damit wesentlich zur Politikverdrossenheit beigetragen.«

Frauen in der Bundeswehr: »Ja, nachdem wir drei Bundeskanzlerinnen hatten und die Hälfte des Bundesverfassungsgerichts mit Frauen besetzt ist.«

Wichtigstes historisches Ereignis: »Das Frauenwahlrecht.«

Energie der Zukunft: »Regenerative Energien, keine Atomkraft.«

Hobbys: »Lesen, wandern, Theater, Oper.«

Lieblingsspeise: »Alles, was gut gekocht ist.«

Heidemarie Wieczorek-Zeul (SPD),
Bundestagsabgeordnete

»Daß ich Profil und eine politisch klare Position habe, ist für die Sozialdemokratie von Vorteil, denn blasse Typen gibt's genug«,

betonte Heidi Wieczorek-Zeul einen Tag vor der entscheidenden Mitgliederbefragung zum Parteivorsitz im Juni 1992. Die europa- und außenpolitische Fachfrau der SPD hatte dieses Amt selbstbewußt angepeilt, nachdem der glücklose Björn Engholm wegen Unfähigkeit und Ungereimtheiten in der Barschel-Affäre vom Parteivorsitz zurückgetreten war. Am 13. Juni 1992 platzte dann allerdings Heidi Wieczorek-Zeuls Traum, als erste Frau Parteichefin zu werden. Der rheinland-pfälzische Ministerpräsident Rudolf Scharping siegte über seine beiden Mitbewerber. Neben Wieczorek-Zeul war das der niedersächsische Ministerpräsident Gerhard Schröder. 40,3 Prozent der an der Umfrage beteiligten SPD-Mitglieder wollten ihn als Vorsitzenden. 33,2 Prozent plädierten für Schröder. Heidi Wieczorek-Zeul schnitt am »Tag der Ortsvereine« mit 26,5 Prozent Vertrauensbonus am schlechtesten ab. »Für mich war das ein Kaltstart und unter den Bedingungen bin ich gar nicht unzufrieden«, verteidigte sie sich. Die beiden Ministerpräsidenten hätten mit Hilfe ihrer Staatsapparate in Niedersachsen und Rheinland-Pfalz leichter Wählerstimmen mobilisieren können. Besonders schmerzlich war die Wahlschlappe in Südhessen. Als dortige Bezirksvorsitzende bekam sie deutlich weniger Stimmen als Scharping.

Die »rote Heidi«, die am liebsten blaue Strickkostüme trägt, hat ihren Kosenamen aus JUSO-Zeiten nicht nur wegen ihrer leuchtend roten Haare, sondern auch wegen ihrer linken Positionen in der Partei. Damit eckte sie oft an, hat es aber dennoch verstanden, sich Einfluß und Macht in der SPD zu verschaffen. Das bekam auch Parteichef und Kanzlerkandidat Scharping zu spüren: Mit Oskar Lafontaine und Gerhard Schröder brachte ihm Heidi Wieczorek-Zeul kurz nach seiner Wahl die erste Schlappe bei. Scharping hatte sich in der Frage bewaffneter Kampfeinsätze in Krisengebieten zunächst sehr vage geäußert, war jedoch auf gutem Weg gewesen, solche Einsätze im Rahmen der UNO zu befürworten. »Keine sozialdemokratisch geführte Bundesregierung wird sich auf Dauer internationalen Verpflichtungen entziehen können«, hatte er noch im Juni vor der Fraktion betont. So tappte der Fraktionsvorsitzende Hans-Ulrich Klose in die Falle, weil er vom »Ja« seiner Partei zu bewaffneten Kampfeinsätzen ausgegangen war und dies auch öffentlich verkündete. Am Ende stand er am Pranger, als Scharping ihn zurückpfiff.

Der hatte nämlich lernen müssen, daß neben anderen Heidi Wieczorek-Zeul überhaupt nicht mit Kampfeinsätzen einverstanden war, sondern lediglich mit Blauhelmaktionen. »Wir suchen unser Heil nicht in einer militärischen Außenpolitik«, betonte sie schließlich auch beim Wiesbadener Parteitag im November 1993. Dort wurde der Leitantrag zu Blauhelmaktionen, der maßgeblich ihre Handschrift trug, mehrheitlich verabschiedet. Als geschäftsführende Vorsitzende der SPD-Projektgruppe »Internationale Politik« hatte sie in der Frage der UNO-Einsätze diplomatischerweise einen Teil von Scharpings Formulierungen wörtlich übernommen, sie aber in ihrem Sinne in Richtung Blauhelmeinsätze uminterpretiert.

Auch in einer anderen Sache bekam Heidi Wieczorek-Zeul ihren Willen: Beim Wiesbadener Parteitag wurde sie stellvertretende Parteivorsitzende. Für diesen Posten hätte sie sogar eine Kampfkandidatur mit Herta Däubler-Gmelin riskiert, die trotz ihrer damaligen Bewerbung um das Amt einer Bundesverfassungsrichterin auf eine erneute Kandidatur als stellvertretende SPD-Vorsitzende nicht verzichten wollte. Hier schlichtete dann aber Scharping. In der Satzung wurde die Zahl seiner Stellvertreter von vier auf fünf erhöht – eine unter Genossen nicht unumstrittene Maßnahme, die aber ein »Stechen« zwischen den beiden SPD-Frauen verhinderte. Scharping braucht Heidi Wieczorek-Zeul. Das wurde auch klar, als er sie zur Stellvertreterin in seiner Kommission für das Regierungsprogramm 1994 machte. Unter einem Bundeskanzler Rudolf Scharping würde Heidi Wieczorek-Zeul gerne Europaministerin werden.

Die europäische Integration ist eines der Lieblingsthemen der europapolitischen Sprecherin der SPD-Fraktion. Ihr Lieblingsgegner in dieser Frage ist Edmund Stoiber. Dem bayerischen Ministerpräsidenten, der das Tempo der Integration drosseln will und strikt gegen einen europäischen Bundesstaat Deutschland eintritt, warf die frühere Europaparlamentarierin (1979 bis 1987) im November 1993 »nationalistische Anbiederei« an die Republikaner vor (»ein Rückzug auf den Nationalstaat würde ein ökonomischer Schaden für uns alle sein.«). Heidi Wieczorek-Zeul tritt außerdem für mehr Bürgerbeteiligung und erweiterte Rechte des Europa-Parlaments ein. Bundeskanzler Kohl kritisierte sie, weil er keine offene Europa-Diskussion geführt und die Maastrichter Verträge für die Öffentlichkeit im dunkeln gelassen habe.

Größter politischer Erfolg der ehemaligen Lehrerin für Geschichte und Englisch ist die Wiedererlangung der Regierungsfähigkeit in ihrer Heimat Hessen, wo sie 1942 in Frankfurt geboren wurde. Auch in Bonn ist für sie ein Machtwechsel überfällig – allerdings nicht um den Preis einer großen Koalition. Rot-grün wäre da schon eher eine Alternative, zu der sie sich allerdings noch nicht offen bekennt.

Bei den Sozialdemokraten engagiert sich Heidi Wieczorek-Zeul, die von dem SPD-Bundestagsabgeordneten Norbert Wieczorek geschieden ist, seit 1965 (»Um den CDU-Staat der 50er Jahre endlich zu beenden.«). Sie setzte sich politisch zunächst vor allem gegen die Notstandsgesetze ein, wurde Mitglied im Rüsselsheimer Stadtrat und 1974 Bundesvorsitzende der Jungsozialisten (bis 1977). Danach kehrte sie für kurze Zeit an eine Rüsselsheimer Schule zurück, arbeitete als Vorsitzende im europäischen Koordinierungsbüro der internationalen Jugendverbände und für einen Forschungsauftrag der Friedrich-Ebert-Stiftung zum Thema »Jugendpolitik in europäischen Institutionen«. Während ihrer Zeit im Europa-Parlament kam sie 1984 in den SPD-Parteivorstand und 1986 ins Parteipräsidium. 1985 wurde sie zur stellvertretenden Bezirksvorsitzenden der südhessischen SPD, 1988 als erste Frau zur Bezirksvorsitzenden gewählt. Als Politikerin muß Heidi Wieczorek-Zeul oft nach Kompromissen suchen. Wenn es aber um ihre Geschmacksnerven geht, kennt sie kein Pardon: Der leiseste Hauch Knoblauch genüge, um sie in Rage zu bringen, so eine enge Mitarbeiterin. »Dann läßt sie jedes Essen sofort zurückgehen.«

ast

Schwächen: »Ungeduld, Kleiderkaufen.«

Stärken: »Hartnäckigkeit, Durchsetzungsvermögen, Empfindsamkeit, Toleranz.«

Hobbys: »Schwimmen, tanzen, wandern.«

Lieblingsspeise, -getränk? »Knödel, Kartoffelpuffer, Rheingauer Weine.«

Wovor haben Sie am meisten Angst? »Vor dem Tod.«

§ 218-Entscheidung: »Der § 218 bleibt weiterhin ein Instrument der Frauenversklavung im 20. Jahrhundert.«

Größter Skandal: »Die Verheißung der blühenden Landschaften in Ostdeutschland, die totale Verarschung der Bevölkerung hier wie dort.«

Wichtigste historische Persönlichkeit: »Fritz Bauer, der frühere hessische Generalstaatsanwalt, der die Aufarbeitung der deutschen Geschichte in den Auschwitz-Prozessen einleitete.«

Frauenpolitische Eckpunkte der SPD

Bereits in den 60er Jahren des 19. Jahrhunderts begannen sich Arbeiterinnen zu organisieren. Vor allem Näherinnen und Textilarbeiterinnen waren daran interessiert. Sie schufteten rund zwölf Stunden am Tag unter erbärmlichsten Bedingungen für einen Hungerlohn, der kaum das Überleben sicherte. Frauen hatten es besonders schwer, sich eine Interessenvertretung zu schaffen. Sie waren bis 1918 vom Wahlrecht ausgeschlossen. In Preußen und anderen Ländern Deutschlands durften »Frauenspersonen« bis 1908 außerdem keinem politischen Verein und keiner Gewerkschaft angehören. Die Organisation, die Frauen trotzdem aufnahm, riskierte, verboten zu werden. In der SPD (als Gründungsdatum gilt die Gründung des Allgemeinen Deutschen Arbeitervereins 1863 durch Ferdinand Lassalle) hatte sich die Frauenarbeit in loseren Organisationsformen entwickelt. Bis zum Wahlrecht kam jedoch noch einiges dazwischen:

1875

August Bebel, Vorsitzender der deutschen Sozialdemokratie in ihrer Gründungsphase, schlägt beim Gothaer Parteitag vor, das Frauenwahlrecht im Programm zu fordern. Dieser Vorschlag wird abgeschmettert.

1879

Bebel veröffentlicht sein Buch »Die Frau und der Sozialismus«. Darin heißt es: »Es gibt keine Befreiung der Menschheit ohne soziale Unabhängigkeit und Gleichstellung der Geschlechter.« Für ihn war die Frauenfrage nur ein Teil der allgemeinen sozialen Frage. Würde es gelingen, sie zu lösen, wäre auch die Frauenfrage geklärt.

1889

Bahnbrechende Arbeit für die Frauen leistete Clara Zetkin, die spätere Sekretärin der Sozialistischen Fraueninternationale, mit ihrer Schrift »Die Arbeiterinnen- und Frauenfrage der Gegenwart«. Darin forderte sie die gesellschaftspolitische Gleichberechtigung – einschließlich ökonomischer Unabhängigkeit. Nach Aufhebung der Sozialistengesetze war sie Chefredakteurin der sozialdemokratischen Frauenzeitschrift »Die Gleichheit«.

1905

Obwohl auch ein großer Teil der Arbeiterbewegung gegen das Frauenwahlrecht war (Frauen würden, weil unwissend, konservativ wählen und damit der Sache der Arbeiter schaden), forderten Sozialdemokraten im Reichstag das Frauenwahlrecht – allerdings vergeblich.

1907
Gründung der Sozialistischen Fraueninternationale in Stuttgart, die 1910 den Internationalen Frauentag in Kopenhagen beschloß. Im März 1911 wurde er zum ersten Mal veranstaltet und forderte: »Volles Bürgerrecht für Frauen!«

1913
Nicht alle Genossen waren vom »vollen Bürgerrecht des Weibes« beflügelt. Beim Jenaer Parteitag kam es zum Konflikt, weil der Parteiausschuß beschlossen hatte, den Internationalen Frauentag künftig nicht mehr jährlich zu veranstalten. Ein Genosse erklärte, für das weibliche Geschlecht keine Extra-Wurst in Form eines Internationalen Frauentags braten zu wollen, da es »sehr leicht geneigt ist, gleich die ganze Hand zu nehmen, wenn man den kleinen Finger bietet«. Die Frauen wehrten sich mit Erfolg. Am 8. März 1914 eröffneten sie ihren Frauentag unter dem Motto »Heraus mit dem Frauenwahlrecht«. Diese Plakat-Schlagzeile wurde als »beleidigend für die Obrigkeit« zensiert.

1918
Im November 1918 verkündet der nur aus Sozialdemokraten bestehende »Rat der Volksbeauftragten« das Wahlrecht für alle mindestens 20jährigen männlichen und weiblichen Personen.

1919
Die Sozialdemokratin Marie Juchacz spricht als erste Frau in einem demokratisch gewählten deutschen Parlament, der Nationalversammlung. Ihr Frauenanteil betrug insgesamt 8,7 Prozent. In den beiden sozialistischen Parteien war er mit 11,5 Prozent am höchsten.

1933 bis 1945
In der Nazi-Zeit wurden die Frauen zurück an den Herd geschickt. Mutterkreuz und Lebensborn machten fast alles zunichte, was sie sich während der Weimarer Republik an politischen Rechten erkämpft hatten.

1948
Als 31 Männer auf Herren-Chiemsee unter Ausschluß der Bevölkerungsmehrheit – der Frauen – das Grundgesetz ausarbeiteten, intervenierte die Sozialdemokratin und Staatsrechtlerin Elisabeth Selbert. Sie setzte es durch, daß die Gleichberechtigung von Mann und Frau in der ersten bundesdeutschen Verfassung von 1949 festgeschrieben wurde (Im Mai 1993 wurde der Gleichheitsartikel 3 durch eine parteiübergreifende Fraueninitiative mit der Verpflichtung des Staates, die Gleichberechtigung zu fördern, ergänzt).

1959
Die SPD fordert im Godesberger Programm: »Die Gleichberechtigung der Frau muß rechtlich, sozial und wirtschaftlich verwirklicht werden.« Dennoch galt noch das Leitbild der »Familien-Frau«, die als Mutter »nicht genötigt sein« durfte, »aus wirtschaftlichen Gründen einem Erwerb nachzugehen«.

1973
Gründung der Arbeitsgemeinschaft Sozialdemokratischer Frauen (ASF). Sie will die Interessen der Frauen in der SPD stärker zur Geltung bringen. Ziele sind unter anderem: Ein zwischen Vater und Mutter aufteilbarer Elternurlaub von mindestens 18 Monaten, bei vollem Lohnausgleich und Arbeitsplatzgarantie, Anrechnung der Erziehungszeiten in der gesetzlichen Rentenversicherung, eigenständiger Rentenanspruch einer jeden Frau, finanzielle und politische Unterstützung der Frauenhäuser.

1988
Im August 1988 wird auf dem Münsteraner Parteitag der »Quotenbeschluß« zur innerparteilichen Gleichstellung gefaßt. Danach müssen bis 1998 40 Prozent aller Ämter und Mandate mit Frauen besetzt werden. Inzwischen ist ein Anteil von über 40 Prozent der stimmberechtigten Delegierten auf Parteitagen normal. Bei Ortsvereins-, Unterbezirks- und Bezirksvorständen wird die Quote auch meist eingehalten. In der SPD-Bundestagsfraktion beträgt der Frauenanteil 27,2 Prozent. Im Europa-Parlament sind weibliche SPD-Abgeordnete mit 36,2 Prozent vertreten.

Anke Fuchs war die erste SPD-Bundesgeschäftsführerin, Inge Wettig-Danielmeier ist die erste Schatzmeisterin, Herta Däubler-Gmelin wurde erste stellvertretende Parteivorsitzende und Heide Simonis erste Ministerpräsidentin.

Marieluise Beck (Bündnis 90/Die Grünen),
Abgeordnete der Bremer Bürgerschaft

»Ich fürchte, daß auch unsere Generation sich später wird fragen lassen müssen, wo wir gewesen sind, als dem Vielvölkerstaat Bosnien die Lebensadern durchgeschnitten wurden«,

schrieb Marieluise Beck (früher Beck-Oberdorf) im Dezember 1993 in einem Zeitungskommentar. Die bündnisgrüne Abgeordnete der Bremer Bürgerschaft hat sich in ganz besonderem Maße für die Opfer im ehemaligen Jugoslawien eingesetzt. Als eine der wenigen PolitikerInnen wurde sie nicht müde, auf die Parallelen aufmerksam zu machen, die zwischen dem Schicksal der Menschen im Bürgerkriegsgebiet und der Opfer des Holocaust bestehen. Auschwitz werde es zwar so nicht mehr geben, aber dennoch würden vor den Augen Europas und der Welt neben anderen vor allem Bosnier in einem Kesseltreiben zwischen Serben und Kroaten in Lagern, in ihren Häusern oder auf der Straße grausam ermordet und vergewaltigt. »Wo bleiben die lautstarken Demonstrationen wie beim Golfkrieg?« fragte sie und klagte unter anderem die Linke an, die auf den Balkankrieg kaum Antworten entwickelt habe. Nach einer Reise nach Bosnien mit einer Delegation von bündnisgrünen Politikern berichtete sie von persönlich erschütternden Erfahrungen. Als sie der Leiterin eines Kinderheimes in Zenica versprach, bald wiederzukommen, lächelte die Frau nur freundlich und sagte: »Wir sind nicht mehr da in einem halben Jahr.« Außerdem mußte die Delegation erfahren, daß in einem Dorf in der Nähe der Stadt Vitez bei einem Massaker über hundert Moslems niedergemetzelt worden waren, nachdem sie sich geweigert hatten, sich kroatischen Verbänden zu unterstellen. Der Imam und seine Frau wurden an die Tür der Moschee genagelt und verbrannt. Nicht zuletzt wegen solcher persönlicher Eindrücke forderte die frühere Pazifistin als letztes Mittel militärisches Eingreifen von UNO-Truppen. Die schweren Waffen der serbischen und kroatischen Kampfverbände hätten vernichtet werden müssen, kritisierte sie und forderte Panzergeleitschutz für Hilfstransporte. Die Politikerin stand damit im Widerspruch zum Parteitagsbeschluß von Bündnis 90/Grüne, die im Oktober 1993 jegliches militärische Eingreifen in Krisengebieten mehrheitlich abgelehnt haben. Sie setzt sich für die bessere Verteilung von humanitären Hilfsgütern ein und fordert den Aufbau eines bundesweiten Netzwerkes, das alle Hilfsorganisationen und Initiativen berät. Von Bremen aus organisierte sie vergangenes Jahr selbst solche Transporte und gründete die Hilforganisation »Brücke nach Bosnien«.

Marieluise Beck, geboren 1952 im niedersächsischen Bramsche, Tochter eines Landwirtschaftsrates und einer Lehrerin, ist eine Grüne der ersten Stunde. Bereits während ihrer Studienzeit (Abschluß Realschullehrerin für Deutsch, Geschichte und Gemeinschaftskunde) engagierte sie sich politisch im sozialdemokratischen Hochschulbund. Im März 1980 wurde sie Mitglied der Grünen und im gleichen Jahr Vorsitzende der baden-württembergischen Landesorganisation. Diesen Posten gab Marieluise Beck im Juni 1982 jedoch wieder ab, nachdem ihr die Parteibasis aus Sorge vor einer »Professionalisierung« der Vorstandsmitglieder eine Aufwandsentschädigung verweigert hatte (wegen ihrer politischen Arbeit konnte sie nur einen halben Lehrauftrag wahrnehmen). Dennoch war sie bei den Bundestagswahlen im März 1983 Spitzenkandidatin der Grünen, die mit 5,6 Prozent der Stimmen zum ersten Mal ins Parlament einzogen. Mit Petra Kelly und Otto Schily wurde Marieluise Beck Fraktionssprecherin und mußte sich schon bald mit der »Streitkultur« der damaligen Grünen, die kurz nach ihrem Einzug ins Parlament begann, herumschlagen. Im »grünen Haifischbecken«, wie Parteimitglieder ihre Fraktion damals selbst beschrieben – aufgerieben in Machtkämpfen und Ämterneid – kam sich die damals erst 31jährige Politikerin oft sehr verlassen vor. Auch unter den drei Fraktionssprechern, zwischen denen der damalige Pressesprecher Heinz Suhr oft vermitteln mußte, hatte Marieluise Beck manchmal einen schweren Stand. Wegen des Rotationsprinzips der Partei, das später aufgehoben wurde, mußte sie 1985 aus dem Bundestag ausscheiden. Den Posten als Fraktionssprecherin hatte sie nur ein Jahr lang inne. Versuche von Kelly, Schily und Beck, im Amt zu bleiben, waren gescheitert. Aus solchem Umgang mit »Promis« zog Otto Schily später seine Konsequenzen. Er wechselte 1990 zur SPD über.

Nach den Bundestagswahlen 1987 kehrte Marieluise Beck über Platz eins der Landesliste Bremen ins Parlament zurück. Sie wurde Mitglied im Sozialausschuß und engagierte sich unter anderem für eine Verbesserung der Altersversorgung von Frauen. Das Rentensystem sei an der »männlichen Erwerbsbiographie« orientiert, kritisierte die Mutter von zwei Töchtern. Kindererziehung und die Pflege alter und kranker Menschen seien deshalb »weibliche Lebensrisiken«, betonte sie im Oktober 1989. Dementsprechend boykottierte sie mit ihren grünen Fraktionskollegen die Rentenreform von Arbeitsminister Norbert Blüm (CDU), da mit ihr die Probleme der Altersarmut nicht gelöst würden. Unermüdlich war Marieluise Beck in der Kinderkommission des Bundestages tätig. Sie organisierte zum Beispiel Lebensmittelhilfe und Spielzeugsammlungen für polnische Kinder, initiierte Kampagnen für Tempo 30 in Wohngebieten und trat gegen Kinderpornographie und Prügelstrafen ein. Im Juni 1988 forderte sie den Sechs-Stunden-Tag für alle Väter von Kindern unter zwölf Jahren bei vollem Lohnausgleich.

Nach dem Scheitern der Grünen an der Fünf-Prozent-Hürde bei der Bundestagswahl 1990 blieb Marieluise Beck als Landesvorstandssprecherin in Bremen eine der führenden Vertreterinnen ihrer Partei. Dieses Amt gab sie ab, als sie 1991 Mitglied der Bremischen Bürgerschaft in der Ampelkoalition mit Klaus Wedemeier (SPD) wurde. Ihre Schwerpunkte blieben Arbeitsmarkt und Sozialpolitik. In die neu entfachte Arbeitszeitdebatte will sie die Anliegen von Frauen einbringen, die ein »elementares Interesse an einem neuen Umverteilungsmodus zwischen Erwerbs- und Familienarbeit« hätten. Außerdem will Marieluise Beck als Politikerin weiterhin alle Möglichkeiten nutzen, um dem »geschundenen Volk der Bosnier« zu helfen: »Damit die Tragödie auf dem Balkan nicht dem Vergessen anheimfällt.«

ast

Asylkompromiß: »Damit hat sich Deutschland von der Verpflichtung des Grundgesetzes verabschiedet, das in Anbetracht der großen historischen Schuld politisch Verfolgten Zuflucht gewähren wollte.«

§ 218-Entscheidung: »Ich empfinde es als fortwährende Demütigung, daß immer noch Männer über den Körper der Frau bestimmen dürfen.«

Treuhandpolitik: »Offensichtlich hat sich die Treuhand zu einem großen, wenig transparenten Moloch entwickelt.«

Vereinigungspolitik: »Der gravierende Fehler der Vereinigung bestand darin, die notwendigen großen Transferleistungen vor allem aus den Kassen der Sozialversicherungen zu nehmen. Daß dieser Weg in der Sackgasse landen würde, war vorhersehbar.«

Größter Skandal: »Flick-Affäre des Grafen Lambsdorff.«

Wichtigstes historisches Ereignis: »Erklärung der Menschenrechte.«

Marianne Birthler

(Bündnis 90/Die Grünen),
Bundesvorstandssprecherin

»Ich glaube, die Bürger in der DDR haben gegen ihre eigenen Interessen gewählt.«

Diese »vorlaute« Bemerkung von Marianne Birthler löste bei der Fernseh-»Elefantenrunde« nach der ersten gemeinsamen Bundestagswahl nicht nur ein verärgertes Stirnrunzeln beim Wahlsieger Helmut Kohl aus. Die jetzige Sprecherin des Bundesvorstandes von Bündnis 90/Grüne gab damit ihr Debüt für »den aufrechten Gang«; ein geflügeltes Wort, das ihr vor allem seit ihrem Rücktritt als brandenburgische Bildungsministerin anhaftet. Damals, im Oktober 1992, horchte die Nation auf; erstaunt, daß es in der Politik doch nicht nur Opportunisten und Karrieristen gibt. Nach monatelangem Hin und Her hatte sich die ehemalige DDR-Bürgerrechtlerin durchgerungen, wegen ungeklärter Stasiverwicklungen ihres

Chefs, Manfred Stolpe, das Ministeramt niederzulegen und damit ihre Karriere als Politikerin erst einmal zu beenden (»Ich kann mich nicht weiter verbiegen lassen, sonst muß ich die nächsten Jahre meines Lebens krumm gehen.«). Ihre Konsequenz brachte ihr Anerkennung von links bis rechts ein. Sogar CDU-Generalsekretär Peter Hintze, der außer der evangelischen Konfession wahrscheinlich wenig mit ihr gemeinsam hat, zollte der »konsequenten, kompromißlosen Haltung« der Katechetin Respekt. Dennoch wollte sie nicht als »Clementine der Politik« (»nicht nur sauber, sondern rein«) gefeiert werden. Auch vor diesem Ereignis hatte Marianne Birthler, die privat gerne liest, näht und mit dem Computer experimentiert, über die Grenzen Brandenburgs hinaus mächtig Staub aufgewirbelt. Als ihr der Finanzminister die Mittel für 6.500 Lehrerstellen strich, reagierte sie nicht mit Massenentlassungen, sondern verteilte das verbleibende Geld auf alle Pädagogen. Ergebnis: Den Lehrern wurden 20 Prozent ihres Gehalts gestrichen, sie konnten aber ihren Job behalten; eine Maßnahme, die nur rund 160 der 34.000 Betroffenen ablehnten. Ihre Antwort auf Kritiker, die die Tarifautonomie gefährdet sahen, fiel pragmatisch aus: »Wenn einem das Wasser bis zum Hals steht, muß man bereit sein, Tabus zu brechen.« Auch mit den Kirchen legte sie sich an, als sie für den üblichen Religionsunterricht das Fach »Lebensgestaltung, Ethik und Religion« (LER) als Modellversuch an einigen Schulen Brandenburgs einführte. Kritiker argwöhnten denn auch, daß ihr Rücktritt als Ministerin eher auf Schwierigkeiten mit ihrer umstrittenen Bildungspolitik und der zunehmenden Isolation im Kabinett Stolpe wegen ihrer rigorosen Ablehnung des Asylkompromisses zusammenhänge und Manfred Stolpes Stasikontakte als Grund nur vorgeschoben worden seien.

Doch das kratzte nicht am Image der Pazifistin (»Frauen haben in der Bundeswehr nichts zu suchen – Männer übrigens auch nicht.«). Die Lage im ehemaligen Jugoslawien änderte zwar nichts an der prinzipiell pazifistischen Grundeinstellung Marianne Birthlers. Militärisches Eingreifen im Einzelfall, zum Beispiel in Bosnien, schließt sie jedoch nicht mehr aus. »Der Krieg vor unserer Haustür hat mich herausgefordert, meine Haltung zu überprüfen ... Es geht darum, Mördern die Waffen wegzunehmen«, betonte sie in ihrer Eröffnungsrede beim Sonderparteitag zur Außen- und Sicherheitspolitik von Bündnis 90/Die Grünen im Oktober 1993. Sie stimmte denn auch gegen den Leitantrag des ehemaligen westgrünen und jetzigen bündnisgrünen Vorstandssprechers Ludger Volmer. Er hatte sich gegen jegliche militärische Intervention und für die Abschaffung der Bundeswehr ausgesprochen. Zur Enttäuschung vieler ostdeutscher Bürgerrechtler fand dieser Antrag die Mehrheit.

Daß es zur bündnisgrünen Partei kam, dafür hatte sich Marianne Birthler mächtig ins Zeug gelegt. Neben Werner Schulz von der Bundestagsgruppe und Ludger Volmer trieb sie den Zusammenschluß der ehemaligen DDR-Bürgerbewegungen mit den Westgrünen maßgeblich voran, der im Mai 1993 zustande kam. Bei diesem »Vereinigungsparteitag« in Leipzig wurde sie mit Ludger Volmer an die Spitze der neuen Partei gewählt. Nun will sie hart dafür arbeiten, daß die Bündnisgrünen in den Bundestag kommen; entweder als Teil einer Koalitionsregierung oder als »starke Opposition«. Über mögliche Partner äußert sie sich zurückhaltend, liebäugelt jedoch mit der SPD. Aber: »Wir würden uns auf keinen Fall unter Wert in eine solche Koalition begeben.« Als Politikerin will Marianne Birthler dem Ausländerhaß mit Aufklärung und besseren sozialen Rahmenbedingungen zu Leibe rücken. Sie will gegen die Wirtschaftsmisere kämpfen und sich für eine ökologisch-soziale Steuerreform einsetzen. Auch für ein Einwanderungsgesetz macht sie sich stark.

Die gelernte Außenhandelswirtschaftlerin, geboren 1948 in Berlin-Friedrichshain, war politisch nicht immer so engagiert. Die Bündnisgrüne, die am liebsten Oliven, Steak und Trüffelschokolade ißt, lebte zehn Jahre lang als Hausfrau in der Provinz (Kreis Angermünde) im heutigen Brandenburg und kümmerte sich um Mann und drei Töchter. Nach ihrer Scheidung, Anfang der 80er Jahre, zog die für ihre »Schlabberröcke« und Gesundheitsschuhe bekannte Politikerin nach Ostberlin zurück und arbeitete dort als Katechetin, Gemeindehelferin und Jugendreferentin. Ab Mitte der 80er Jahre wurde sie zur wichtigen Figur in der DDR-Opposition. Sie war Mitbegründerin des Arbeitskreises »Solidarische Kirche«, und arbeitete ab 1988 mit der Bürgerrechtsgruppe »Initiative, Frieden und Menschenrechte« zusammen. 1989 initiierte sie das »Berliner Kontakttelefon«, ein Informations- und Vernetzungsinstrument der DDR-Opposition. Nach der Wende saß Marianne Birthler in der Arbeitsgruppe »Bildung, Erziehung und Jugend« am Runden Tisch und in der Volkskammer. Auch im Bundestag gab sie ein kurzes Gastspiel – vom 3. Oktober bis zum 2. Dezember 1990 als Fraktionssprecherin der Grünen/Bündnis 90. Danach war sie knapp zwei Jahre lang brandenburgische Bildungsministerin. Aufgewachsen ist Marianne Birthler in Ostberlin, wo ihre Mutter in der Nähe vom Alexanderplatz einen Schnapsladen betrieb.

Marianne half gerne dort aus. Am liebsten verkaufte sie den Kräuterlikör namens »Wurzelpeter« (»wegen des Etiketts mit den Zwergen«). Mit 15 trat sie aus der Freien Deutschen Jugend (FDJ) aus – zu dieser Zeit ein gewagtes Unternehmen – konnte aber trotzdem das Gymnasium weiterbesuchen und Abitur machen (Lieblingsfächer Deutsch und Mathematik). Die Berlinerin ist bekannt dafür, daß sie gerne Geschichten erzählt. Eine ihrer Lieblingsepisoden ist die: Als 1988 die Stimme der DDR-Opposition immer lauter wurde, hängten die Bürgerrechtler Zettel an Bäume, auf die Passanten ihre Wünsche schreiben konnten. Auf einem stand: »Marianne Birthler zum Bildungsminister!« Darüber kann sich die Politikerin heute noch amüsieren, denn: »Das war damals für uns der größte Witz, zu Margots (Margot Honecker, Anm. d. Aut.) besten Zeiten die reinste Ulknummer.«

ast

Schwächen: »Vergeßlichkeit, mangelnde Ausdauer.«

Stärken: »Humor, Freundlichkeit, Flexibilität.«

§ 218-Urteil des Bundesverfassungsgerichts: »Frauen werden entmündigt und benachteiligt.«

Vereinigungspolitik: »Verursacht irreparable Schäden mit massiven wirtschaftlichen und psychologischen Folgen für die Ostdeutschen.«

Größter Skandal: »Illegale Rüstungsexporte.«

Größte Angst: »Daß dieser Job mich zu einem Leben zwingt, das ich nicht will und nicht mag.«

Beeindruckendste historische Persönlichkeit: »Bertha von Suttner.«

Iris Blaul (Bündnis 90/Die Grünen),
Ministerin für Jugend, Familie
und Gesundheit in Hessen

»Manchmal fühle ich mich absolut ungerecht behandelt.«

Iris Blaul, grüne Gesundheitsministerin von Hessen, hat es schwer: Wenn irgend etwas schiefläuft, dann ist die Lösung einfach: Blaul ist schuld – so brachte es eine Mitarbeiterin der Ministerin einmal auf den Punkt. Seit ihrem Amtsantritt, im April 1991, rakkert sie sich glücklos und von vielen Seiten gescholten ab. Für die SPD war sie von Anfang an ein unvermeidliches Zugeständnis an die rot-grüne Koalition, nachdem das frühere Sozialministerium in ein Ministerium für Frauen, Arbeit und Sozialordnung und in ein anderes für Jugend, Familie und Gesundheit zweigeteilt wurde. Iris Blaul hätte gerne ersteres übernommen. Das wollten sich die Sozialdemokraten aber nicht streitig machen lassen und übergaben es der mittlerweile zurückgetretenen SPD-Politikerin Heide Pfarr. Mit ihrem »Gewächshaus«, wie ihr Ministerium ironisch genannt wurde, hatte sich Iris Blaul nicht weniger als 79 Aufgabenbereiche aufgehalst – unter anderem die Asylprobleme in Hessen. Und das war der Punkt, bei dem sie ziemlich bald nach ihrem Amtsantritt ins Schleudern geriet.

Kritik wurde besonders wegen der Hessischen Gemeinschaftsunterkunft für Flüchtlinge (HGU) in Schwalbach laut. Bereits Ende 1991 zeichneten sich dort Unterbringungsprobleme größeren Ausmaßes ab. In der Folgezeit wurde der Ansturm so groß, daß Asylbewerber und Kriegsflüchtlinge schließlich teilweise in Zelten kampieren mußten. Der Ministerin wurde von allen Seiten vorgeworfen, die Krise nicht im Griff und das Unterbringungsproblem monatelang verschleppt zu haben. Die CDU beschwerte sich, Frau Blaul gleiche einem »Geisterfahrer«, der nur denke, er steuere in die richtige Richtung. Ein Landrat forderte den Rücktritt der Ministerin wegen »Hilflosigkeit«, und Flüchtlingshilfeorganisationen erstatteten Anzeige gegen sie. Aber auch in den eigenen politischen Reihen gab es Geraune, war doch Iris Blaul von manchen Grünen bereits bei ihrem Amtsantritt nur achselzuckend als »Quotenfrau« akzeptiert worden. Dann legte sich die Gesundheitsministerin auch mit einigen Kommunen an. Sie beschwerten sich, daß das Ministerium über ihre Köpfe hinweg Kasernen für die Unterbringung von Asylbewerbern beschlagnahme. Zu ihrer Verteidigung verwies Iris Blaul auf rund 300.000 Asylanträge, die bei der Zentralen Aufnahmestelle des Bundes in Zirndorf auf Halde lägen. Außerdem, so die Gesundheitsministerin, habe ihre (damalige) Staatssekretärin Brigitte Sellach die Erstaufnahmekapazitäten in Hessen von 4.000 auf 8.000 Plätze verdoppelt.

Der rote Koalitionspartner ließ die verwaltungsunerfahrene Iris Blaul allerdings auch im Regen stehen. Die SPD, so schien es, war, vor allem in Anbetracht der Kommunalwahlen im März 1993, froh, daß sich die Grünen mit dem schwierigen Asylthema herumplagen mußten. Die SPD-Minister Herbert Günther (Inneres) und Annette Fugmann-Heesing (Finanzen), die mittlerweile zurückgetreten ist, halfen ihrer Kollegin nicht. Günther, dem die Aufsicht über die Kommunen obliegt, griff nicht im notwendigen Maß durch, als Landkreise ihrer Aufnahmepflicht nicht nachkamen. Dadurch sammelten sich immer mehr Menschen an, mit deren Unterbringungsproblemen sich dann das Land herumschlagen mußte, obwohl es nur für die Erstaufnahme verantwortlich ist. Fugmann-Heesing stellte dringend benötigte Geldmittel nicht zur Verfügung. Auf dem Höhepunkt des Asylnotstands, Ende 1992, fand ein Revirement im Gesundheitsministerium statt, das der grüne Starpolitiker und Umweltminister Joschka Fischer in Absprache mit der SPD eingefädelt hatte und das vor allem bei der grünen Basis für Unruhe sorgte. Staatssekretärin Brigitte Sellach mußte gehen und mit ihr die Sprecherin von Iris Blaul, Barbara Bussfeld. Für viele waren das »Bäuerinnenopfer«, die für die Unfähigkeit der Ministerin ihren Kopf hatten hinhalten müssen. SPD und Grüne seien vor der Kommunalwahl eingeknickt, hieß es.

Mit dem neuen Staatssekretär Alexander Müller sollte nun angepackt werden. Ministerin Blaul beschloß neue Planstellen im Asylbereich zu schaffen. Die Auszahlung von Taschengeld und die Erfassung der Neuankömmlinge sollte »ambulant« erfolgen, das heißt, Erfasser und Auszahler sollten zu den Menschen kommen und nicht umgekehrt. Allerdings fragte sich die FDP noch im August 1993, warum 500 Asylbewerber in 12 Bussen von einer Kaserne in Gelnhausen ins 60 Kilometer weite Schwalbach und zurück chauffiert worden waren, um dort ihr Taschengeld von 81 Mark in Empfang zu nehmen, und warum der Auszahler nicht einfach nach Gelnhausen gefahren war. Die Engpässe bei der Unterbringung hat Iris Blaul jetzt nicht zuletzt wegen der geringeren Asylbewerberzahlen weitgehend im Griff. Mitte 1992 gab es in Hessen 10.000 Plätze, von denen rund 7.000 belegt waren. Zum Asylkompromiß hat sich die Ministerin – trotz immenser Proteste ihrer bündnisgrünen Parteikollegen allerorten – wohl aus Rücksicht auf den Asylwende-Partner SPD übrigens kaum öffentlich geäußert.

Die gelernte Heil- und Sonderpädagogin und alleinerziehende Mutter eines Sohnes setzte sich in ihrem Amt auch für drogensüchtige Menschen ein. So forderte sie im Juli 1993 die Zulassung von Methadon als Heroinersatz und sprach sich für Modellversuche aus, bei denen Ärzte kontrolliert Heroin an Süchtige abgeben dürfen. Repressionspolitik helfe im Drogenbereich nicht, betonte Iris Blaul und trat für die Legalisierung von Haschisch und Marihuana ein. In den letzten beiden Jahren sorgte sie dafür, daß rund 20.000 hessische Kindergartenplätze neu in die Förderung des Landes aufgenommen wurden. Die Politikerin, geboren 1955 in Worms, zuständig auch für Tierschutz, legte als erste Länderministerin Einspruch beim europäischen Patentamt gegen die »Krebsmaus« (eine Maus mit zu Forschungszwecken eingepflanzten Krebsgenen) ein. Sie sprach sich außerdem für eine Kennzeichnungspflicht von »Novel Food« (genmanipulierte Lebensmittel) aus. Mit den Tierschützern hatte sie Ärger, als sich der hessische Tierschutzbeauftragte Ilja Weiss um seine Kompetenzen betrogen fühlte und der Landestierschutzverband gegen ihren Tierschutzbeirat protestierte, in dem er als mitgliederstärkster Verein nicht vertreten war und in dem vorwiegend nur gegen Tierversuche gekämpft werden sollte. Iris Blaul, die gerne radfährt, schwimmt und reist, ist eine Parlaments-Grüne der ersten Stunde; von 1982 bis 1985 als Fraktionsvorsitzende im hessischen Landtag, von 1987 bis 1989 als Fraktionsgeschäftsführerin. 1988 deckte sie mit ihrem Taschenrechner zu Hause am Küchentisch den »hessischen Diätenskandal« auf. Sie errechnete, daß sich hessische Abgeordnete mit 12 Millionen Mark über vier Jahre ihre Einkünfte unmerklich erhöht hatten. Ergebnis: Der Landtagspräsident mußte zurücktreten und die Abgeordneten auf die Wohltaten der Diätenerhöhung verzichten. Die anfängliche Nestbeschmutzerin Blaul wurde zur Heldin – allerdings nur für kurze Zeit.

ast

Sabine Csampai

(Bündnis 90/Die Grünen),
dritte Bürgermeisterin von München

»Frauenpower statt Männergeschwätz«,

versprach Sabine Csampai, bevor sie Münchens dritte Bürgermeisterin wurde. Sie kam damit als erste Frau in der bayerischen Landeshauptstadt an die Rathausspitze. Im Mai 1990 trat sie ihr Amt an, um offensive, feministische Politik zu machen und gegen die Diskriminierung von Randgruppen zu kämpfen; mit Erfolg, wie sie findet, denn Frauen, Lesben, Schwule oder Obdachlose hätten nach ihrer fast vierjährigen Amtszeit feste Foren in der Stadtpolitik. Dabei fühlen sich aber auch manchmal Männer so benachteiligt, daß sie Dienstaufsichtsbeschwerde einlegen. So geschehen im Mai 1991 durch die CSU-Stadtratsfraktion, die sich nicht gefallen lassen wollte, daß Bürgermeisterin Csampai eine Pressekonferenz zum Thema »Selbstverteidigungskurse für Mädchen an Münchner Schulen« unter Ausschluß von Männern stattfinden ließ. Zwei männliche Reporter wurden vor die Tür gesetzt, als sie den Versuch wagten, an der Pressekonferenz teilzunehmen. Es sei skandalös, schimpfte die CSU daraufhin, daß »männerfeindliche, intolerante, lesbische Vorturnerinnen« auf Kosten der Steuerzahler im Rathaus der Öffentlichkeit präsentiert würden. Auch der damalige Oberbürgermeister, Georg Kronawitter, rügte das Verhalten seiner Stellvertreterin: »Bei städtischen Pressekonferenzen haben selbstverständlich alle Journalistinnen und Journalisten ohne jede Einschränkung Zugang.« Sabine Csampai verstand die ganze Aufregung nicht. Sie habe nur den Willen von Frauen aus einer Selbstverteidigungsgruppe respektiert, die wegen des Berichts von sexuell mißbrauchten Betroffenen keine Männer dabeihaben wollten.

Auch im Juni 1992 benahm sich die grüne Bürgermeisterin nach Meinung der Christsozialen gründlich daneben. Sie protestierte gegen den Weltwirtschaftsgipfel in München, der nur dazu gedient habe, »das Elend der Dritten Welt festzuschreiben«, und wurde vom damaligen Innenminister Edmund Stoiber einem linksradikalen Umfeld zugeordnet, weil auch »gewaltbereite und linksextremistische Gruppierungen« Stimmung gegen die Veranstaltung gemacht hatten (Stoiber: »Ich habe kein Verständnis dafür, daß Leute wie die Bürgermeisterin Csampai sich in Organisationen einreihen, die zu radikalen Aktionen und Gewalttaten aufrufen.«). Sabine Csampai fühlte sich dadurch indirekt als Verfassungsbrecherin diskriminiert und protestierte entschieden gegen den gigantischen Polizeieinsatz, bei dem die Ordnungshüter mit Einkesselung und Stockschlägen gegen Sprechchöre und Trillergepfeife der Demonstranten vorgegangen waren.

Die Politikerin, die vor ihrer Bürgermeisterinnenzeit sechs Jahre lang – auch als Fraktionschefin – Rathauserfahrung in der grünen Fraktion sammelte, sprach zur Neufassung des § 218 klare Worte. Das Urteil des Bundesverfassungsgerichts vom Mai 1993 sei ein »deutliches Zeichen, daß es den politischen und juristischen Entscheidungsträgern nicht um einen humanen Umgang mit Frauen« gehe. Fatal sei, so Sabine Csampai, die seit Jahren für ein Abtreibungsambulatorium in München eintritt, daß die Krankenkassen im allgemeinen nicht mehr zur Finanzierung des Abbruchs verpflichtet sind. Damit beginne ein diskriminierender Hürdenlauf durch die Bürokratie. Sie plädiert dafür, daß die Abtreibung aus dem Strafrecht herausgenommen wird, und ist für die Zulassung der Abtreibungspille RU 486.

Sabine Csampai, die für eine Politik des Verzichts eintritt (»nach dem Aufbau Ost muß den GUS-Staaten und der Dritten Welt geholfen werden«), kämpft außerdem für eine autofreie Innenstadt beziehungsweise radikale Fahrverbote, vor allem bei gefährlichen Wetterlagen. Energiepolitisch will sie unter anderem die CO_2-Emissionen drastisch reduzieren, Energiesparen fördern, zum Beispiel durch Benzinverteuerung (Liter für fünf Mark), alternative Energien vorantreiben und aus der Atomenergie aussteigen. Außerdem müsse der öffentliche Nahverkehr ausgebaut werden. Daß der noch nicht so optimal funktioniert, hat Sabine Csampai selbst getestet. Nicht nur, daß sie mit Rad oder U-Bahn zur Arbeit kommt. Sie lehnte auch den Dienstwagen mit Chauffeur, der ihr zustünde, ab und fährt mit öffentlichen Verkehrsmitteln von Termin zu Termin.

Sabine Csampai, geboren 1952 in München, die mit der Legalisierung von Cannabis gegen das organisierte Verbrechen vorgehen will, hat nicht nur mit ihren politischen Gegnern Krach. Sie provozierte auch einen Aufstand der grünen Basis, als sie im April 1991 ihren Parteibeitrag von 1.700 DM im Monat auf 100 Mark kürzte. Zur Begründung gab sie an, daß sie für sich und ihre Kinder vorsorgen müsse, falls sie 1996 nicht wiedergewählt werden würde. Die frühere Bühnen- und Kostümbildnerin, die gerne Mozartopern und Verdi hört, will nach den Haushaltskürzungen im Kulturbereich dafür sorgen, »daß alle überwintern können«, bis wieder mehr Gelder fließen. Das Kulturressort übernahm sie vom früheren zweiten Bürgermeister und jetzigen Oberbürgermeister Christian Uhde.

Wegen eines anderen Bürgermeisters, ihres Vorgängers Klaus Hahnzog, war Sabine Csampai des öfteren Liebling der Münchner Boulevardpresse. »SPD-Bürgermeister wird von seiner Geliebten abgelöst«, hieß es, als Hahnzog in die Schwabinger Wohnung seiner Nachfolgerin einzog. Nachdem sich ihre Wege wieder getrennt hatten, sorgte die zweimal geschiedene Grüne, die am liebsten Spaghetti ißt und leidenschaftlich gern Gartenarbeit macht, für einen neuen »Skandal«. Sie bekam ihre dritte Tochter Hannah mit einem verheirateten Mann. Über das Getuschel im Rathaus ärgerte sich Sabine Csampai: »Ein vitaler Mann legt ab und zu eine flach. Da grölt der ganze Stammtisch vor Freude. Bei einer Frau ist das was ganz anderes.«

ast

Schwächen: »Ungeduld, Sturheit.«

Stärken: »Humor, schnelle Entscheidungen.«

Lieblingsland/-stadt: »Italien, Rom.«

Größte Angst: »Krankheit oder Unfall meiner Kinder.«

Größte Ungerechtigkeit: »Aussichtslose Situation der Menschen in der dritten Welt.«

Prägendstes Erlebnis: »Geburt meiner Kinder.«

Was müßte sich an Ihrer Partei ändern? »Die Partei muß attraktiv werden für Intellektuelle und Künstler, deshalb mehr Öffnung in die Richtung, weniger Spießertum intern.«

Asylkompromiß: »... ist in Wirklichkeit die Abschaffung des Asylrechts. Dem Mob wurde nachgegeben von Skinheads mit Krawatte.«

Heide Rühle,

politische Geschäftsführerin von Bündnis 90/Die Grünen

»Ich bin eher ein Managertyp.«

Heide Rühle, die Grüne aus Baden-Württemberg, hatte ihr Organisations- und Vermittlungsgeschick in der Vergangenheit bitter nötig. Die ehemalige Vorstandssprecherin der früheren Westgrünen und jetzige politische Geschäftsführerin von Bündnis 90/Die Grünen mußte ihre Energien oft in nervenaufreibenden Flügelkämpfen einsetzen. Der legendäre »Wasserpistolen-Parteitag« von Neumünster im April 1991, bei dem sich die Fundi-Frau Jutta Dithfurth samt Anhängern wild um sich spritzend endgültig von ihren Erzfeinden, den Realos, verabschiedete, war einer der Höhepunkte grüner »Streitkultur«.

Nach der Bundestags-Wahlschlappe von 1990 (die Grünen waren ganz knapp an der Fünf-Prozent-Hürde gescheitert) gingen die Grabenkämpfe, bei denen Heide Rühle oft Mittlerin war, weiter. Vor allem bei der Vereinigung Deutschlands und der Integration der ehemaligen DDR-Bürgerrechtler, die sich im September 1991 zur bundesweit wählbaren Partei »Bündnis 90« formiert hatten, waren die Berührungsängste in Ost und West zunächst groß. Auch Heide Rühle, seit Juni 1991 politische Geschäftsführerin, saß zeitweise zwischen allen Stühlen. Auf Anfrage von Medien, warum die Westgrünen die Ostgrünen bevorzugten (die schon 1990 eins mit ihren Kollegen aus dem Westen wurden – von vielen als »Anschluß« nach Artikel 23 kritisiert) und die DDR-Bürgerrechtler links liegen ließen, rechtfertigte sie sich in einem Zeitungsinterview: »Wir können die Ostgrünen nicht über die Klinge springen lassen ... Wir haben den schwarzen Peter zugeschoben bekommen, uns zu entscheiden zwischen dem ökologischen Teil der Bewegung, wie er von den Grünen repräsentiert wird, und dem Teil, der stärker für die BürgerInnenrechte steht. Dieses Dilemma wurde uns aufgedrängt.«

In dieser Zeit mußte die diplomierte Psychologin, die Frauenpolitik und Ökologie am besten bei den Grünen vertreten sieht, ziemlich herumlavieren, um die

Standpunkte zu bündeln. Die gebürtige Heilbronnerin mit dem unverkennbaren schwäbischen Akzent (»da braucht man lange, bis man ernst genommen wird«) hatte aber auch selbst ihre Probleme mit der deutsch-deutschen Grünen-Vereinigung. »Zwischen Ost und West klafft eine Lücke – innerhalb der grünen Partei wie außerhalb ... Ich merke das auch, daß das Auftreten der Ostdeutschen viel zu wenig selbstbewußt ist. Sie jammern mir zuviel und sie stellen mir zuwenig selbstbewußte Forderungen«, sagte sie nach dem Kölner Parteitag im Juni 1991, den viele Ostdeutsche nach der Erfahrung in Neumünster gemieden hatten.

Andererseits ist für Heide Rühle der Zusammenschluß der Westgrünen mit der ostdeutschen Bürgerbewegung nach über einjährigen Verhandlungen jetzt der größte politische Erfolg. Beim Vereinigungs-Parteitag in Leipzig im Mai 1993 wurde sie als Geschäftsführerin bestätigt. Die Politikerin, die findet, daß ihre Partei unter anderem neue Ansätze in der Migrationspolitik bieten muß (»weg von Floskeln wie offene Grenzen«) und wieder mehr Mut zum »provokant Frechen, Bunten« zeigen sollte, hatte sich denn auch über grüne Bundestagsabgeordnete mokiert, die 1990 zwar den Einigungsvertrag ablehnten, aber trotzdem zu den Vereinigungsfeiern nach Berlin gefahren waren (»das ist Parlamentarismus im schlechten Stile«).

Politisches Taktieren gehört zum Geschäft der 45jährigen Heide Rühle. So zählt sie auch zu den koalitionsfreudigeren Mitgliedern ihrer Partei. Zum Entsetzen vieler Mitstreiter hatte sie sogar einmal eine schwarz-grüne Landesregierung nicht grundsätzlich ausgeschlossen. Nach der Wahlniederlage der baden-württembergischen CDU, die im April 1992 die absolute Mehrheit verlor, verteidigte sie ihre Parteigenossen vom Ländle: »Die baden-württembergischen Grünen verhandeln ja noch nicht. Sie führen Gespräche mit der CDU, um auszuloten, ob die CDU bereit ist, für eine wirkliche inhaltliche und personelle Veränderung, um hier neue Grundlagen zu schaffen.« Wegen zu großer Interessenskollisionen scheiterten die Gespräche jedoch schon in der Anfangsphase. In anderen Fällen gab es für Heide Rühle kein Entgegenkommen. Zum Beispiel erhob sie schwere Vorwürfe gegen den ehemaligen Regierenden Bürgermeister von Berlin Walter Momper (SPD) der den »gewaltigen Polizeieinsatz« gegen Berliner Hausbesetzer kurz nach der Wende an der damals mitregierenden Alternativen Liste (AL) vorbeigeplant habe und damit die rot-grüne Koalition habe platzen lassen.

Die »Managerin« Rühle war meistens pragmatisch, wenn es darum ging, die Grünen politikfähiger zu machen. So setzte sie sich im Mai 1989 für die

Bezahlung der Parteiarbeit im baden-württembergischen Landesvorstand mit der Begründung ein: »Die Strukturen der Grünen nähern sich den Strukturen der anderen Parteien an ... Auch die Grünen werden älter. Wir haben immer mehr 30 bis 40jährige Mitglieder mit Familie. Für sie ist eine so umfangreiche Arbeit ohne jegliche Vergütung nicht mehr zumutbar.«

ast

Schwächen: »Hektik, mangelnde Zeitsouveränität.«

Stärken: »Organisieren, vermitteln, integrieren.«

Größte Angst: »Neuer Faschismus.«

Größte Ungerechtigkeit: »Ausbeutung der dritten Welt.«

Prägendstes Erlebnis: »Studentenrevolte 1967/68, Aufbau der Grünen in den 80er Jahren.«

§ 218-Urteil: »Lehne ich ab. Zwangsmoral überzeugt keine Frau.«

Warum sind Sie Politikerin geworden? »Wegen der Gerechtigkeits- und Demokratiedefizite, um festgefahrene Frauenbilder aufzubrechen und wegen der Umweltproblematik.«

Energie der Zukunft: »Erneuerbare Energiequellen (Sonne, Wind, Wasser), Blockheizkraftwerke, Energiesparen.«

Lieblingsblume: »Lila Distel.«

Lieblingsmusik: »Die Beatles.«

Krista Sager,
Fraktionsvorsitzende der GAL
in der Hamburgischen Bürgerschaft

»Wir dürfen nicht nur den Mund spitzen, ohne zu pfeifen.«

Im Juni 1993 rief Krista Sager, Fraktionsvorsitzende der Hamburger Grünen Alternativen Liste (GAL), zum Kampf für die Koalition auf. Die damals von ihrer Partei frisch gekürte Spitzenkandidatin für die Neuwahlen der Hamburger Bürgerschaft im September 1993 hatte von Anfang an keinen Hehl daraus gemacht, daß sie in einer Koalition mit der SPD regieren wollte (»Mir geht es nicht darum, nur mit der Macht herumzuspielen.«). Das blendende Ergebnis von 13,5 Prozent für die Grünen am Wahlabend des 19. September 1993 – praktisch eine Verdoppelung seit den letzten Wahlen und bestes Ergebnis der Grünen bei Landes- und Bundeswahlen überhaupt – beflügelte die kämpferische »GALierin« auf ihrem Weg zur Macht. Die abgeschlagene SPD, die 8,4 Prozent verlor und mit 40,4 Prozent die absolute Mehrheit verfehlt hatte, bot der GAL scheinbar genügend Angriffsfläche zum Verhandeln. Aber nur scheinbar, denn so siegessicher wie Krista Sager – von SPD- und CDU-Politikern als pragmatisch und klug geachtet – in die Gespräche mit dem ersten Bürgermeister Henning Voscherau ging, so enttäuscht mußte sie im November 1993 einräumen, daß es nicht geklappt hatte. GAL und SPD hatten bei den Themen »vierte Elbtunnelröhre, Erweiterung des Hafens und Hafenstraße« nicht zueinandergefunden. So war der Traum einer ersten rot-grünen Koalition im hohen Norden geplatzt. Eine vierte Elbtunnelröhre würde nur weiteren Verkehr anziehen, kritisierte die GAL-Verhandlungsführerin das SPD-Vorhaben. Genau so unsinnig war in den Augen der GAL die Idee, den Hafen zu erweitern, ohne die vorhandenen Flächen voll auszunutzen. Voscherau setzte dem entgegen, daß die SPD bereit sei, erhebliche Abstriche von ihrem Programm zu machen, allerdings »keine Abstriche von der Wirklichkeit der Stadt«. Nach dem Scheitern der rot-grünen Gespräche machte Voscherau im Dezember

1993 das Bündnis mit dem CDU-abtrünnigen Vorsitzenden der Statt-Partei, Markus Wegner perfekt. Krista Sager hatte diese Koalition im Vorfeld so kommentiert: »Wenn Voscherau es mit der Statt-Partei probieren will, wünsche ich ihm viel Vergnügen, dann werden wir die Regierungspartei im Wartestand sein.«

Aus den gescheiterten Verhandlungen ging Krista Sager nicht als Verliererin hervor. Im Gegenteil: Die GAL-Frau, die erst bei dieser Hamburg-Wahl bundesweit ins Rampenlicht getreten war, wurde beim Europa-Parteitag von Bündnis 90/Die Grünen im November 1993 in Aachen als grüne Starpolitikerin auf den Schild gehoben. »Ich bin eigentlich der Meinung, wenn ein Mann nicht will, soll man ihn auch nicht zwingen«, beschrieb sie ihre Gespräche mit Voscherau. Die Grünen hätten bewiesen, daß man mit ihnen nicht alles machen könne, »wenn am Ende ein paar Pöstchen locken«. Die SPD beteilige sich außerdem an einem Rechtsruck, so Sager. Man müsse sich fragen, ob die Sozialdemokraten »scharenweise den Weg in das politische Irrenhaus angetreten haben«. Für ihr »Nein« in den Verhandlungen bekam sie riesigen Applaus. Grünen-Vorstandssprecher Ludger Volmer ließ ihre »großartige Rede« sogar auf Video aufnehmen und zum SPD-Parteitag nach Wiesbaden schicken.

Die Politikerin aus Leidenschaft, die ihren Beruf gewählt hat, um für Frieden, Menschenrechte, soziale Gerechtigkeit und gegen Umweltzerstörung einzutreten, ist seit 1982 bei der GAL. Dort machte sie sich einen Namen als führende »Reala« und brachte die ehemalige Hochburg der grünen Sozialisten Trampert und Ebermann auf einen pragmatischen Kurs. 1989 zog die gebürtige Bremerin (Jahrgang 1953) in die Hamburger Bürgerschaft ein und war dort Fraktionsvorsitzende und Vorsitzende des Ausschusses für Hafen, Wirtschaft und Landwirtschaft. Ihren Beruf, Gymnasiallehrerin für Deutsch und Geschichte, übte Krista Sager nie richtig aus. Bereits mit 14 demonstrierte sie gegen Fahrpreiserhöhungen und war in der Schülerbewegung aktiv. So richtig politisiert wurde sie nach eigenen Angaben durch den Vietnamkrieg und die Notstandsgesetze. Auch engagierte sich Krista Sager lange Jahre in der norddeutschen Anti-Atomkraft-Bewegung.

Die Tochter eines Bremer Malermeisters und einer Dänin, der gern das Etikett »nordisch kühl« angehängt wird, schätzt den Pragmatismus ihres Mutterlandes (»Machen ist wichtiger als jahrelanges Herumtheoretisieren.«). Nach eigenen Aussagen wurde sie durch ihr Lieblingsland Dänemark, wo sie einen Teil ihrer Kindheit bei den Großeltern verbrachte, besonders geprägt. Daß sie mit einem Zwillingsbruder aufwuchs, habe ihren Gerechtigkeitssinn und ihre Kooperationsbereitschaft gestärkt.

Die Grünen wählte Krista Sager, weil sie »wesentlich« dazu beitrügen, »daß die Bedeutung ökologischer Themen stärker anerkannt wird«. Für ihren größten politischen Mißerfolg hält sie die Spaltung der GAL und der Frauenfraktion in der Hamburgischen Bürgerschaft 1990, an der sie sich auch beteiligt hatte und die mit dazu führte, daß die Grünen 1990 aus dem Bundestag flogen. Wenn es nach Krista Sager ginge, müßte sich ihre Partei weniger an »internen Opportunismen orientieren«, sondern mehr an den anstehenden gesellschaftlichen Aufgaben. Krista Sager ist geschieden und hat keine Kinder. Ihr Lebensgefährte Helmut Deecke ist Sozialwissenschaftler. Mit ihm kann sie das tun, was sie besonders gerne macht: »Kochen für und Schwatzen mit meinem Liebsten.«

ast

Schwächen: »Neigung zum Perfektionismus und zur Ungeduld.«

Stärken: »Entscheidungsfreudig, kann Sachen gut auf den Punkt bringen, behält die Übersicht, Beharrlichkeit.«

Hobbys: »Yoga.«

Lieblingsstadt: »Hamburg.«

Lieblingsfarbe: »Blau.«

Lieblingsblume: »Löwenzahn.«

Lieblingsspeise/-getränk: »Frischer Fisch in Dänemark, herbe Biere, trockene Weißweine.«

Lieblingsmusik: »Mozart, Bruce Springsteen.«

Christina Schenk

(Unabhängiger Frauenverband),
(Bündnis 90/Die Grünen),
Bundestagsabgeordnete

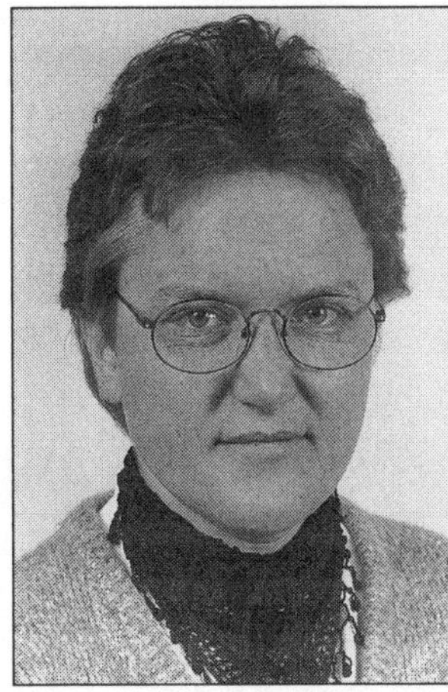

»Das Patriarchat wird entweder die Welt zugrunde richten oder fallen«,

prophezeite Christina Schenk während einer Bundestagsdebatte zum Thema Frauenförderung. Mit der stellvertretenden parlamentarischen Geschäftsführerin sowie Frauen- und Sozialpolitikerin der Bundestagsgruppe Bündnis 90/Die Grünen hat die abgewirtschaftete deutsche Frauenbewegung Verstärkung aus den neuen Ländern bekommen. Die Physikerin aus Ilmenau/Thüringen würde denn auch viel lieber für die Anliegen des in der Wendezeit gegründeten Unabhängigen Frauenverbands (UFV) im Parlament streiten als für Bündnis 90/Die Grünen. Sie liefe wahrscheinlich nie Gefahr, sich einem Fraktionszwang zu beugen; dafür distanziert sie sich zu häufig von der Bundestagsgruppe, deren Abgeordnete sie ist, ohne Parteimitglied zu sein. Im »Neuen Deutschland« (11. Juli 1992) unterstützte sie zum Beispiel die Gründung der »Komitees für Gerechtigkeit« (von Kritikern auch »Komitees der ewig Gestrigen« genannt), unter anderem, weil »all die, die sich bisher für eine (politische) Alternative gehalten haben, so wie das Bündnis 90, diesem Anspruch nicht gerecht geworden sind«.

Daß es wirklich schwerfalle, frauenpolitische Aspekte ins Bündnis einzubringen (»denn auch die BürgerInnenbewegungen sind männlich dominiert«), hat Christina Schenk schon mehrmals leidvoll erfahren müssen. Besonders »schmerzhaft« empfand sie nach eigenem Bekunden, daß sich die Mehrheit der Gruppe nach ihrem Einzug ins Parlament, 1990, weigerte, den UFV mit in den Gruppennamen aufzunehmen. Das war für Christina Schenk der bisher größte politische Mißerfolg. Ein Beispiel für männliche Unterwanderung weiblicher Politik war eine Reaktion des Bündnis-Kollegen Konrad Weiß. Der bat Bundestagspräsidentin Rita Süssmuth, einen Gesetzentwurf als »moralisch verfehlt« und »sittenwidrig« zurückzuweisen, in dem Christina Schenk und Ingrid Köppel, Stasi- und Schalck-Spezialistin der Bundestagsgruppe, die kompromißlose Legalisierung der Abtreibung verlangten. Auch den parteiübergreifenden »Gruppenantrag« zur Neuregelung des § 218 hätte die 42jährige wohl lieber mit Vertreterinnen des Unabhängigen Frauenverbandes ausgehandelt als mit Koalition, SPD und Bündnis 90. Die SPD habe sich von der FDP »über den Tisch ziehen lassen«, fand sie (Die Liberalen waren mit der von Frauen selbstbestimmten Abtreibung bis zur 12. Woche nur nach vorheriger Beratung einverstanden). Für Christina Schenk verkörperte der Kompromiß, der schließlich auch mit Unterstützung von Bündnis 90-Abgeordneten entstand und am 26. Juni 1992 im Bundestag verabschiedet wurde, ein »zutiefst patriarchalisches Frauenbild«. Vor der Abstimmung gab sie deshalb noch einmal zu bedenken, daß man es in der Anfangsphase einer Schwangerschaft mit einem »parasitären Zellhaufen« zu tun habe, »der die Potenz hat, Lebenspläne zu zerstören«. Bei der Endabstimmung enthielt sie sich. Ihre kompromißlose Haltung war sogar Alice Schwarzer zuviel: Die bekannteste westdeutsche Feministin rügte sie dafür in »Emma«.

Erfolgreich setzte sich die Politikerin, für die die größte Ungerechtigkeit darin besteht, daß »Patriarchat und Kapitalismus ... noch immer existieren«, für die Verfassungsergänzung des Grundgesetzartikels 3 ein (»Dem letzten Macho im Land muß endlich klargemacht werden, es geht so nicht weiter.«). Mit einer parteiübergreifenden Fraueninitiative erreichte sie Anfang letzten Jahres, daß der Staat jetzt über das Grundgesetz verpflichtet ist, die Gleichberechtigung von Frauen und Männern aktiv zu fördern. Den Gleichstellungsgesetzentwurf von Bundesfrauenministerin Angela Merkel, der keine Quoten vorschreibt und vor »Soll- und Kann-Bestimmungen nur so strotzt« (Schenk), kritisierte sie als »hilflos und ohne Biß«. Im Parlament hat sich Christina Schenk jedoch nicht nur für Frauen stark gemacht. Sie plädierte unter anderem für die ersatzlose Streichung des Schwulen-Paragraphen 175, für strengere Strafen und Verlängerung der Verjährungszeiten bei sexuellem Mißbrauch und Kinderpornographie und für die Legalisierung von Haschisch, das im Gegensatz zu Alkohol harmlos sei. Auch in der Bonn-Berlin-Diskussion meldete sie sich zu Wort. Zusammen mit Kollegen von SPD, FDP und CDU forderte die Berlin-Gegnerin, daß der Umzug wegen Geldmangels auf das Jahr 2010 verschoben werden solle. Als Sozialexpertin der Bundestagsgruppe ist sie weniger in Erscheinung getreten. Redebeiträge in bedeutenden Debatten wie der zur Gesundheitsreform oder Pflegeversicherung überließ sie erstaunlicherweise in einigen Fällen Männern der Bundestagsgruppe. In der Wohnungspolitik setzte sie sich dafür ein, daß ehemals volkseigene Wohnungen nicht privatisiert werden, sondern ins Eigentum von Kommunen und kommunalen Wohnungsunternehmen übergehen und, gestaffelt nach Einkommen, vermietet werden.

Christina Schenk, für die die glücklichste Zeit ihres Lebens der Herbst 1989 war, arbeitete nach ihrem Physik-Diplom elf Jahre lang als wissenschaftliche Mitarbeiterin an der Akademie der Wissenschaften der DDR. Danach studierte sie zusätzlich Soziologie und eignet sich nun per Fernstudium Politologie-Wissen an. 1973 trat sie zunächst in die SED ein. Nach einigen Jahren hatte sie von der »Ein-Parteien-Herrschaft« und dem »eklatanten Mangel an Demokratie« jedoch genug. Sie verließ die SED und schloß sich einer oppositionellen Ost-Berliner Lesbengruppe unter dem Dach der evangelischen Kirche an. Eine Schwäche für das »Neue Deutschland«, dem sie von Zeit zu Zeit im Plauderton Interviews gibt, scheint sie immer noch zu haben; wohl besonders dann, wenn sie sich über »Wessi-Arroganz« ärgert. Im Januar 1993 forderte sie dort zum Beispiel die Beendigung des Prozesses gegen Erich Honecker, unter anderem mit der Begründung: »Dieser Staat hat nicht das Recht, über Honecker zu richten, ... weil er über Waffenexporte und Ausbeutung der Dritten Welt selbst an Menschenrechtsverletzungen beteiligt ist ...« Am Runden Tisch der DDR leitete Christina Schenk im Rahmen des UFV die Arbeitsgruppe »Gleichstellung von Männern und Frauen«. Lesbisch zu sein, daraus macht sie keinen Hehl. Sogar aus dem Bundestagshandbuch kann jeder, den es interessiert, erfahren, daß Christina Schenk in lesbischer Lebensgemeinschaft lebt.

ast

Schwächen: »Skepsis, Pessimismus, ekelhaft gründlich.«

Stärken: »Genauigkeit und Schärfe des Denkens, gewisses Maß an Kreativität, Konsequenz und Durchsetzungsfähigkeit, gut funktionierender Selbstschutzmechanismus (läßt sich nicht über ihre Grenzen hinweg in Anspruch nehmen).«

Lieblingsspeise, -getränk: »Vegetarisches, Mineralwasser.«

Was tun Sie besonders gern? »Diskutieren mit Freundinnen, fotografieren, reisen, fahrradfahren, Tennis spielen.«

Was tun Sie besonders ungern? »Auf Anordnung handeln, fensterputzen«

Was müßte sich an Ihrer Partei (ihrem Verband) dringend ändern? »Nichts, außer der Öffentlichkeitsarbeit vielleicht. Der Unabhängige Frauenverband (UFV) müßte nur größer werden.«

Was halten Sie von der Vereinigungspolitik? »... ist keine – es wird eine Politik des Anschlusses praktiziert, die unsensibel, ignorant, ideenlos, inkompetent und zerstörerisch ist.«

Größter Skandal: »Abschaffung des Asylrechts, Karlsruher Urteil zu den §§ 218, 219.«

Größte Angst: »Wegen meiner Lebensweise und meiner politischen Anschauungen in diesem Land bald nicht mehr leben zu können.«

Beeindruckendste historische Persönlichkeit: »Lysistrata, von der ich hoffe, daß sie tatsächlich gelebt hat.«

Waltraud Schoppe

(Bündnis 90/Die Grünen)
Frauenministerin in Niedersachsen

»Ich mache gerne Politik, weil es ein Privileg ist.«

Waltraud Schoppe ist so etwas wie eine »historische Persönlichkeit«. 1983, während ihrer ersten Rede im Bundestag, schockierte sie die dort versammelten Herren mit bisher im Hohen Hause Unerhörtem: »Eine wirkliche Wende wäre es«, sagte damals die rothaarige Grüne, »wenn hier oben zum Beispiel ein Kanzler stehen und darauf hinweisen würde, daß es Formen des Liebesspiels gibt, die sehr lustvoll sind und die Möglichkeit einer Schwangerschaft gänzlich ausschließen.« Die johlenden Zwischenrufe konterte sie mit der Aufforderung, den alltäglichen Sexismus im Bundestag einzustellen.

Schon damals bestätigte der »Spiegel« der grünen Politikerin, daß sie – neben Joschka Fischer und Otto Schily – dem Parlament hin und wieder zu »Sternstunden« verhelfe. Unumstritten war Waltraud Schoppe in ihrer eigenen Partei keineswegs. Sie gehört zur Gruppe der »Realpolitiker« der Grünen, die Bündnisse mit anderen Parteien stets favorisiert haben. Drei Jahre nach der Abspaltung der grünen »Fundis« um Jutta Ditfurth, sieht Waltraud Schoppe die früheren erbitterten Flügelkämpfe eher amüsiert: »Das war doch so was wie die pubertäre Phase der Partei. Wenn wir wirklich was bewegen wollen in diesem Land, müssen wir die gesellschaftlichen Veränderungen zur Kenntnis nehmen und den Dogmatismus aufgeben.« Als 1990 eine rot-grüne Koalition in Niedersachsen zustande kam, einigten sich Landesvorstand und Verhandlungskommission der Partei auf Waltraud Schoppe als Kandidatin für das Amt der Frauenministerin – zum Teil gegen den heftigen Widerstand von Teilen der Landespartei, die lieber eine »Fundi-Frau« auf diesem Posten gesehen hätte. Waltraud Schoppe wehrte sich: »Es ist meine Stärke, querzudenken und nicht nur Kontakte zu Selbsthilfegruppen der Huren, sondern auch zum Hausfrauenbund zu haben.« Mit einer pragmatischen »Politik der kleinen Schritte«, wie sie es selbst nennt, versucht sie in einem Bundesland, das über lange Jahre konservativ regiert worden war, Fortschritte für die Frauen durchzusetzen (Niedersachsen ist beispielsweise bei den Kindergartenplätzen Schlußlicht unter den Bundesländern). Per Gesetz will Waltraud Schoppe dafür sorgen, daß alle Kommunen Gleichstellungsbeauftragte installieren – ein Vorhaben, gegen das die konservative Opposition Sturm läuft. Die grüne Politikerin ist auch eine der Initiatorinnen der Konferenz aller Länderfrauenministerinnen – erstmals versuchen sie (ähnlich der Länderinnen- oder Länderjustizministerkonferenz), gemeinsam ihre Interessen zu formulieren und die Politik gegenseitig abzustimmen. »Die faktische und symbolische Herrschaft der Männer beenden helfen, zusammen mit vielen anderen neue Möglichkeiten des Arbeitens, Denkens, Fühlens, der Kooperation und der Liebe suchen«, so benennt Waltraud Schoppe die wichtigsten Ziele ihres Engagements.

Die niedersächsische Frauenministerin, 1942 in Bremen geboren, absolvierte eine Ausbildung als Erzieherin. Über den zweiten Bildungsweg wurde sie Gymnasiallehrerin für Deutsch und Geschichte. Waltraud Schoppe hat früh geheiratet und zwei Kinder bekommen. Politisiert wurde sie, als es darum ging, den von Schließung bedrohten Kinderladen, dem sie ihren jüngsten Sohn anvertraut hatte, gegen den bremischen Senat zu verteidigen. Sie engagierte sich in einer Anti-Atomkraft-Initiative und gründete mit anderen den Kreisverband Diepholz der Grünen. Am 6. März 1983 zog sie mit der ersten Riege der Grünen in den Deutschen Bundestag ein. Schon ein Jahr später stand ihr Name überall in den Medien, als sie gemeinsam mit Antje Vollmer und drei anderen Parteifreundinnen die Fraktionsführung ihrer Partei übernahm. Das sogenannte »Feminat« machte Furore – schließlich spielten die Frauen in den Bundestagsfraktionen in Bonn bis dahin nur die zweite Geige. 1987 wurde Waltraud Schoppe ein zweites Mal in den Bundestag gewählt. Während sich die parteiinternen Auseinandersetzungen innerhalb der Grünen verschärften, profilierte sich Waltraud Schoppe mehr und mehr als Realpolitikerin. 1990 wurde sie erneut zur Fraktionssprecherin und auch zur Sprecherin der Kinderkommission des Deutschen Bundestages gewählt.

Waltraud Schoppe, deren Lieblingsland Indien und deren Lieblingsstadt Jerusalem ist, kämpft in Niedersachsen an zwei Fronten: gegen die Konservativen, die am liebsten ihr Ministerium gleich ganz abschaffen würden, und gegen Teile der Parteibasis, der die Politik der Ministerin nicht radikal genug ist. Nein, sagt sie, aufgeben wolle sie keineswegs. Aber der alltägliche Kampf macht auch müde. Vor allem bedauert sie, daß ihr wenig private Zeit bleibt: »Ich sehe doch eine gewisse Zerrissenheit zwischen meiner Leidenschaft für die Politik und dem, was mir entgeht vom Leben.«

J.H.

Schwächen: »Chaotismus und Gutmütigkeit.«

Stärken: »Ideenreichtum und Kreativität – undogmatisches Denken.«

Hobbys: »Lesen, reisen, Geschichten erzählen, streiten.«

Mit welchen Zielen sind Sie Politikerin geworden? »Der starken außerparlamentarischen Opposition im Parlament eine Stimme zu geben für eine überlebensfähige Umwelt, Frauenrechte, Rechte von Minderheiten, Kinder, Frieden.«

Größte Angst: »Daß Demokratie nur eine Sternstunde in der Menschheitsgeschichte ist, die zerbrechen kann.«

Prägendstes Erlebnis: »Der frühe Tod der Eltern, die Geburt der Kinder, das Wissen um Auschwitz.«

Größter politischer Erfolg: »Daß eine mehr schüchterne Rothaarige Ministerin wurde und ein passables Frauenprogramm auf die Beine gestellt hat.«

Größter politischer Skandal: »Der Flick-Skandal war erhellend, weil Politiker fast aller Parteien involviert waren und sich benahmen, als hätten sie Kavaliersdelikte begangen. Da Frauen nicht so wichtig sind, kommen sie in Skandalen wenig vor.«

Michaele Schreyer

(Bündnis 90/Die Grünen),
Abgeordnete im Berliner Senat

»Ich denke nicht daran, zurückzutreten ...«,

wehrte sich Michaele Schreyer im August 1990 gegen gleichlautende Gerüchte und blieb Umweltsenatorin von Berlin, bis die rot-grüne Koalition Ende 1990 auseinanderbrach. Die streitbare Tochter eines Lokomotivführers hatte das Senatsbündnis aus Sozialdemokraten und Alternativer Liste (AL) unter dem Regierenden Bürgermeister Walter Momper beinahe zum Entgleisen gebracht. Mit ihrem »Nein« zur Inbetriebnahme des Hahn-Meitner-Forschungsreaktors, das die AL-Politikerin listig hinter dem Rücken des »Regierenden« ausgesprochen hatte, brachte sie Momper zum Toben. Der SPD-Politiker war so in Rage, daß er eilends mit einem NVA-Hubschrauber aus seinem Urlaubsort Rügen abhob und nach Berlin zurückflog, um der ungehorsamen Grünen die

Leviten zu lesen. Schließlich hatte er seine Umweltsenatorin ausdrücklich gebeten, keine Entscheidung zu treffen, bevor er die Akten über den Forschungsreaktor persönlich begutachtet habe. Die Papiere waren auch, wie gewünscht, in seinem Büro eingetroffen – allerdings erst, nachdem das Hahn-Meitner-Institut (HMI) den Negativbescheid aus der Umweltbehörde erhalten hatte. Ihre Entscheidung begründete Michaele Schreyer mit der ungeklärten Entsorgung und Endlagerung der verbrauchten Brennstäbe. »Reaktor spaltet Koalition«, so und ähnlich lauteten daraufhin viele Schlagzeilen. Die Tage des rot-grünen Bündnisses schienen schon im Sommer 1990 gezählt. Aber überraschenderweise reagierte Momper dann doch relativ milde. Anstatt des erwarteten Donnerwetters eröffnete er den verblüfften Journalisten, daß er durchaus »Verständnis« für die Entscheidung seiner Umweltsenatorin habe. Es war ihm offenbar zu gefährlich, die Koalition zu riskieren, zumal die Mehrheit der Genossen nicht aus diesem Grund mit den Grünen brechen wollte, um hinterher als Vertreter einer »Atompartei« dazustehen. »Die SPD müßte mit dem Klammerbeutel gepudert sein, wenn sie der AL hier den Fanfarenritt aus der Koalition erlauben würde«, kommentierte ein Sozialdemokrat die Lage. Und so kam es, daß das von der CDU geforderte Mißtrauensvotum gegen die Senatorin gekippt wurde und Michaele Schreyer als »die Frau, die Momper in die Knie zwang«, berühmt wurde. Im November 1990 mußte die populärste und umstrittenste Senatorin aus dem »Feminat« des rot-grünen Bürgermeisters ihren Kampf gegen den HMI-Reaktor allerdings aufgeben. Die Koalition platzte, weil Momper, so der Vorwurf der AL, eine großangelegte Räumung von besetzten Häusern im Alleingang am Koalitionspartner vorbeigeplant habe. Schweren Herzens schied Michaele Schreyer kurze Zeit später aus ihrer 700-Mitarbeiter-Behörde, in der sie nicht nur für Umwelt und Atomaufsicht zuständig gewesen war, sondern auch für Stadtentwicklung.

Auch in diesem Bereich hatte sich die promovierte Wirtschaftswissenschaftlerin ins Zeug gelegt. Bei ihrem Amtsantritt im März 1989 setzte sie sich zum Ziel, den »ökologischen Stadtumbau« voranzutreiben. Als Vision schwebte der Umzugs-Befürworterin ein Berlin vor, in dem die Leute wieder mit dem Korb einkaufen gehen, in der es keine Getränkedosen und keinen Verpackungsabfall gibt. Erfolgsbilanz waren für Michaele Schreyer unter anderem der Einstieg in die ökologische Abfallwirtschaft (Änderung des Stadtreinigungsgesetzes, getrennte Tonnen) und der Beschluß, einen großen

Park im innerstädtischen Bereich anzulegen. Einige Schlappen mußte sie allerdings auch hinnehmen: So stimmte der Senat zum Beispiel für die Ansiedlung von Daimler-Benz mit 3.000 Arbeitsplätzen am Potsdamer Platz. Das ging ihr so nahe, daß sie bei der Abstimmung in Tränen ausbrach. Eine andere Niederlage war der Beschluß für eine Stromtrasse durch den Tegeler Forst, gegen die sie vehement gekämpft hatte. In eine schwierige Lage kam Senatorin Schreyer, als Anfang 1990 wegen eines Aufnahmestopps für DDR-Deponien der »Sondermüll-Notstand« über Berlin hereinbrach. Im Vorfeld war ihr aus den eigenen Reihen »Vertuschungspolitik« angelastet worden, weil sie ein Gutachten über die Anlage Vorketzin »wochenlang« in ihrer Schublade habe »schmoren lassen«. Danach war diese Deponie für Sondermüll ungeeignet. Ebenso wurde ihr von grünen Gesinnungsgenossen vorgeworfen, daß sie der Öffentlichkeit eine Grundwasserverseuchung auf dem Schering-Gelände zu lange vorenthalten habe. Dies wurde als »Kulanz« gegenüber dem Konzern kritisiert. Dabei hatte Michaele Schreyer die Berliner Wirtschaft nicht geschont und im Mai 1989 Razzien in 436 Betrieben veranlaßt. Bei zwei Dritteln der Firmen wurden Verstöße gegen Gesetze und Verordnungen festgestellt. Im Oktober 1990 kam es zum Streit um die Berliner Smog-Verordnung. Schreyer kritisierte sie als »Kniefall vor der Freie-Fahrt-Mentalität der Autofahrergemeinden« – unter anderem, weil es nur im inneren Kreis Berlins bei entsprechender Wetterlage Fahrverbote geben sollte.

Die »Kraftproben« der 1951 geborenen Kölnerin waren für Walter Momper immer wieder eine Herausforderung. Dabei hatte alles so vielversprechend angefangen. Die Senatorin, die sensationellerweise sogar mit sechs Stimmen der Opposition in ihr Amt gewählt worden war, überstand ihren ersten »Häuserkampf«, bei dem Anfang 1989 100 Besetzer »geräumt« wurden – nicht unbeschadet von AL-Kritik, aber in relativer Harmonie mit dem Koalitionspartner. Als erstes grünes Regierungsmitglied durfte Michaele Schreyer sogar mit Momper zum Antrittsbesuch in die USA fliegen. Das Weiße Haus blieb der Grünen allerdings aus Protokollgründen verschlossen. Der damalige US-Präsident Bush widmete nur dem Regierenden Bürgermeister von Berlin in einem kurzem Gespräch seine Aufmerksamkeit.

Ihre ersten politischen Erfahrungen machte Michaele Schreyer bei Demonstrationen gegen die Notstandsgesetze und Fahrpreiserhöhungen. Richtig politisiert wurde sie Ende der 70er Jahre durch die Berliner Frauenbewegung in ihrer Assistentenzeit an der Freien Universität. 1982 promovierte sie mit einer Arbeit über frauenpolitische Auswirkungen der Wirtschafts- und Sozialpolitik. Davor hatte Michaele Schreyer in Köln Wirtschaftswissenschaften studiert und ihr Diplom als Volkswirtin abgelegt. Ihr Engagement in der Frauenbewegung führte sie zu den Grünen. 1983 bis 1987 war Michaele Schreyer Mitarbeiterin der grünen Bundestagsfraktion im Arbeitskreis Haushalt, Wirtschaft und Finanzen. Sie war Hauptinitiatorin für das Programm der Grünen zum »Umbau der Industriegesellschaft«, das damals einen erheblichen Mobilisierungseffekt für die Öko-Partei besaß. Wegen »Arbeitsfrustration« verließ Michaele Schreyer Bonn allerdings wieder, wurde Mitglied des bayerischen Landesverbandes ihrer Partei und Referentin am Münchner Ifo-Institut für Wirtschaftsforschung. Zwei Jahre später trat sie ihr Amt als Berliner Umweltsenatorin an. Nach ihrem Rücktritt wollten Parteifreunde sie im Herbst 1991 zur Nürnberger Umweltreferentin machen. Das scheiterte allerdings am Widerstand der SPD im Stadtrat und zog kurzzeitig den Bruch der ältesten rot-grünen kommunalpolitischen Liaison nach sich. Seit Januar 1992 ist Michaele Schreyer Abgeordnete der bündnisgrünen Fraktion in Berlin – zuständig für Haushalts- und Wirtschaftspolitik sowie für Hauptstadtfragen. Die 42jährige hat nicht nur in der Politik ihre Prinzipien, sondern offenbar auch im Privatleben: Jedenfalls ist sie nach eigenen Aussagen »aus Überzeugung ledig«.

ast

Schwächen: »Ungeduld, Perfektionismus, Workoholism.«

Stärken: »Verantwortungsbereitschaft, Integrationsfähigkeit, fröhliches Naturell.«

Hobbys: »Durch die Gegend streifen.«

Lieblingsspeise/-getränk: »Kuchen, Parmaschinken, Eiskaffee, Weißwein.«

Größte Angst: »Vor Abschied und Verlust liebgewonnener Menschen.«

Was müßte die Politik am dringendsten vorantreiben? »Arbeitszeitverkürzung in großen Schritten, um noch größere Massenarbeitslosigkeit zu verhindern. Einführung von Umweltsteuern als Anreiz für ökologisches Wirtschaften.«

Was müßte sich an Ihrer Partei ändern? »Nachdem zum Glück die Zeit der destruktiven innerparteilichen Flügelkämpfe vorbei ist, wünsche ich mir, daß gegenseitig nicht nur mehr politische, sondern auch menschliche Unterstützung gewährt wird.«

§ 218-Entscheidung: »Der männliche Chauvinismus hat hier Urteil gesprochen.«

Asylkompromiß: »Mit der Aushöhlung des Grundrechts auf Asyl werden die Kriege und Mißachtungen der Menschenrechte in den meisten Ländern der Erde und besonders das Armutsproblem in der Welt weiter ignoriert.«

Antje Vollmer

(Bündnis 90/Die Grünen), zur Zeit ohne politisches Amt

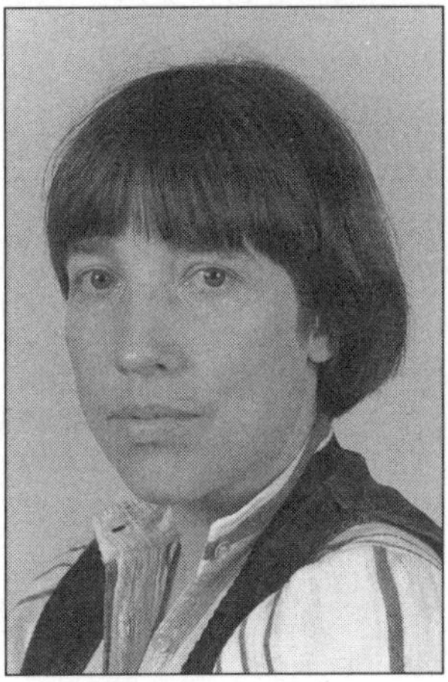

Wenn Antje Vollmer im Deutschen Bundestag redete, wurde es im Saal mucksmäuschenstill. Lag es daran, daß das, was sie zu sagen hatte, die Aufmerksamkeit der ansonsten abgebrühten Abgeordneten erregte? Oder daran, daß alle darauf warteten, daß sie die mit fast gebrochener Stimme vorgetragene Rede gleich wieder beenden würde? Es war wohl eine Mischung aus beidem. Aber Antje Vollmer wurde stets zugehört.

1983 gehörte die heute 51jährige Politikerin zur ersten Generation der Grünen, die in das Parlament in Bonn einzog. Nach der von fast allen Fraktionsmitgliedern vollzogenen Rotation und Ausstieg aus dem Bundestag 1985 erhielt sie 1987 erneut ein Mandat und blieb bis 1990 Abgeordnete. Antje Vollmer begann, zunächst »unscheinbar«, als Landwirtschaftsexpertin. Doch schon in ihrem zweiten Abgeordnetenjahr rückte sie mit vier anderen Fraktionskolleginnen an die Spitze der grünen Abgeordneten. Mit ihrem berühmt gewordenen »Feminat« lösten sie den als »profilierungssüchtig« verschrienen bisherigen Fraktionsvorstand um Petra Kelly, Otto Schily und

Marieluise Beck-Oberdorf ab. Antje Vollmer profilierte sich mehr und mehr innerparteilich, galt bald als eine der begabtesten Politiker-Persönlichkeiten innerhalb der Grünen. »Machtbewußtsein« warfen ihr die zahlreichen innerparteilichen Gegnerinnen vor. Antje Vollmer spricht dagegen von der »Gnadenlosigkeit der Partei mit hervorgehobenen Leuten.«

Genervt von den erbitterten Flügelkämpfen zwischen den damaligen »Fundis« und »Realos«, suchte Antje Vollmer gemeinsam mit dem Bremer Ralf Fücks nach einem dritten Weg und initiierte die Bewegung »Grüner Aufbruch 88« mit dem Ziel, die Selbstverständnis-Debatte innerhalb der Partei in Gang zu setzen. Doch erst die Abspaltung der Fundamentalisten um Jutta Ditfurth 1991 und der von Antje Vollmer heftig favorisierte Zusammenschluß der Westgrünen mit der Bürgerbewegung »Bündnis 90« der ehemaligen DDR 1993 beendete die Streitereien und »befriedete« die Partei.

Die westfälische Kaufmannstochter Antje Vollmer, 1943 in Lübbecke geboren, studierte in Berlin, Heidelberg, Tübingen und Paris evangelische Theologie. Später arbeitete sie als Pastorin im Berliner Arbeiterviertel Wedding und wurde 1976 Dozentin an der Heimvolkshochschule Bethel. Sie engagierte sich in kirchlichen Jugendverbänden – 1983 folgte der Schritt in die Politik. Obwohl noch nicht Mitglied der Grünen, kam sie über eine offene Liste der Arbeitsgemeinschaft »Bauernblatt« bei den Bundestagswahlen als Abgeordnete nach Bonn. Antje Vollmer erwies sich rasch als »unabhängige« Politikerin. Gemeinsam mit ihrer Fraktionskollegin Christa Nickels entwickelte sie die Initiative »Versöhnung«, die das Gespräch zwischen inhaftierten RAF-Terroristen und dem Staat anregen wollte. Es gelang ihnen, dafür auch die Unterstützung des späteren Justizministers Klaus Kinkel und des Bundespräsidenten Richard von Weizsäcker zu gewinnen.

Doch Antje Vollmers Unabhängigkeit erregte mehr und mehr den Argwohn ihrer Partei. Ihr eigener Landesverband NRW weigert sich, sie 1994 für die Bundestagswahl als Kandidatin zu nominieren. Parteifreund Joschka Fischer will jetzt dafür sorgen, daß Antje Vollmer auf der Landesliste Hessen kandidieren kann. Wie auch immer – fest steht, daß die Grüne voraussichtlich wieder in den Bundestag einziehen wird, wenn Bündnis 90/Die Grünen die Fünf-Prozent-Hürde schaffen.

Antje Vollmer kehrte nach ihrem Weggang aus Bonn erst einmal ins Berufsleben zurück: Im Krankenhaus Bethel arbeitete sie als Pastorin auf der Epileptiker-Station, schrieb als Kolumnistin für verschiedene Medien, engagierte sich weiter im Präsidium des Deutschen Evangelischen Kirchentags. In einer überparteilichen Initiative, der unter anderem auch Hans-Magnus Enzensberger und Joachim Fest angehören, setzt sie sich für einen Bundespräsidentschaftskandidaten aus dem Osten ein: Jens Reich aus der Bürgerbewegung der ehemaligen DDR.

Fest steht: gäbe es je eine Koalition mit der SPD auf Bundesebene, Antje Vollmer wäre mit Sicherheit eine der Ministerinnen im rot-grünen Kabinett. Bündnis 90/Die Grünen haben wenig profilierte Köpfe. Die Dummheit, Antje Vollmer keinen Spitzenplatz innerhalb einer künftigen Bundestagsfraktion einzuräumen, werden sie wohl kaum noch einmal begehen.

J.H.

Schwächen: »Pessimismus, schnelle Ermüdbarkeit, gelegentliche Rechthaberei, auf Unwesentliches einzusteigen, selbst wenn es sich besser erledigte durch Nichtbeachtung. Weitere Schwächen: Fahrigkeit, gelegentlich immer noch Dogmatismus.«

Stärken: »Konzentrationsfähigkeit, Unbeirrbarkeit, schnell Dinge erfassen zu können, auch wenn es noch nicht direkt ausgesprochen ist.«

Größte Angst: »Daß wir die entscheidenden Fragen für die Zukunft unserer Kinder nicht mehr in den Griff kriegen.«

Prägendstes Erlebnis: »Daß ich ein Kind habe. Außerdem: Daß ich mindestens zweimal, in der Studentenbewegung und in der 89er Revolution in der DDR wirkliche Aufbrüche miterlebt haben, also das Zutrauen, daß alles sich vollständig ändern kann.«

Was muß nach Ihrer Ansicht die Politik in Zukunft besonders voranbringen? »Das Vorsorgedenken auch über die Legislaturperiode hinaus, den Leuten nicht mehr nach dem Munde zu reden, die Verursacherhaftung, was auch die Haftung einer ganzen Generation, die sich zu viel genommen hat, miteinschließt.«

Warum sind Sie in Ihre Partei eingetreten? »Weil ich schon längst für diese Partei als Abgeordnete im Bundestag war und es dann gemogelt fand, sich nicht öffentlich dazu zu bekennen. Außerdem, weil die grünen Ideen mir wirklich nahe standen.«

Warum sind Sie Politikerin geworden? »Weil mich Politik immer interessiert hat; ich glaube, daß Politik machen und Politik begreifen das einzige ist, was ich wirklich kann und was meiner Erfahrung aus den letzten dreißig Jahren entspricht.«

Vera Wollenberger

(Bündnis 90/Die Grünen),
Bundestagsabgeordnete

*»Wie kann das funktionieren,
daß einer ein so liebevoller Vater ist
und dann solche Berichte schreibt?«*

Das fragte sich Vera Wollenberger, Verteidigungspolitikerin der Bundestagsgruppe Bündnis 90/Die Grünen. Sie war fassungslos, nachdem sie vom größten Betrug ihres Lebens erfahren hatte. Ihr Ehemann Knud Wollenberger hatte die ehemalige DDR-Bürgerrechtlerin zehn Jahre lang bespitzelt. Der inoffizielle Mitarbeiter (IM) »Donald« übermittelte der Stasi nicht nur die politischen Aktivitäten seiner Frau. Er berichtete seinem Führungsoffizier auch über intimste Dinge, über ihren Gesundheitszustand, über Gespräche mit ihrem ältesten Sohn Philipp, er informierte die Stasi, wieviel Geld sie ausgab, was sie einkaufte. Das alles mußte Vera Wollenberger erfahren, als sie Anfang 1992 erstmals ihre Stasi-Akten einsehen konnte. Die ehemalige Ost-Zeitung »Die Andere« hatte »Donald« bereits im Dezember 1991 als IM enttarnt. Zuerst stritt er noch alles ab. Er schwor sogar bei den gemeinsamen Kindern Jacob und Jonas, unschuldig zu sein. Aber nach der Akteneinsicht war klar, daß der Mann, der sich rührend um die beiden Söhne gekümmert hatte, detaillierte Berichte über seine Frau an die Hauptverwaltung Aufklärung (HVA) des Ministeriums für Staatssicherheit (MfS) weitergegeben hatte. Er lancierte dabei auch Informationen, die Vera Wollenberger für Jahre hinter Gitter hätten bringen können. In ihrem Buch »Virus der Heuchler« schrieb sie ihre leidvollen Erfahrungen nieder: »Der Fall Donald ist natürlich vor allem meine persönliche Tragödie, lieber hätte ich jahrelang Stasi-Knast auf mich genommen, als das erleben zu müssen.«

In der DDR der 80er Jahre teilte Knud Wollenberger als scheinbarer Mitstreiter ihr oppositionelles Leben. Er spionierte unter anderem den »Pankower Friedenskreis« aus und spielte sich später als Vermittler zwischen Opposition und Stasi auf. Vera Wollenberger entwickelte sich zu einer der führenden Figuren der Bürger-, Umwelt- und Menschenrechtsbewegung unter dem Dach der evangelischen Kirche. Sie war Mitbegründerin der »Kirche von unten« und später engagierte Kritikerin des als IM-»Sekretär« verdächtigten Kirchenunterhändlers Manfred Stolpe.

Geboren wurde Vera Wollenberger 1952 in Sondershausen/Thüringen. Sie wuchs mit ihrer Schwester bei den Großeltern auf, sah ihre Eltern, mit denen sie später nach Berlin zog, nur am Wochenende. Mit 19 Jahren trat die Tochter eines Stasi-Oberstleutnant und einer überzeugten Sozialistin noch voller Optimismus in die SED ein, denn sie »hatte keine Angst vor der Staatssicherheit, ich kannte sie ja in Unterhosen«. Trotz des »Prager Frühlings« und anderer Ungereimtheiten des Systems glaubte sie an die Reformierbarkeit des DDR-Sozialismus. Mit 18 zog sie von zu Hause aus und studierte Philosophie an der Berliner Humboldt-Universität. Später arbeitete sie als wissenschaftliche Mitarbeiterin an der Berliner Akademie der Wissenschaften.

Ein Schlüsselerlebnis mit dem System der DDR hatte Vera Wollenberger, als sie erfuhr, daß zwei im »Neuen Deutschland« (ND) hochgelobte Herren sich von der Volkspolizei mit jungen, straffällig gewordenen Frauen »versorgen« ließen. Ein anderes, als man sich beim Bezirksgericht Berlin-Mitte zunächst weigerte, ihre Anzeige gegen die FDJ-Zeitung »Junge Welt« aufzunehmen. Der damalige Chefredakteur Hans-Dieter Schütt hatte Mahnwachen der Opposition als »faschistisches Rowdytum« bezeichnet. Nach stundenlagem, hartnäckigem Warten im Gang wurde die Anzeige schließlich doch noch zu Protokoll genommen. 1983 wurde Vera Wollenberger aus der SED ausgeschlossen und erhielt Berufsverbot, weil sie öffentlich gegen die Stationierung von Atomraketen in der DDR protestiert hatte. Verhaftung und Gefängnis folgten 1988 wegen eines anderen Ungehorsams. Am Rande der offiziellen SED-»Kampfdemonstration« zu Ehren Karl Liebknechts und Rosa Luxemburgs in Ostberlin hatte sie sich an einer Gegendemonstration für Bürgerrechte und Meinungsfreiheit beteiligt. Wegen »versuchter Zusammenrottung« wurde sie zu sechs Monaten Freiheitsstrafe verurteilt. Auf Drängen ihres Anwalts Wolfgang Schnur, der sich später ebenfalls als Stasi-Spitzel entpuppte, nahm sie das Angebot an, als Alternative zum Gefängnis, mit ihrem Sohn Philipp nach England abgeschoben zu werden. Ihre Entscheidung brachte ihr in den Reihen der DDR-Opposition viel Kritik ein und beschädigte zunächst ihren Ruf als »Revolutionärin«. Verhaftung, Gefängnis und Exil sind nach eigenen Angaben die prägendsten Erlebnisse im Leben von Vera Wollenberger.

Am 9. November 1989, dem Tag, an dem die Mauer fiel, kehrte sie nach Berlin zurück. Sie schloß sich den damaligen Ost-Grünen an und wurde im März 1990 in die Volkskammer gewählt. Im Oktober 1990 kam sie mit anderen Volkskammer-Abgeordneten in den Bundestag. Hier setzte sie sich besonders für die Öffnung der Stasi-Akten ein und wirkte am Stasiunterlagengesetz mit. Vera Wollenberger ging für die Bundestagsgruppe in den Verteidigungsausschuß und erreichte, daß zwei ostdeutsche Truppenübungsplätze aus dem Bundeswehrkonzept herausgenommen wurden; nach eigenen Angaben ihr größter politischer Erfolg. 1992 plädierte die Parlamentarierin außerdem für die Abschaffung der Wehrpflicht (»Das Ende der Ost-West-Konfrontation hat die Wahrscheinlichkeit eines Weltkrieges geringer werden lassen. Die Zeit der alten Art von Angriffs- und Verteidigungsarmee ist vorbei.«). Statt dessen forderte sie Blauhelmeinsätze im Rahmen der UNO. In Anbetracht der Lage im ehemaligen Jugoslawien befürwortete sie aber auf dem Sonderparteitag von Bündnis 90/Die Grünen im Oktober 1993 auch militärische UNO-Interventionen, an denen sich auch deutsche Soldaten beteiligen sollen. Bereits im Mai 1993 hatte sie ihre Haltung begründet: »Europa und die Welt haben mit Ergriffenheit des Holocaust gedacht, während in Bosnien-Herzegowina durch kontinuierliche Massaker die Voraussetzung für die Errichtung späterer Holocaust-Denkmale geschaffen wird.« Zur Enttäuschung vieler ostdeutscher Bürgerrechtler siegte bei dem Parteitag jedoch der Leitantrag von Vorstandssprecher Ludger Volmer. Nach dem alten Pazifismus-Modell der früheren Grünen hatte er sich gegen jegliche militärische Intervention und für die Abschaffung der Bundeswehr stark gemacht.

Aufgefallen ist Vera Wollenberger allerdings nicht nur durch ihre politischen Aktivitäten, sondern auch durch einen Verstoß gegen die Kleiderordnung des Bundestages. Im Sommer 1993 saß sie einmal mit einem breitkrempigen, schwarzen Strohhut im Plenum. Kommentar des Bundestagsvizepräsidenten Jonny Klein (CSU): »So einen Hut trug meine Mutter immer zum sonntäglichen Kirchgang.«

ast

Schwächen: »Leitungsschwäche.«

Stärken: »Toleranz.«

Größte Angst. »Umweltzerstörung und Krieg.«

Was tun Sie besonders gern? »Mit meinen Kindern zusammensein.«

Was tun Sie besonders ungern? »An Sitzungen teilnehmen.«

Größte Ungerechtigkeit: »Der Hungertod von Menschen bei Nahrungsmittelüberproduktion.«

Welche Gründe gibt es für Frauen, Sie zu wählen? »Ich lebe vor, daß eine alleinstehende Frau mit zwei Kindern sehr wohl Politik machen kann.«

Was müßte sich an Ihrer Partei dringend ändern? »Die Neigung, einer einheitlichen Parteimeinung anzuhängen und von Siegern bzw. Verlierern bei der Durchsetzung einer solchen Einheitsmeinung zu sprechen.«

Frauenpolitische Eckpunkte von Bündnis 90/Die Grünen

Die Gleichberechtigung von Frauen war von Anfang an ein ganz zentrales Thema in der Politik der früheren Grünen und jetzigen Bündnisgrünen. Nach Gründung der Partei am 13. Januar 1980 in Karlsruhe war es denn auch selbstverständlich, daß Frauen selbstbewußt ihre Positionen einbrachten. Heraus kam die im Vergleich zu anderen Parteien »radikalste« Form der Mitbestimmung: Von Anfang an mußten Gremien und Vorstände auf allen Ebenen paritätisch mit Frauen und Männern besetzt werden; ebenso die Listen für Landtags-, Bundestags- und Europawahlen. Es gab eigenständige Frauentreffen, die heute in der Bundes- bzw. den Landessatzungen als Bundesarbeitsgemeinschaften und Landesarbeitsgemeinschaften verankert sind. Die 14jährige Geschichte der Grünen war geprägt durch drei frauenpolitische Zäsuren:

1985
Konstituierung des grünen Frauenstatuts. Darin wird verankert, daß mindestens die Hälfte aller Ämter, Mandate oder Listenplätze mit Frauen besetzt werden müssen. Platz eins einer Wahlliste ist grundsätzlich ein Frauenplatz. Auch jeder weitere ungerade Listenplatz ist mit einer Frau zu besetzen (Mindestquotierung). Reine Frauenlisten sind möglich. Diese Regelungen führten zum Beispiel zum ersten und einzigen Frauenvorstand der grünen Bundestagsfraktion und zur reinen Frauenliste im Hamburger Senat. Verbrieft wird außerdem ein Frauenveto für Fragen, bei denen Frauen besonders betroffen sind. Sie können damit beispielsweise den Beschluß eines Parteitages in Frage stellen, der dann zur Beratung an die Basis zurückgeht und erst bei der nächsten Bundesversammlung oder dem Länderrat (höchstes Parteigremium zwischen den Parteitagen) entschieden werden kann. Im Statut ist auch das Recht einer jährlich stattfindenden Bundesfrauenkonferenz verankert. Außerdem wird erstmalig die Stelle einer Bundesfrauenreferentin eingerichtet.

1986
Entwurf eines Anti-Diskriminierungsgesetzes (ADG). Es schreibt u. a. vor:
– Den Schutz von Frauen gegen gewalttätige Übergriffe von Männern, einschließlich der Ehemänner.
– Gleiche Zugangsmöglichkeiten zu Ausbildungs- und Arbeitsplätzen.

– Aufhebung der geschlechtsspezifischen Erziehung.
– Das Verbot der Diskriminierung von Frauen durch Medien und Werbung.
– Die Anerkennung einer jeden Lebensform von Frauen.
– Die Förderung von Frauen, die mit Kindern leben und dadurch wirtschaftlich und arbeitsmäßig höher belastet sind.
– Die ersatzlose Streichung des § 218.
Dieser Gesetzentwurf gilt immer noch als Leitfaden grüner Frauenpolitik. Einzelne Punkte, wie zum Beispiel die Bestrafung von Vergewaltigung in der Ehe, wurden – wenn auch bis jetzt erfolglos – in den Bundestag eingebracht.

1993
Auf dem Europa-Parteitag in Aachen wird ein neues Frauenstatut mit einfacher Mehrheit verabschiedet (zur Zwei-Drittel-Mehrheit fehlte eine Stimme). Die neuen Anforderungen durch die Vereinigung von Bündnis 90 mit den Grünen im Mai 1993 hatten das notwendig gemacht. Das bündnisgrüne Frauenstatut war einer der Knackpunkte bei den Vereinigungsverhandlungen. Die früheren DDR-BürgerrechtlerInnen vom Bündnis 90 hatten Vorbehalte gegen die – ihrer Meinung nach – zu rigide Quotierung. Bei kleinen Ländern, so ihre Kritik, die aufgrund des vorangegangenen Wahlergebnisses nur einen sicheren Listenplatz hätten, würden Männer undemokratischerweise immer zu kurz kommen. Andere Frauen verteidigten die Quotierungsregelung als ein Mittel gegen ihre Unterrepräsentanz in der Politik. Die Mindestquotierung ist nun weiterhin in dem gemeinsam formulierten Frauenstatut abgesichert. Es gibt jedoch eine Ausnahmeregelung: Länder mit nur einem sicheren Listenplatz können Platz eins für einen Mann öffnen, wenn es die jeweilige Landesversammlung mehrheitlich so beschließt. Die Ausnahme muß beim Länderrat vor der jeweiligen Listenwahl beantragt werden. Um die vorgeschriebene Mindestquotierung in einer bündnisgrünen Bundestagsfraktion zu sichern (mindestens die Hälfte müssen Frauen sein), dürfen nicht mehr als 50 Prozent der Länder diese Ausnahme in Anspruch nehmen. Das neue Frauenstatut von Bündnis 90/Die Grünen hat insgesamt zehn Paragraphen, in denen die besonderen Rechte für Frauen verankert sind. Sie verbriefen nach wie vor das Frauenveto, die paritätische Beteiligung, eigenständige Frauengremien und die Aufgaben und Rechte der Bundesfrauenreferentin. Als Anhang zum Frauenstatut wurden Regelungen zur Kinderbetreuung aufgenommen, damit Menschen nicht in der Ausübung ihrer politischen Aktivitäten anderen gegenüber benachteiligt sind.

Margret Funke-Schmitt-Rink

(FDP), Bundestagsabgeordnete

»Wer bummelt, soll zahlen.«

Da würde Margret Funke-Schmitt-Rink (FDP) als Verfechterin der freien Marktwirtschaft nicht lange fackeln: Wenn es nach der bildungs- und jugendpolitischen Sprecherin der Liberalen im Bundestag ginge, müßten Schulen und Hochschulen in der Bundesrepublik gründlich umstrukturiert werden. So will sie zum Beispiel »Bummelstudenten« mit Studiengebühren zur Kasse bitten. Wer dem Steuerzahler über die Regelstudienzeit hinaus auf der Tasche liegt, soll mit Semestergeld bestraft werden. Die Fleißigen, die die Hörsäle schneller als vorgeschrieben für nachrückende Studentengenerationen räumen, sollen mit einer Prämie belohnt werden. Dafür hat sich die promovierte Parlamentarierin wiederholt stark gemacht. Ganz wirtschaftsorientierte Freidemokratin, will sie durch »Quasi-Marktsignale« (neben finanziellen Anreizen Privatisierung von Universitäten, wirksames Hochschul-Controlling, Neuorganisation des Lehrstoffs, Verkürzung der Regelstudienzeit) entschlossen einer falsch verstandenen akademischen Freiheit entgegentreten, um den »Durchsatz an Studenten zu beschleunigen« und den Generationenvertrag nicht durch späte Berufseinsteiger zu gefährden. Das 13. Schuljahr ist für sie überflüssig.

Margret Funke-Schmitt-Rink, wegen ihres langen Namens oft nur »Fu-Schmi-Ri« genannt, ist auch in anderen Bereichen Fürsprecherin der jungen Generation. Nicht nur, daß sie für ein striktes Rauchverbot im Kinderzimmer plädiert oder die Medien im August 1992 empört aufforderte, den Prince-Hit »You sexy motherfucker« zu boykottieren. Die aus Recklinghausen stammende Politikerin mit Wahlkreis in Wiesbaden forderte im November 1992 eine »Nationale Jugendkonferenz« mit Vertretern aus Wissenschaft, Wirtschaft, Politik, Schule und Jugendarbeit. Die Oberstudienrätin will die Wurzeln von Gewaltbereitschaft und Rechtsextremismus bei Jugendlichen offenlegen. Präventive Konzepte müßten schon sehr früh ansetzen. Unter anderem soll es einen Rechtsanspruch auf Kindergartenplätze und Ganztagsbetreuung geben, ein Ganztagsschulangebot in allen Schulformen, viel mehr Jugendhäuser und Jugendtreffs, spezielle Maßnahmen gegen Jugendarbeitslosigkeit und eine ständige, gemeinsame »Abrüstungskonferenz« aller Medien gegen Gewalt und Sex. Wenn die Sender die Grausamkeiten auf dem Bildschirm nicht drastisch einschränkten, sollen sie mit Lizenzentzug bestraft werden, meint Margret Funke-Schmitt-Rink. Im Bundestag streitet sie für die Verbesserung der sozialen Lebenssituation von Jugendlichen und will damit gegen den Rechtsradikalismus angehen.

Ein weiterer Arbeitsschwerpunkt der Parlamentarierin ist die Drogenpolitik. Im Februar 1993 sprach sich die gelernte Sozialwissenschaftlerin, die sich der FDP anschloß, weil »Liberalismus und Liberalität in den anderen Parteien wenig Platz haben«, für die kritische Überprüfung eines geplanten Frankfurter Modellversuchs aus, bei dem 100 Altfixer unter ärztlicher Aufsicht Heroin erhalten sollten. »Therapie statt Strafe« ist die Devise der drogenpolitischen Sprecherin der FDP-Bundestagsfraktion, für die der größte Skandal überhaupt die Weitergabe von AIDS-infizierten Blutkonserven in Frankreich war. Sie unterstützt deshalb kontrollierte Methadonprogramme in Verbindung mit psychosozialen Hilfen, ist aber gegen die Freigabe »weicher« Drogen (»Haschisch ist nicht Schokolade.«). Die Bevölkerung soll außerdem besser über die Gefahren von Alkohol aufgeklärt werden, findet Margret Funke-Schmitt-Rink. Die Politikerin, die selbst zum italienischen Essen gern einen trockenen Weißwein trinkt, hat im November 1992 eine Gesundheitsabgabe auf Alkohol gefordert (einen Pfennig pro Milliliter, bei Bier 40 Pfennig pro Flasche, bei Wein 70 Pfennig). Ein Aufkleber »Alkohol schadet ihrer Gesundheit« soll vor den Gefahren warnen.

Weil sie die »Gleichstellung von Frauen mit viel Ehrgeiz voranbringen will«, ist Margret Funke-Schmitt-Rink, Jahrgang 1946, Politikerin geworden. Sie setzte sich für die modifizierte Fristenlösung ein und für die Ergänzung des Grundgesetzartikels 3, wonach der Staat jetzt verpflichtet ist, Gleichberechtigung aktiv zu fördern. Margret Funke-Schmitt-Rink, für die die Diskriminierung von Frauen und ethnischen Minderheiten die größte Ungerechtigkeit ist, plädierte für die Freigabe der Abtreibungspille RU 486 und für die

Pille auf Krankenschein. Die Politikerin, die gern reist, liest und schreibt, aber ungern aufräumt, bewertet Asylkompromiß und Solidarpakt als positiv und ist für eine Energiesteuer und einen langfristigen Ausstieg aus der Atomenergie. Sie befürwortet Soldatinnen in der Bundeswehr – »dann muß die Frau aber auch Generalin werden können« – und sieht als dringendsten Handlungsbedarf in der Politik, der Wahlverdrossenheit entgegenzuwirken.

»Fu-Schmi-Ri« ist außerdem als Frau mit den wertvollsten Preziosen und Kleidern im Bundestag bekannt. Sie liebt Taschen, und eines ihrer wichtigsten Utensilien ist das Fernabhörgerät für den Anrufbeantworter, das sie immer bei sich trägt (»weil ich so neugierig bin«). Ihr Mann, dem sie ihren langen Nachnamen zu verdanken hat, Wirtschaftsprofessor Gerhard Schmitt-Rink, steht im Gegensatz zu seiner vielbeschäftigten Frau gerne in der Küche und zweifelt offensichtlich an ihren häuslichen Fähigkeiten: In einem Zeitungsinterview plauderte er aus dem Nähkästchen: »Margret könnte gerade mal ein Tiefkühlmenü auftauen.«

ast

Schwächen: »Ungeduld, Rastlosigkeit.«

Stärken: »Beharrlichkeit, Fachkompetenz, Mut.«

Größter politischer Erfolg: »7,9 Prozent Erststimmen bei der Bundestagswahl 1990.«

Was müßte sich an der FDP ändern? »Mehr Gewicht für Frauen und Familie in der Partei.«

Lieblingsblume: »Margerite.«

Lieblingsfarbe: »Schwarz.«

Bedeutende Persönlichkeiten: »Mutter Theresa, Martin Luther King.«

Hildegard Hamm-Brücher (FDP)

»Wie ein Seismograph reagiert sie unheimlich empfindlich auf das leiseste Beben, das unsere Demokratie ins Wanken bringen könnte.«

So pries der FDP-Vorsitzende und Bundesaußenminister Klaus Kinkel im November 1993 die frischgekürte liberale Bundespräsidentschaftskandidatin Hildegard Hamm-Brücher an. »Mit dieser Kandidatin legt die FDP Ehre ein«, lobte er die streitbare Politikerin, die kurz vorher auf dem kleinen Parteitag in Magdeburg gewählt worden war. Kritik von ostdeutschen FDPlern, sie habe die Einheit nicht gewollt, weil sie bei der Botschaftsbesetzung von ostdeutschen Flüchtlingen in Prag 1989 Vorsorge gefordert hatte, »daß keine DDR-Bürger mehr in die Vertretungen der BRD einströmen können«, gingen in stehenden Ovationen unter. Hildegard Hamm-Brücher, die nicht nur politischen Gegnern über 40 Jahre lang deutlich Paroli geboten hat, sondern auch oft in der eigenen Partei als »moralisierende Nervensäge« galt, war der Trumpf, den die Liberalen gegen den Unions-Kandidaten Steffen Heitmann ausspielten. Sie rechnete sich selbst zwar keine reelle Chance aus, nutzte sie aber dennoch, nicht nur, um »ein Stück Versöhnung« mit ihrer Partei zu betreiben, sondern um mitzuhelfen, das angekratzte Profil der Liberalen wieder ein wenig aufzupolieren, nachdem die Union den sächsischen Justizminister Heitmann im Alleingang aufgestellt hatte. Daß die Nominierung Hildegard Hamm-Brüchers eine »Trotzreaktion« auf die Union war, wurde spätestens deutlich, als der umstrittene Kandidat Heitmann im November 1993 zermürbt zurücktrat. Plötzlich meldeten sich FDP-Politiker, die laut über einen »Konsenskandidaten« nachdachten, obwohl Hildegard Hamm-Brücher bei der Nominierungsveranstaltung deutlich gemacht hatte, daß sie sich nicht als »Pokerfigur« hin- und herschieben lassen wolle. Widersprüchliche Interviews pro und contra Hamm-Brücher kurz nach dem Rückzug Heitmanns spiegelten die Konfusion unter den Freidemokraten wider. Der FDP-Fraktionsvorsitzende Hermann Otto Solms zeigte Sympathie für den von der Union favorisierten Präsidenten des Bundesverfassungsgerichts Roman Herzog (CDU), der im Januar 1994 als Kandidat aufgestellt wurde. Die Integrationsfähigkeit von Klaus Kinkel war wieder einmal gefragt. »Hektik und Herumrederei« seien jetzt nicht angebracht, warnte er Parteifreunde und stellte sich voll hinter die Kandidatin; ebenso wie FDP-Generalsekretär Werner Hoyer, der betonte, es gebe keine Notwendigkeit, von Frau Hamm-Brücher abzurücken. CSU-Chef und Finanzminister Theo Waigel witzelte dagegen, er habe in der CSU nur mit Mühe eine breite Mehrheit für Frau Hamm-Brücher verhindern können. Sie selbst betonte: »Ich klebe nicht an der Kandidatur«, fügte aber gleichzeitig vorsichtig warnend hinzu, daß sich ihre Partei nun entscheiden müsse, ob ihr der Koalitionsfrieden wichtiger sei als das eigene politische Profil. Als Alternativ-Kandidaten konnte sie sich neben Roman Herzog den DDR-Bürgerrechtler Jens Reich oder den ostdeutschen SPD-Politiker Richard Schröder vorstellen.

Im Vorfeld ihrer Nominierung erfuhr die hoch angesehene Politikerin große Sympathie aus der Bevölkerung und durch verschiedene Initiativen. Im September 1993 formierte sich eine Unterstützer-Gruppe von 35 Politikerinnen und Künstlerinnen – unter anderem die grüne niedersächsische Frauenministerin Waltraud Schoppe, die Feministin Alice Schwarzer und die Schauspielerin Senta Berger. Im Dezember 1993 unterstützten Frauen des Deutschen Gewerkschaftsbundes (DGB) Hildegard Hamm-Brücher, die betonte, daß »eine Bundespräsidentin beinahe täglich etwas tun könnte, um die bestehenden Barrieren für Frauen abzubauen«, angefangen bei einer stärkeren weiblichen Präsenz in ihrem Mitarbeiterstab. Als Bundespräsidentin würde sie nicht der »hohen, intellektuellen Reflexion« eines Richard von Weizsäckers nacheifern wollen, sagte Hildegard Hamm-Brücher, sondern die menschliche Seite und Bürgernähe betonen.

Bürgernähe und Abbau von Bürokratismen sind grundlegend wichtige Stichworte für die 72jährige. Immer wieder mahnte sie die »schlechte Verfassung« von Demokratie und Parteien an, die zur zunehmenden Politikverdrossenheit der Bevölkerung führe. 1984 gründete sie die überfraktionelle »Initiative Parlamentsreform«, um »die Rechte des Bundestags und einzelner Abgeordneter gegenüber der Exekutive zu stärken« und »Ohnmachtsgefühle im Räderwerk des Parlamentsbetriebs zu überwinden«. Seither war Hildegard Hamm-Brücher unermüdliche Streiterin für innerparlamentarische und innerparteiliche Reformen und für mehr politische Mitbestimmung der Bürger – etwa in Form eines erweiterten Petitionsrechts. Sie rief zahllose Initiativen, Foren oder Bürgerbegehren ins Leben: In der »Aktion Verfassung 1993« plädierte sie zum Beispiel für öffentliche Befragungen von Politikern im »Superwahljahr« 1994, die sich dann vor der nächsten Nominierung an ihren früheren Aussagen messen lassen sollen. Weitere Vorschläge der Aktion waren unter anderem die Trennung von Abgeordnetenmandat und Regierungsamt, ein Ehrenkodex für Politiker und eine Volksabstimmung über die Verfassung. Auch der/die Bundespräsident/in soll, so Hildegard Hamm-Brücher, vom Volk gewählt werden.

Daß die Politikerin es allerdings bei all ihren Forderungen nach »Transparenz« ablehnte, ihre eigenen Bezüge offenzulegen, warf ihr der SPD-Bundestagsabgeordnete Peter Conradi 1992 vor. Nachdem er ihre Versorgungseinkünfte öffentlich auf 18.000 Mark monatlich geschätzt hatte, ließ sie ihm mitteilen, er habe sich erheblich verschätzt, und drohte ihm mit einer Klage auf Widerruf und Schmerzensgeld. Eine Berechnung Conradis anhand entsprechender Tabellen und Versorgungsgesetze ergab allerdings eine Summe von 17.330 Mark, also nur 3,7 Prozent weniger, als er angenommen hatte. Die angedrohte Klage blieb aus.

Berühmt wurde Hildegard Hamm-Brücher durch ihre leidenschaftliche Kritik an der »Wende« Genschers 1982 von der SPD zur CDU. Sie brachte ihr jahrelange Anfeindungen und Nachteile in der Partei ein. Es gab allerdings auch Gerüchte, daß sie den Mangel an »sittlicher und moralischer Integrität« erst beklagte, als klar war, daß sie ihren Posten als Staatsministerin im Auswärtigen Amt nicht behalten konnte. Bis zum Ausscheiden Hamm-Brüchers aus dem Bundestag 1990 mußte sich die FDP immer wieder mit der Aufmüpfigkeit ihrer »Grande Dame« herumschlagen. Streitbar und durchsetzungsstark war die promovierte Chemikerin von Anfang an. Sie trat der FDP 1948 bei, wurde Kommunalpolitikerin im Münchner Stadtrat und war ab 1950 16 Jahre lang bayerische Landtagsabgeordnete. Dort trat Hildegard Hamm-Brücher, die sich seit Jahren intensiv mit Bildungspolitik beschäftigt hatte, als Kämpferin gegen die Konfessionsschule und den damaligen CSU-Kultusminister Hundhammer hervor. Mit dem ehemaligen bayerischen Kultusminister Maunz führte sie einen langjährigen Streit und löste seinen Sturz 1964 aus. Bildungspolitik war ein ganz zentrales Thema für Hildegard Hamm-Brücher. Unter anderem kämpfte sie für die Gemeinschaftsschule und für die Beseitigung des Schulstresses. 1967 wurde die FDP-Politikerin Staatssekretärin im hessischen Kultusministerium und wechselte 1969 als beamtete Staatssekretärin ins Bundesbildungsministerium nach Bonn. Dieses Amt gab sie 1972 wieder ab und wurde FDP-Fraktionsvorsitzende im Münchner Landtag. In den Bundestag kam Hildegard Hamm-Brücher zum ersten Mal 1976. Wenige Monate später wurde sie Staatsministerin im Auswärtigen Amt und blieb es bis zum Bruch der sozial-liberalen Koalition. Hier war sie schwerpunktmäßig für kulturelle Beziehungen zuständig, wurde zur Koordinatorin mit den USA für diesen Bereich ernannt und legte dem Bundestag 1982 »Zehn Thesen zur kulturellen Begegnung und Zusammenarbeit mit Ländern der Dritten Welt« vor.

Ein entscheidender Impuls, Politikerin zu werden, ging für Hildegard Hamm-Brücher vom Widerstandskreis um die »Weiße Rose« der Geschwister Scholl aus, auf den sie während ihrer Studienzeit in München gestoßen war. Sie arbeitete im selben Labor wie ihr Kommilitone Leipelt, der nach einer Flugblattaktion hingerichtet wurde.

Hildegard Hamm-Brücher, 1921 in Essen geboren, ist nach dem frühen Tod ihrer Eltern bei ihrer Großmutter in Dresden aufgewachsen und nach Schulbesuchen in Berlin und Dresden in das Elite-Internat Salem am Bodensee gekommen. Nach ihrem Chemie-Studium in München promovierte sie 1945 und bekam 1949 bis 1950 ein Stipendium an der Harvard University. Ihren Mann, den ehemaligen CSU-Politiker Erwin Hamm, mit dem sie eine Tochter und einen Sohn hat, lernte das »Fräulein Brücher« 1948 im Münchner Stadtrat kennen. Bis dahin hatte sie drei Jahre lang als Wissenschafts-Redakteurin bei der »Neuen Zeitung« in München gearbeitet, um ihre jüngeren Geschwister unterstützen zu können. In dieser Zeit kam es zu einer für ihr weiteres Leben schicksalhaften Begegnung. Nach einem Interview ermunterte sie der damalige Stuttgarter Kulturminister und spätere erste Bundespräsident Theodor Heuss: »Mädle, Sie müsset in d'Politik!«

ast

Sabine Leutheusser-Schnarrenberger

(FDP), Bundesjustizministerin

Blitzkarriere in Bonn

Manchmal brennt um Mitternacht im obersten Stockwerk des Justizministeriums in Bonn noch Licht. Dann sitzt Sabine Leutheusser-Schnarrenberger noch hinter ihrem Schreibtisch, liest Akten, hört nebenbei eine Kassette ihres Lieblingssängers Chris de Burgh und ißt Maracuja-Früchtejoghurt. »Nach einem langen Arbeitstag voller Termine kann ich so wenigstens in Ruhe alles aufarbeiten«, stellt die 43jährige Politikerin heiter fest.

Sabine Leutheusser-Schnarrenberger ist in der Geschichte der Bundesrepublik die erste Frau an der Spitze eines »klassischen« Ministeriums in Bonn. Sie hat sich vorgenommen, eine Politik zu machen, »in der Freiheit und Verantwortung des einzelnen einen hohen Stellenwert haben«. Das bringt Konflikte mit sich – ihre Vorbehalte gegen eine Grundgesetzänderung beim Asylrecht, ihre Ablehnung des »großen Lauschangriffs«, also das Abhören von Privatwohnungen durch die Polizei, führten zu herben Auseinandersetzungen mit dem Koalitionspartner Union, aber auch in den eigenen Reihen. Der bayerische Ministerpräsident Edmund Stoiber etwa schimpfte die Justizministerin nach ihren ersten hundert Tagen Amtszeit ein »Sicherheitsrisiko«. »Sabine Leutheusser-Schnarrenberger – die letzte Liberale im Kabinett«, beschrieb sie dagegen die alternative »tageszeitung«: »Neben dem Kanzlerfreund Kinkel, dem wendigen Fraktionschef Solms und dem windigen Graf Lambsdorff muß sie wie ein Ausbund an Prinzipientreue und Tapferkeit erscheinen.«

Sabine Leutheusser-Schnarrenberger, 1951 im westfälischen Minden geboren, verdankt ihre politische Karriere eher einem Zufall. Die leitende Regierungsdirektorin beim Deutschen Patentamt in München kandidierte bei der Bundestagswahl 1990 auf Platz neun der bayerischen Landesliste der FDP. Nach der Wahlnacht erfuhr sie erst in den frühen Morgenstunden am Telefon, daß sie den Sprung ins Parlament in Bonn geschafft hatte – nur weil der Wiedereinzug der Grünen an der Fünf-Prozent-Hürde knapp gescheitert war. In

Bonn zählte die »Neue« erst mal zu den Hinterbänklern der Fraktion, wurde Mitglied im Innen-, Rechts- und Fremdenverkehrsausschuß des Bundestages. Das wäre gewiß auch noch einige Zeit so geblieben, hätte nicht Hans-Dietrich Genscher beschlossen, sein Amt als Außenminister aufzugeben. Die Kür seines Nachfolgers und damaligen Justizministers Klaus Kinkel wurde zu einem blamablen Vorgang für die FDP, denn ursprünglich sollte Irmgard Schwaetzer nach dem Willen der Parteispitze neue Außenministerin werden.

Nun galt es, den freigewordenen Justizministerposten von Klaus Kinkel wieder zu besetzen. Überraschend kam Sabine Leutheusser-Schnarrenberger ins Gespräch, weil die rechte Partei-Riege verhindern wollte, daß der linksliberale Burkhard Hirsch dieses Amt erhielt. Die Lösung schien ihnen überzeugend, denn Leutheusser-Schnarrenberger galt als ausgewiesene Rechtsexpertin und war bisher auch durch pointierte politische Stellungnahmen nicht aufgefallen. Doch das Kalkül der Partei-Rechten ging nicht auf. Die neue Ministerin entpuppte sich als selbstbewußte Politikerin, die sich – entgegen aller Erwartungen – nicht ans Gängelband legen lassen wollte. Nach den Pannen bei der Festnahme von RAF-Mitgliedern in Bad Kleinen entließ sie den Generalbundesanwalt und Parteifreund Alexander von Stahl aus dem Amt. Ein Rausschmiß, den ihr viele in der Partei nicht verziehen. Seitdem sucht die Partei-Rechte nach einem Anlaß, die unbequeme Ministerin wieder loszuwerden. »Gerade jetzt muß sich die FDP auf ihre Grundsätze besinnen und sich Rechtstendenzen entgegenstellen«, warnt sie. Doch beim »großen Lauschangriff« gerät sie zunehmend in Bedrängnis: Immer mehr ihrer Parteifreunde verlangen hier ein Nachgeben gegenüber dem Koalitionspartner Union. Parteiintern hat Sabine Leutheusser-Schnarrenberger bereits signalisiert, daß sie in diesem Fall von ihrem Amt zurücktreten würde.

In der Bevölkerung kommt die Ministerin an, dafür sorgt vor allem ihr offenes und freundliches Auftreten, ihr fehlt das Glatte der formelhaften politischen Rhetorik. »Mangelnde Professionalität« werfen ihr aber ihre Gegner nicht zuletzt deshalb vor.

An der Basis, dort wo sie zu Hause (und FDP-Kreisvorsitzende) ist, in Tutzing am Starnberger See, freuen sich die Parteifreunde über die Bonner Blitzkarriere »ihrer Sabine«. Zu schaffen machte der Neuen in Bonn erst einmal ihr unaussprechlicher Doppelname. »Frau Dingsbums« schrieb der »Spiegel« respektlos. »Schnarri« heißt sie mittlerweile in Bonn. Schlagzeilen machte auch ihr Hund: Die CSU fand es öffentlich ungehörig, daß er »Dr. Martin Luther« heißt. Verheiratet ist die Ministerin mit Ernst Schnarrenberger, einem Journalisten, der schon einmal in die Schlagzeilen geriet, weil er ein Herrenmagazin herausgab.

Sabine Leutheusser-Schnarrenberger hat sich für ihre Amtszeit noch einiges vorgenommen. Vor allem für die Rechte der Kinder will sie sich stark machen, da, so sagt sie, bliebe auf Gesetzesebene noch viel zu tun. In Gerichtsverfahren, vor allem in Familien- und Vormundschaftsverfahren, will die Justizministerin einen »Anwalt des Kindes« institutionalisieren. »Eine Rechtsordnung muß sich auch daran messen lassen, wie sie mit den Schwächsten der Gesellschaft umgeht.«

J.H.

Schwächen: »Ungeduld.«

Stärken: »Aufrichtigkeit, Ausdauer, Präsenz.«

Wovor haben Sie am meisten Angst? »Vor einer Ausbreitung nationalistischer, rechtsextremer Gewalt und Gesinnung in Deutschland.«

Wichtigstes historisches Ereignis: »Die französische Revolution, weil sie die Grundlagen für Freiheit und Selbstbestimmung des einzelnen Bürgers gelegt hat.«

Asylkompromiß: »Eine schwierige Vereinbarung über die Koalitionsgrenzen hinaus, bei der jede politische Richtung erhebliche Abstriche hinnehmen mußte – auch ich. Aber es ist gelungen, das Asylgrundrecht zu erhalten und politisch Verfolgten weiterhin Asyl zu gewähren.«

Glauben Sie, daß der Rechtsradikalismus zur ernsten Gefahr wird? »Er wird zu einer ernsten Gefahr werden, wenn sich nicht alle demokratischen Kräfte darin einig sind, ihn mit allen rechtsstaatlichen Mitteln zu bekämpfen. Der Rechtsextremismus ist kein Naturphänomen, sondern hat konkrete gesellschaftliche Ursachen. Hier gilt es anzusetzen.«

Frauen in der Bundeswehr: »Ich sehe keine Notwendigkeit, den Dienst in der Bundeswehr auch auf Frauen zu erstrecken.«

Beeindruckendste historische Persönlichkeit: »Thomas Morus.«

Cornelia Schmalz-Jacobsen (FDP),

Ausländerbeauftragte der Bundesregierung

»Ich möchte lieber dort leben, wohin Ausländer kommen wollen, als in einem Staat, aus dem die eigene Bevölkerung flieht.«

Für Cornelia Schmalz-Jacobsen (FDP), Ausländerbeauftragte der Bundesregierung, sind Doppelstaatlichkeit und ein Einwanderungsgesetz überfällig. In den vergangenen 40 Jahren sei die Bundesrepublik de facto zum Einwanderungsland geworden. Man müsse endlich aufhören, die doppelte Staatsbürgerschaft als »etwas Unanständiges wie Vielweiberei zu behandeln«, sagte sie Anfang 1993 und legte ihren Entwurf vor. Das »ius sanguinis« (Blutrecht), das auf das Reichsstaatsangehörigkeitsrecht von 1913 zurückgeht und nach dem nur Deutscher sein darf, »wem deutsches Blut in den Adern fließt«, sei veraltet. Ihm setzte Schmalz-Jacobsen das »ius soli« entgegen, nach dem der Geburtsort ausschlaggebend ist. Ein Kind, so das Papier, kann, wie in den USA oder wie in einer Reihe von europäischen Ländern, künftig auch automatisch deutscher Staatsbürger werden, wenn es hier geboren ist; egal welcher Herkunft seine Eltern sind. Nicht in der BRD geborene Ausländer, die in der Bundesrepublik ihren Lebensmittelpunkt haben, keine Sozialhilfe oder Arbeitslosengeld beziehen und nicht straffällig geworden sind, sollen, so Schmalz-Jacobsen, nach acht Jahren die Möglichkeit zur Einbürgerung haben. Asylberechtigte nach fünf Jahren.

Ihr Plädoyer für die doppelte Staatsbürgerschaft löste viel Kritik in den Reihen des Koalitionspartners aus. Zum Beispiel sagte der baden-württembergische Ministerpräsident Erwin Teufel (CDU): »Man kann die Staatsbürgerschaft nicht wechseln wie ein Hemd.« Niemand könne zwei Gemeinwesen dienen. Und als die Ausländerbeauftragte im Juli 1993 eine Broschüre herausgab, in der sie für die Doppelstaatlichkeit warb, beschwerte sich der CDU-Bundestagsabgeordnete Wolfgang von Stetten, Cornelia Schmalz-Jacobsen mißbrauche ihr Amt und verschwende Steuergelder mit teuren Broschüren, in denen sie ihre Privatmeinung verbreite, die sie nicht mit der Bundesregierung abgestimmt habe. Auch die Vorgängerin von Cornelia Schmalz-Jacobsen, Liselotte Funcke (FDP), hatte nicht gerade die besten Beziehungen zur Bundesregierung. Frustriert trat sie im Juli 1991 zurück, weil sie es leid war, auf Probleme und notwendige Schritte in der Ausländerpolitik aufmerksam zu machen, ohne angemessen beachtet zu werden. Cornelia Schmalz-Jacobsen bestand deshalb vor ihrem Amtsantritt auf einer Besserstellung ihres Amtes. Diese Forderungen erfüllten sich nur teilweise. So wurde das Budget für die Öffentlichkeitsarbeit ihres Amtes von 25.000 Mark auf 100.000 Mark pro Jahr aufgestockt (ein immer noch relativ geringer Betrag), es gibt jetzt ein Berliner Büro und mehr Mitarbeiter. Kabinettszugang, der eine echte politische Aufwertung ihres Amtes gewesen wäre, erhielt Cornelia Schmalz-Jacobsen nicht. Die FDP-Politikerin läßt sich jedoch wegen der Geringschätzung ihrer Mini-Behörde, die dem Bundeskanzler untersteht und dem Sozialministerium zugeordnet ist, nichts anmerken. Sie ist eine Einzelkämpferin, ohne große Lobby, die sich aber auch den Vorwurf gefallen lassen muß, daß sie manchmal zu leise Töne anschlägt.

Die Vorteile der Doppelstaatlichkeit verteidigt sie hartnäckig. Sie sei zwar keine Antwort auf Mölln oder Solingen, aber ein Gewinn für den inneren Frieden und die Glaubwürdigkeit im Kampf gegen Rechtsradikalismus und Fremdenhaß. Gerade für die 1,5 Millionen ausländischer Jugendlicher von rund 6,5 Millionen Ausländern in der Bundesrepublik sei es wichtig, sich in einer Staatengemeinschaft als gleichwertiges Mitglied der Gesellschaft akzeptiert zu fühlen. Für die Ausländerbeauftragte ist es ungerecht, daß nach dem Maastrichter Vertrag nur EG-Bürger das aktive und passive Wahlrecht auf Kommunal- und Europaebene haben: »Wie erkläre ich einem Türken, warum er nach 20 Jahren in unserem Land nicht wählen darf, aber sein spanischer Kollege, der erst ein paar Monate hier ist?«

Cornelia Schmalz-Jacobsen war eine der sechs Liberalen, die gegen den Asylkompromiß stimmten. Geschlossene Tore seien kein sinnvolles Rezept gegen den Migrationsdruck, sagte sie. Die Politikerin, die selbst eine griechische Großmutter hat, forderte ein »Asylrecht, das nicht bloß Fassade ist«. Der wichtigste Handlungsbedarf in der Politik besteht für sie darin, Konzepte für die Migrationsbewegungen zu entwickeln. Als ihren größten politischen Erfolg bezeichnet die 59jährige gebürtige Berlinerin das Bleiberecht für ehemalige Vertragsarbeiter der DDR, das auch durch ihr Engagement zustande kam. Rund 20.000 Vietnamesen, Angolaner und Mozambiquaner, die vergangenes Jahr ein Arbeitsverhältnis bis zum 17. Dezember nachweisen konnten, wurden nicht in ihre Heimatländer abgeschoben. Auch das Opferentschädigungsgesetz, das der Bundestag kurz vor der Sommerpause verabschiedete, begrüßte die Ausländerbeauftragte. Danach werden Ausländer, die Opfer von Gewalttaten wurden und mindestens drei Jahre lang rechtmäßig in der Bundesrepublik leben, entschädigt wie Deutsche.

Cornelia Schmalz Jacobsen, zweimal geschieden, drei erwachsene Söhne, wuchs in Berlin-Charlottenburg auf. Nach dem Abitur studierte sie Gesang und Sprachen in Berlin, Perugia und Rom. Nach ihrer ersten Scheidung wurde sie Hörfunk- und Zeitungsjournalistin und zog Ende der 60er Jahre mit ihren Kindern nach München, wo sie sich bald kommunalpolitisch engagierte. Für die FDP, in die sie wegen ihrer »Grundwerte Freiheit und Toleranz« und wegen Theodor Heuss, Thomas Dehler und Hildegard Hamm-Brücher eintrat, saß sie ab 1972 im Münchner Stadtrat. Ihr größter politischer Mißerfolg besteht für sie darin, daß sie das Münchner Oberbürgermeisteramt 1978 wegen einer Differenz von 0,8 Prozent der Stimmen dem Gegenkandidaten Erich Kiesl (CSU) überlassen mußte. 1985 wurde Cornelia Schmalz-Jacobsen Senatorin für Jugend und Familie im Berliner Senat, wo sie aber ebensowenig hervortrat wie später als FDP-Generalsekretärin von 1988 bis 1991. Bei diesem Amt hatte sie ihren Schwerpunkt auf Sozial- und Frauenpolitik gelegt.

ast

Schwächen: »Zögerlich, sprunghaft.«

Stärken: »Zuverlässig, uneitel, treu.«

Hobbys: »Lesen und Laufen.«

Was essen/trinken Sie gerne? »Sehr verschieden, jedenfalls ungern allein.« (Nach dem vom Bundespresseamt herausgegebenen »Journal für Deutschland« trinkt sie gerne herben Wein zur Lammpfanne, Anm. d. Aut.)

Warum sind Sie Politikerin geworden? »Um mitreden zu können und nicht alles den andern zu überlassen.«

Was tun Sie gegen den Rechtsradikalismus? »Reden, reden, reden – aufklären.«

Irmgard Schwaetzer (FDP),
Bundesbauministerin

»Es war verblüffend, mit welcher Kälte in der Fraktion über das Menschliche hinweggegangen wurde«,

sagte Irmgard Schwaetzer im April 1992 und konnte immer noch nicht richtig begreifen, was ihr passiert war. Es ging ihr wie einem weiblichen Ikarus – der Sonne zu nahe, stürzte sie in ein Meer der Verzweiflung. Nur wenige Stunden konnte sie in ihrem Glücksrausch schwelgen, erste deutsche Außenministerin zu werden, dann kam das jähe Erwachen. Der damalige Wirtschaftsminister Jürgen Möllemann (FDP) rief zum Putsch gegen sie auf und gewann. Fraktion und Vorstand der Liberalen entschieden sich für den damaligen Justizminister Klaus Kinkel als Nachfolger für Hans-Dietrich Genscher. Irmgard Schwaetzer mußte damit eine Demütigung hinnehmen, die ihre »Vorstellungskraft übertraf«. Einem Mann, der vier Jahre lang als Staatsminister im Auswärtigen Amt gearbeitet habe (wie Schwaetzer), »wäre das nie passiert«, sagte sie verbittert. In Tränen aufgelöst ließ sie sich von ihrem Ehemann Udo Philipp trösten. Der Bonner Fernsehjournalist (SAT 1) hatte sich schon auf die vielen schönen Reisen mit der Luftwaffen-Sondermaschine gefreut. Zur Nominierung seiner Frau nahm der Fast-Außenministerinnen-Gatte, der – wie er einmal im Kollegenkreis kundtat – ohnehin »mit am Kabinettstisch sitzt«, sofort kenntnisreich Stellung: »Auf den Vizekanzler hätten wir nicht verzichten sollen«, verkündete er (Schwaetzer hatte Möllemann ihre Unterstützung für diesen Posten zugesagt). Nach dem für sie größten politischen Mißerfolg wollte Irmgard Schwaetzer erst einmal »alles hinschmeißen«. Dann biß sie aber doch die Zähne zusammen und blieb, was sie vorher war: Bundesbauministerin.

Mit diesem sehr problematischen Amt, das sie im Januar 1991 angetreten hatte, erntet die Politikerin mehr Schelte als Lorbeeren. Von allen Seiten muß sie sich Vorwürfe wegen der gravierenden Wohnungsmisere anhören. Schließlich sollen in der Bundesrepublik zwei bis drei Millionen Wohnungen fehlen.

Das sind allerdings nur Schätzungen. Daß es keine genauere Bestandsaufnahme gibt, wurde Schwaetzer vor allem von seiten der SPD angelastet. Während das Bauministerium vor sich hin wurstle, so die Opposition, plane jedes mittlere Unternehmen seine Arbeit auf Grundlage ordentlichen Datenmaterials. Seit September 1992 ist die Ministerin dabei, das nachzuholen. Eineinhalb Jahre nach ihrem Amtsantritt leitete sie eine Stichprobenzählung für den Wohnungsbestand in Gesamtdeutschland in die Wege. Ab September 1995 soll es eine Erhebung für Ostdeutschland geben.

Der Kritik an ihrer Amtsführung setzt Irmgard Schwaetzer eine zweistellige Wachstumsrate auf dem Wohnungsmarkt entgegen. Für 1993 hatte sie 400.000 Neubauten angepeilt und rund 500.000 will sie ab 1995 pro Jahr möglich machen. Indes wächst das Heer der Obdachlosen. Der deutsche Städtetag geht von bis zu 300.000 Menschen ohne Wohnung aus. Hohe Zinsen und schleppende Baugenehmigungsverfahren der Länder und Gemeinden seien schuld an der Misere, klagt Irmgard Schwaetzer. Das Investitionserleichterungs- und Wohnungsbaulandgesetz, das seit Mai 1993 in Kraft ist, soll nun Verbesserungen schaffen. In ihren Augen handelt es sich um ein Gesetzespaket, »das die liberale Zielvorstellung von Entbürokratisierung und dezentraler Entscheidungskompetenz im Planungsrecht entscheidende Schritte voranbringt«, lobte sie die Maßnahmen in ihrem perfekten Amtsdeutsch, für das sie weit über Bonn hinaus bekannt ist. Als ihren größten politischen Erfolg verbucht sie 100.000 preiswerte Familienwohnungen im Sonderprogramm »Ballungsgebiete«. In den sozialen Wohnungsbau flossen 1993 2,7 Milliarden Mark in den Westen und 1,25 Milliarden nach Ostdeutschland. Um die Wohnungswirtschaft anzukurbeln, will Ministerin Schwaetzer billiger bauen lassen und die Standards an Ausstattung und Komfort senken.

Eine besonders undankbare Aufgabe hat sie, wenn sie sich für Mietsteigerungen in Ostdeutschland rechtfertigen muß. Seit Januar 1993 erhöhten sich dort die Grundmieten je nach Ausstattung und Zustand der Wohnung um bis zu 1,20 Mark pro Quadratmeter. Seit Anfang dieses Jahres müssen ostdeutsche Mieter bei einer Wohnung ohne erhebliche Schäden 2,20 Mark, bei besseren Wohnungen bis zu 2,80 Mark pro Quadratmeter mehr zahlen. Wenn man vom Durchschnittspreis von rund zwei Mark im Jahr 1992 ausgeht, bedeutet das für viele eine mehr als doppelt so hohe Mietbelastung bei gleichzeitigen Preissteigerungen und hoher Arbeitslosenrate. Die Reaktionen bei Mieterverbänden und Bürgern waren dementsprechend heftig. Im Juli

1992 beschwerte sich zum Beispiel ein unzufriedener Ostdeutscher in einer Berliner Zeitung: »Liebe Frau Schwaetzer, als weiblicher Adam sollten Sie wissen, daß man einem nackten Mann nicht unentwegt in die Tasche fassen kann.« Aber Ministerin Schwaetzer erhofft sich von den Mieterhöhungen einen Investitionsschub der Eigentümer. Kritiker tadeln jedoch »die indirekte Subventionierung« von Hausbesitzern. Ende 1992 machte Irmgard Schwaetzer, die private Investitionen stets begrüßt, einen unglücklichen Versuch, die Wohnungswirtschaft anzukurbeln. Als Bundesbauministerin verbürgte sie sich in der Hauszeitschrift der Immobilienfirma »Germania« persönlich für deren Vertrauenswürdigkeit und ermunterte Anleger zum Investieren. Peinlich wurde die Sache allerdings, als herauskam, daß »Germania« zu den schwarzen Schafen der Branche gehörte. Das war dem Bauministerium bei der Überprüfung entgangen.

Kritik erntete sie auch, als bekannt wurde, daß sie dem Mieter ihrer Eigentumswohnung wegen Eigenbedarf gekündigt hatte, dann die Wohnung aber doch verkaufte. Sie begründete diesen Schritt mit der Änderung ihrer Lebenspläne nach seinem Auszug. Erst dann habe sie beschlossen, mit ihrem jetzigen Ehemann zusammenzuziehen, weshalb sie die Wohnung nicht mehr benötigt habe. (Irmgard Schwaetzer hatte sich nach 17jähriger Ehe von dem Chemiker und Firmenberater Wolfgang Adam getrennt.)

Auch das Dauerverdruß-Thema »Berlin-Umzug« fällt in ihr Ressort. Die von einer Bonn-Befürworterin zur glühenden Berlin-Unterstützerin konvertierte Politikerin setzte dazu eine Menge Zahlen in Umlauf. Die letzte Version sind acht Milliarden Mark für Regierungs- und Parlamentsgebäude und 1,9 Milliarden Mark für Wohnungen.

Im Bundestag machte sich die promovierte Pharmazeutin für die modifizierte Fristenlösung stark und verärgerte den FDP-Chef und Außenminister Klaus Kinkel, weil sie sich bei der Neufassung des § 218, die im November 1993 noch nicht abschlossen war, im Alleingang gegen Unionsforderungen nach stark verschärften Beratungsbedingungen stellte.

Die stellvertretende FDP-Vorsitzende, geboren 1942 in Münster, mußte schon so manche Schlappe im »Männerladen« der Liberalen hinnehmen. 1988 trat sie gegen Otto Graf Lambsdorff um den Parteivorsitz an und unterlag knapp, obwohl er als Steuerhinterzieher verurteilt worden war. Auch ihre Bemühungen um den Fraktionsvorsitz waren vergeblich. Allerdings hat Irmgard Schwaetzer trotz Mißerfolgen eine erstaunliche politische Karriere hinter sich. Erst seit 1975 FDP-Mitglied, kam sie bereits 1980 in den Bundestag und befürwortete als einzige FDP-Frau die »Wende« ihrer Partei zur Union im Herbst 1982. Dafür bekam sie von Genscher den Posten der FDP-Generalsekretärin. In diesem Amt legte sich Irmgard Schwaetzer mit der FDP-Führung an, weil sie gegen den Entwurf eines Amnestiegesetzes für Parteispenden-Steuersünder stimmte. Danach wurde sie Schatzmeisterin und ab 1987 für vier Jahre Staatsministerin im Auswärtigen Amt.

Daß Irmgard Schwaetzer nicht nachtragend ist, bewies sie beim 50. Geburtstag des ehemaligen Wirtschaftsministers Jürgen Möllemann. Nachdem sie im August 1993 mehrmals vergeblich wegen einer Einladung zum Fest nachgehakt hatte, fuhr sie einfach ungebeten nach Münster. Sie ließ es sich nicht nehmen, dem Mann, dem sie nach ihrem Absturz als Außenministerin »Du intrigantes Schwein« zugezischt hatte, persönlich zu gratulieren.

ast

Schwächen: »Ungeduld, Gutgläubigkeit.«

Stärken: »Sage ich nicht!«

Hobbys: »Lesen, Harfespielen.«

Was essen Sie gerne: »Was mein Mann kocht.« (Spezialität: Lammrücken auf Pilzbett, Anm. d. Aut.)

Größte Ungerechtigkeit: »Die Leiden von Kindern im Krieg/Bürgerkrieg.«

Asylkompromiß: »War notwendig.«

Vereinigungspolitik: »Nicht alles war gut. Wir haben viel gelernt, aber eine solide Grundlage ist gelegt.«

Wichtigste historische Persönlichkeiten: »Die Herren Stein und Hardenberg mit ihren Reformen zur Schulpflicht und zur kommunalen Selbstverwaltung.«

Ursula Seiler-Albring (FDP),
Staatsministerin im Auswärtigen Amt

»Wir wollen ein Europa der Demokraten, nicht der Bürokraten.«

Ursula Seiler-Albring, liberale Staatsministerin im Auswärtigen Amt, macht Werbung für Europa. Das ist neben der Zuständigkeit für die EG ihre Hauptaufgabe, seit sie im Januar 1991 das Amt einer Parlamentarischen Staatssekretärin mit Kabinettsrang, damals noch unter Hans-Dietrich Genscher, angetreten hat. Seitdem setzt sie sich für das politische Zusammenwachsen und die europäische Wirtschafts- und Währungsunion ein. In Anbetracht der vielen »Europa-Pessimisten« ist das eine Aufgabe, bei der die Diplomsoziologin schon einige Rückschläge einstecken mußte. Zum Beispiel beim »Nein« der Dänen zum Maastrichter Vertragswerk im August 1992 (»Ich würde das unumwunden zugeben, das ist uns gehörig in die Knochen gefahren.«). Nach dem Referendum in Großbritannien im November 1992 konnte sie aufatmen: »Wenn auch die Mehrheit ganz knapp war, es ist ein Ja, Gott sei Dank.«

Ein deutsches Referendum wäre für die Liberale, die nach eigenen Angaben gerne »kontrovers diskutiert«, nicht in Frage gekommen (»Volksabstimmungen sind immer Sternstunden der Vereinfacher, Demagogen und Angstmacher gewesen.«). Bei einem so »komplizierten Vertragswerk« sei ein »Ja« oder »Nein« zu simpel. Zweifler beruhigte sie in einem Hörfunkinterview: »Dieser Vertrag trägt im Bereich der Wirtschafts- und Währungsunion eindeutig die Hand der Deutschen Bundesbank, einer Institution, die nun wirklich bewiesen hat, daß sie von Fachleuten geleitet und ihre Arbeiten von Fachleuten erledigt wird.«

Ursula Seiler-Albring, 1943 in Saarbrücken geboren und in Westfalen aufgewachsen, verheiratet mit einem schwäbischen Diplomkaufmann, zwei Kinder, kam 1983 in den Bundestag. Der FDP gehört sie seit 1969 an. Die beiden Volksparteien CDU und SPD waren der aus einem liberal-konservativen Arzthaushalt stammenden Politikerin zu schwerfällig. Vor ihrem Aufstieg ins

Parlament war sie Kommunalpolitikerin; unter anderem im Düsseldorfer Stadtrat, im Kreisverband Mainz-Bingen und Rems-Murr, im Ortsverband Berglen und im Bezirksvorstand Mittlerer Neckar. Berufliche Erfahrungen sammelte Seiler-Albring, die sich für ihre Partei unter anderem mehr Geschlossenheit und mehr Team-Arbeit wünscht, als Personal- und Organisationsreferentin bei Thyssen in Düsseldorf und in der Duisburger König-Brauerei. Ihr Herzenswunsch, im Bundestags-Innenausschuß an einer liberaleren Innenpolitik mitwirken zu können, erfüllte sich nicht. Dafür avancierte die Parlamentarierin, die ihren geglückten Kampf um ein Umweltschutzboot für den Bundesgrenzschutz als ihren größten politischen Erfolg bezeichnet, zur »Haushälterin« im Bundestag. »Dort habe ich gelernt, sehr konzentriert zu arbeiten. Das war eine exzellente politische Grundschule, die mir das Handwerkszeug auch für spätere politische Aufgaben vermittelt hat.«

Im Haushaltsausschuß war sie für den Wehretat zuständig und gehörte sogar zu den acht mächtigen »Rüstungs-MdBs«, denen das Verteidigungsministerium im »Rüstungsbewilligungs-Ausschuß« Rechenschaft ablegen mußte. Ursula Seiler-Albring legte sich denn auch öfter mit dem damaligen Bundesverteidigungsminister Gerhard Stoltenberg an, der trotz Abrüstung in Ost und West an einer waffenklirrenden Großarmee festhalten wollte. Unter anderem wirkte sie an einer Kürzung des Verteidigungsetats um eine Milliarde Mark mit und kritisierte Stoltenberg offen, als er 830 Millionen Mark in die Entwicklung eines Radarsystems für den »Jäger 90« stecken wollte. Die Politikerin, die Napoleon für die beeindruckendste historische Persönlichkeit hält, ist auch im U-Boot-Untersuchungsausschuß des Bundestages hervorgetreten. Dem Vorwurf des SPD-Parlamentariers Norbert Gansel, die »halbe Bundesregierung« sei in die Blaupausenlieferungen an Südafrika persönlich verwickelt, trat sie als »Obmann« im Ausschuß entschieden entgegen (»Die mehrjährige Arbeit des Ausschusses ist geprägt vom Kampf um die Rechtsstaatlichkeit.«). Die Bundesregierung habe sich korrekt verhalten, sagte Ursula Seiler-Albring und zollte dem Ausschußvorsitzenden Horst Eylmann (CDU) »Dank für eine Arbeit, die schwieriger war, als eine Herde widerspenstiger Böcke und störrischer Esel zu hüten«.

Die »kontrolliert charmante« Politikerin mit dem »gepflegten Aussehen« und dem »gezügelten politischen Temperament«, wie eine Tageszeitung sie einmal beschrieb, stellte sich auch hinter den Bundeskanzler, als er für seine Abwesenheit bei der Trauerfeier für die Opfer von Mölln kritisiert wurde:

»Mit Herrn Blüm und Herrn Kinkel hat die Bundesregierung ihre Referenz vor den toten Frauen gezeigt.« Sie teilte den verfrühten Optimismus von Helmut Kohl und Finanzminister Theo Waigel, als sie im September 1990 zum dritten Nachtragshaushalt sagte: »Angesichts der hervorragenden wirtschaftlichen Situation meinen wir heute sagen zu können, Steuererhöhungen sind zur Finanzierung der Deutschen Einheit nicht notwendig.« Zu dieser Zeit legte sie sich, damals als parlamentarische Geschäftsführerin, allerdings auch mit dem Finanzminister an, weil er fünf Millionen Mark für die Anzeigenkampagne »Hauptstadt Berlin« nicht aus dem Berlinzuschuß, sondern zusätzlich aus dem Bundeshaushalt abzweigen wollte.

1989 setzte Ursula Seiler-Albring in einer überparteilichen Fraueninitiative mit Ingrid Roitzsch (CDU) und Brigitte Traupe (SPD) die Änderung des Wehrbeauftragten-Gesetzes durch, so daß jetzt auch Frauen ab dem 35. Lebensjahr zur Wehrbeauftragten gewählt werden können. Der Wehrbereich lag Ursula Seiler-Albring immer schon am Herzen. Im November 1992 trat sie für eine militärisch-industrielle Zusammenarbeit ein. Mitgliedsfirmen des Bundesverbandes der Deutschen Industrie (BDI), darunter der am »Jäger 90« beteiligte Daimler-Konzern, sollten als Sponsoren auftreten, um den »sicherheitspolitischen Konsens« in Deutschland zu fördern. Die Militärs sollten dagegen Redner in Uniform und Kasernen für gemeinsame Veranstaltungen zur Verfügung stellen. Auch für das persönliche Wohlergehen der Truppe zeigte Ursula Seiler-Albring stets Interesse. Als Mitglied des Haushaltsausschusses erkundigte sie sich zum Beispiel einmal eingehend, ob die Soldaten der Bundesmarine ausreichend mit warmen Unterhosen versorgt seien.

ast

Schwächen: »Impulsivität, Nicht-Warten-Können, deshalb manchmal vorschnelles Urteilen.«

Stärken: »Zuverlässigkeit, Fleiß, Pünktlichkeit, Team-Arbeit.«

Asylkompromiß: »Ich vertrete ihn, weil es dazu keine vernünftige Alternative gibt.«

Was tun Sie gegen Rechtsradikalismus? »Ich trete jeder Verharmlosung und Verniedlichung rechtsextremistischer Aktivitäten und Untaten strikt entgegen.«

Treuhandpolitik: »Sie ist besser als ihr Ruf.«

Vereinigungspolitik: »Es gab keine anderen Alternativen.«

Größter Skandal: »Die Barschel-Affäre.«

Hobbys: »Keine Zeit dafür, es sei denn, ausschlafen ist eines ...«

Was essen/trinken Sie gerne? »Leider alles/Württemberger Trollinger.«

Uta Würfel (FDP),
Bundestagsabgeordnete

»Politikerin wird man, indem man sich sakrisch ärgert.«

Uta Würfel, familien- und frauenpolitische Sprecherin und stellvertretende Fraktionsvorsitzende der FDP im Bundestag, hat sich »sakrisch geärgert« und ist deshalb in die Politik gegangen. Nach 14jähriger Tätigkeit als Hausfrau und Mutter im Saarland war die Frustgrenze der gebürtigen Bayerin (1944 in Bad Wiessee/Tegernsee) erreicht. Versuche, in örtlichen Gremien, zum Beispiel im Kindergarten, mitzureden oder bei Behörden Einfluß zu nehmen, hatte sie entnervt aufgegeben (»Als Hausfrau bist du 'ne Nullnummer.«). Stark ausschlaggebend war ein tragisches Ereignis. Ihr drittes Kind verunglückte tödlich wegen eines fehlenden Zebrastreifens. Uta Würfel zog Konsequenzen. Sie wollte mitreden, gesellschaftliche Entscheidungen mitgestalten. Mit 32 Jahren trat sie in die FDP ein, weil »Eigenverantwortung, Toleranz und Schutz von Minderheiten für meine Partei keine Schlagworte sind, sondern Programm«. Als wissenschaftliche Mitarbeiterin im saarländischen Landtag begann sie ihren Wiedereinstieg ins Berufsleben. Sie wurde erste weibliche

Kreisvorsitzende der FDP und für kurze Zeit saarländische Landesvorsitzende. 1987 kam die gelernte technische Übersetzerin, die vier Jahre lang in den USA gelebt hatte, zum ersten Mal in den Bundestag.

Die Offizierstochter, die sich selbst preußisches Pflichtbewußtsein zuschreibt, hatte sich vorgenommen, dort vor allem Frauen- und Familienpolitik voranzutreiben. So setzte sie sich im Parlament dafür ein, daß Kindererziehungszeiten und die Pflege kranker Angehöriger bei Frauenrenten berechnet werden, sie plädierte erfolgreich für eine Verschärfung des Strafrechts bei Kinderpornographie und sexuellem Mißbrauch von Kindern und war maßgeblich an der parteiübergreifenden Initiative »Jetzt oder nie, Frauenrechte in die Verfassung« beteiligt, die eine Ergänzung des Grundgesetzartikels 3 zugunsten der Frauen zur Folge hatte. Höhepunkt ihrer politischen Karriere bis dahin war aber zweifellos der Kampf um die Neufassung des § 218. Die »Mutter« des parteiübergreifenden »Gruppenantrags«, der die alte Indikationsregelung im Westen zugunsten der Fristenlösung mit Beratungspflicht für nichtig erklärte, konnte sich am 26. Juni 1992 in ihrem Erfolg sonnen. Nach einer Marathonsitzung im Bundestag wurde der Gesetzentwurf, den maßgeblich Uta Würfel ausgehandelt hatte, verabschiedet. Die ARD kürte die bis dahin relativ unbekannte Politikerin denn auch zur »Frau des Jahres 1992«. Begründung: Sie habe es geschafft, die Grenzen der Parteien zu überwinden und Fraktionszwänge aufzuweichen. Die Tatsache, daß kurz nach der Parlamentsentscheidung die Bayerische Staatsregierung zusammen mit 249 Unionsabgeordneten vors Bundesverfassungsgericht zog, um die Fristenlösung auf ihre Verfassungstauglichkeit überprüfen zu lassen, nahm die Politikerin gelassen hin. Uta Würfel, Mutter eines Sohnes und einer Tochter, wartete die Karlsruher Entscheidung mit Zuversicht ab. Das Urteil fiel im Mai 1993; zum Entsetzen vieler SPD-Politikerinnen, aber offenbar zur Zufriedenheit von Uta Würfel: Danach ist die Fristenlösung zwar rechtswidrig, wird jedoch strafrechtlich nicht verfolgt, wenn sich die Frau mindestens drei Tage vor dem Abbruch einem verschärften Beratungsgespräch unterzieht. Die Abtreibung wird außerdem nur bei Gesundheitsgefährdung der Mutter, bei schweren Behinderungen des Kindes, bei Vergewaltigung und bei sozial schwachen Frauen von den Krankenkassen bezahlt. Während wegen dieses Urteils viele ihrer Mitstreiterinnen lauthals protestierten, eilte Uta Würfel nach dem Richterspruch mit strahlendem Lächeln aus dem Gerichtssaal und interpretierte die Entscheidung vor laufenden Kameras als »Fortschritt für die

Frauen«. Über die Empörung etwa der brandenburgischen Sozialministerin Regine Hildebrandt, die das Urteil als »Katastrophe« bezeichnete, schüttelte Uta Würfel nur den Kopf. Für sie war die »modifizierte Fristenlösung« erreicht, »weil Frauen eigenverantwortlich entscheiden können, ob sie ein Kind zur Welt bringen wollen oder nicht«.

Im Oktober 1993 holte Uta Würfel die Parteiräson ein. Die FDP-Verhandlungsführerin mit der Union für ein neues Beratungsgesetz, das nach dem Karlsruher Urteil notwendig geworden war, zeigte sich nach anfänglichem Ärger »sanft wie ein Kätzchen« (Spiegel). Um den Koalitionsfrieden nicht noch mehr zu stören, hielt sie still, als die Union der FDP eine interne »Formulierungshilfe« zum geplanten Strafrechtsparagraphen 218 unterbreitete. Danach sollten zum Beispiel Abtreibungsärzte, die nicht versuchen, schwangeren Frauen den Eingriff auszureden, mit einem Jahr Gefängnis bestraft werden können. Angehörige, Arbeitgeber oder Freunde, die eine Schwangere drastisch zum Abruch nötigen, sollten mit Freiheitsstrafen bis zu drei Jahren bestraft werden können.

Die dennoch harte Kämpferin für die Fristenlösung plädierte auch für die Einführung der Abtreibungspille RU 486 als »schonendste und preisgünstigste Abtreibungsmethode« – im Augenblick noch gegen den Widerstand des Hoechst-Konzerns. Weiteres Ziel von Uta Würfel, die Spitzenkandidatin ihrer Partei für das Europa-Parlament ist: Sie will erreichen, daß Vergewaltigung in der Ehe bestraft wird. Damit scheiterte sie bisher am Widerstand männlicher CDU-Kollegen. Außerdem tritt sie für die Anerkennung eheähnlicher Gemeinschaften und gleichgeschlechtlicher Ehen ein, ist gegen die Kirchensteuer und will, selbst konfessionslos, Frauen auch in der katholischen Kirche in Priesterämtern und anderen verantwortungsvollen Positionen sehen.

Die 1,78 große Blonde, die beim saarländischen Parteitag der Liberalen im Dezember 1992 in Strümpfen am Mikrofon stand, weil sie sich in ihren hohen Schuhen zu sehr hätte bücken müssen, legte allerdings eine Bauchlandung hin, als sie versuchte, ihr politisches Gewicht für private Zwecke geltend zu machen. In den »Westfälischen Nachrichten« suchte sie zusammen mit ihrem Mann als »Uta Würfel, MdB« eine Wohnung für ihren Sohn. Mögliche Vermieter blieben jedoch offensichtlich unbeeindruckt: Die Familie erhielt kein einziges Angebot.

ast

Schwächen: »Kann schlecht Nein sagen, packt Terminkalender zu voll.«

Stärken: »Erfaßt schnell neue Inhalte, ist zäh, sachlich und belastbar.«

Hobbys: »Möbel restaurieren, in der warmen Gartenerde ohne Gummihandschuhe wühlen.«

Lieblingsspeise/-getränk: »Meerestiere mit Chablis/bei Hitze Radlerhalbe (Alsterwasser, Anm. der Aut.), Obst in rauhen Mengen.«

Lieblingsstadt: »Wien.«

Größte Angst: »Daß meinen Kindern etwas zustößt.«

Prägendstes Erlebnis: »Der Einsatz meiner Mutter als Heimleiterin für schwer erziehbare Kinder.«

Solidarpakt: »Erster Schritt zur Befriedung von Ost und West.«

Treuhand: »Wird meist zu Unrecht gescholten.«

Atomenergie: »Unverzichtbar.«

Größte Ungerechtigkeit: »Die weltweite Benachteiligung von Frauen.«

Frauenpolitische Eckpunkte der FDP

Die Freie Demokratische Partei (FDP) wurde als Zusammenschluß aller liberalen Landesparteien in den drei Westzonen am 11./12. Dezember 1948 in Heppenheim gegründet. Erster Vorsitzender war Theodor Heuss, sein Stellvertreter Franz Blücher. Ausgesprochene Frauenpolitik spielte bei den Liberalen über Jahrzehnte hinweg keine große Rolle. Heute sind rund 27 Prozent der FDP-Mitglieder weiblich. Von den 79 Bundestagsabgeordneten sind 16 Frauen (20,2 Prozent). Beim Bundesvorstand liegt der Frauenanteil bei 16 Prozent. Auf Landtagsebene sind die Mecklenburger liberalen Frauen mit 32,7 Prozent Spitzenreiter. Am wenigsten weibliche FDP-Abgeordnete hat der Bremer Senat (10,4 Prozent). Innerhalb der Bundesregierung gibt es von den Liberalen zwei weibliche Minister (Bauministerin Irmgard Schwaetzer – gleichzeitig stellvertretende Bundesvorsitzende – und Justizministerin Sabine Leutheusser-Schnarrenberger). In der frauenpolitischen Geschichte der Freidemokraten sind zwei Ereignisse hervorzuheben:

1987

Am 6. April beschließt der Bundesvorstand einen Frauenförderplan, um den Anteil von Frauen in Ämtern und Funktionen in der FDP zu erhöhen. Darauf folgen fünf Berichte des Bundesvorsitzenden zur Umsetzung des Frauenförderplanes (Abschlußbericht 1992). Er hat zum Ziel, innerhalb von fünf Jahren den Anteil der Frauen in Entscheidungsfunktionen entsprechend ihrer Mitgliederzahl (1987 25 Prozent) zu erhöhen. Unter anderem sollen dazu auf kommunaler, Landes- und Bundesebene Initiativen oder Fachausschüsse gegründet und ein Frauenreferat in der Bundesgeschäftsstelle eingerichtet werden. Die Vorsitzenden von Kreis-, Bezirks- und Landesverbänden sowie der Bundesvorsitzende berichten jährlich auf ordentlichen Parteitagen über die Mitgliederentwicklung und den Anteil der Frauen daran und über die Entwicklung des Frauenanteils auf aussichtsreichen Listenplätzen und in Vorständen. Die FDP hält dabei am »liberalen« Gedanken der Selbstverpflichtung fest und verzichtet auf »starre« Quoten. Eine Frauenquote von 30 Prozent war im Rahmen dieses Förderplans im Gespräch, wurde allerdings wieder fallengelassen.

1990
Im September Gründung der Bundesvereinigung »Liberale Frauen e.V.« außerhalb der Partei (Vorsitzende Irmgard Schwaetzer, Bundesbauministerin).

Politikerin ohne Parteizugehörigkeit

Helga Schuchardt, parteilos
Ministerin für Wissenschaft und
Kultur in Niedersachsen

»Ich gehöre zu denen, die ein Risiko eingehen können und wollen.«

Helga Schuchardt Ministerin in einer SPD-geführten Landesregierung? Noch heute – mehr als ein Jahrzehnt nach dem Regierungswechsel von Helmut Schmidt zu Helmut Kohl, provoziert dies Erstaunen. Schließlich ist die 54jährige Politikerin noch immer als eine der profiliertesten FDP-Politikerinnen der Republik in Erinnerung. Nach dem Ende der sozialliberalen Koalition 1982 hatte sie wütend und enttäuscht zusammen mit einigen anderen Parteifreunden die FDP verlassen. Allerdings trat sie nicht wie Ingrid Matthäus-Maier oder Günther Verheugen in eine andere Partei ein. »Für mich war die FDP ein bißchen Heimat und ich war nicht fähig, uns einfach so schnell eine neue Heimat zu schaffen. Ich wollte auch nicht aus opportunistischen Karrieregründen der SPD beitreten, um mir sozusagen die Pfründe zu sichern.« Es war damals ein schmerzlicher Schritt – ein Abschied von einer fast glanzvollen politischen Laufbahn.

Helga Schuchardt, 1939 in Hannover geboren und in der Nähe von Hamburg aufgewachsen, absolvierte eine Ausbildung zur Ingenieurin für technische Physik und arbeitete bei der Deutschen Lufthansawerft in Hamburg. Als 26jährige wurde sie Mitglied der FDP. Dann folgte eine Blitzkarriere. Von 1970 bis 1972 war sie Abgeordnete der Hamburger Bürgerschaft und gehörte danach dem Bundesvorstand der FDP an. 1972 gelang Helga Schuchardt der Sprung in den Bundestag. Bald darauf profilierte sie sich als bildungspolitische und später auch als entwicklungspolitische Sprecherin ihrer Fraktion. 1975 wurde die erst 36jährige zur Landesvorsitzenden der FDP in Hamburg gewählt. »Hefe im Kuchen der Bundespartei« sollte nach ihrem Willen der Landesverband werden und konsequent setzte sie sich für linke, liberale Positionen ein: Für die Ablehnung des Extremistenbeschlusses und für staatliche Einflußmöglichkeiten auf private Investitionsentscheidungen. Helga Schuchardt sprach sich außerdem gegen den Ausbau der Kernenergie aus. Eine Politikerin mit »metallischem Charme«, nannte sie damals die Wochenzeitung »Die Zeit«. 1976 gelang es ihr, den ersten Platz der hamburgischen FDP-Landesliste für die Bundestagswahl zu erobern.

Nach der »Wende« in Bonn 1982 entschied sich Helga Schuchardt nach kurzem Zögern, nicht aus der Politik auszusteigen. »Ich finde, daß der Beruf Politikerin eine spannende, starke Herausforderung ist, und er macht mir auch Spaß«, begründet Helga Schuchardt ihren Entschluß von damals.

1982 unterstützte sie – aber ohne selbst Mitglied zu sein – bei den Hamburger Bürgerschaftswahlen die SPD. Wahlsieger Bürgermeister von Dohnanyi (SPD) berief Helga Schuchardt als Kultursenatorin. In der rechtsorientierten Hamburger SPD hatte die liberal gesinnte Politikerin ohne Hausmacht allerdings einen schweren Stand. 1987, als die Wahlergebnisse in Hamburg eine SPD/FDP-Koalition zur Folge hatten, gab sie ihr Amt ab. Nun sah alles danach aus, als wäre dies der definitive Abschied von der Berufspolitik. Helga Schuchardt kehrte zur Lufthansa zurück.

Wäre da nicht Gerhard Schröder gewesen, der 1990 die Landtagswahlen in Niedersachsen gewann. Er engagierte Helga Schuchardt zunächst für ein neu zu bildendes »Ministerium Kunst und Medien«. Nach dem Einspruch der Grünen, die mit dieser Konstruktion nicht einverstanden waren, wurde Helga Schuchardt Ministerin für Wissenschaft und Kultur. Die Hauptlast ihrer Verantwortung liegt im Bereich der Hochschulen, hier setzt sie sich für den Ausbau des Fachhochschulsystems ein. Allerdings sieht sie persönlich einen wesentlichen Schwerpunkt ihrer Arbeit in der Kulturförderung, vor allem auch im regionalen Bereich. Helga Schuchardt fördert zudem soziokulturelle Zentren, in denen die »Initiative des einzelnen gefragt und gefördert wird«.

Außerdem hofft sie, neue Wege aufzutun: »Im Prinzip steckt unsere Forschung an den Hochschulen, wie auch unser Wirtschaftssystem, in einer Sackgasse. Beide verharren in alten Denkstrukturen«, findet sie. »Wer geht das Risiko neuer Wege ein?« In diesem Zusammenhang bedauert sie sehr, »daß das Wort Zivilcourage in der gesellschaftlichen Diskussion ins Abseits geraten sei.«

Wo sieht sie ihre größten Erfolge? Sie nennt ein Beispiel: »An der Stelle in

Hamburg, wo die alte Synagoge stand, wollte ich, daß eine Gedenkstätte errichtet wird. Ich stand mit der Umsetzung des Projekts im Senat zunächst ziemlich allein und habe es über Jahre hinweg schließlich doch geschafft, die Mehrheit zu gewinnen.« An Niederlagen, sagt sie, erinnere sie sich weniger, weil sie die negativen Geschichten schneller vergesse: »Das liegt vielleicht daran, daß ich immer davon ausgehe, doch etwas bewirken zu können. Diejenigen, die immer auf der Mehrheitsseite stehen, bewegen doch nichts.«

Helga Schuchardt glaubt an die Initiative und die Kraft des Individuums. Die Ministerin betätigt sich in ihrer Freizeit gerne handwerklich. Und Kunst und Kultur ist nicht nur ihr Beruf, sondern auch ihre private Leidenschaft. Was sind ihre persönlichen Zukunftspläne? »Ich möchte Ministerin in Niedersachsen bleiben.«

J.H.

Schwächen: »Faulheit.«

Stärken: »Ausdauer.«

Was wollen Sie mit ihrem politischen Engagement bewirken? »Ich setze mich für Minderheiten ein, denn Demokratie bedeutet für mich nicht Diktat der Mehrheit. Ich setze mich für soziale Gerechtigkeit ein, zum Beispiel die bessere Bezahlung sozialer Berufe. Ich möchte die persönliche Initiative des einzelnen Menschen durch meine Kulturpolitik fördern.«

Ingrid Biedenkopf,
Landesmutter von Sachsen

»Ich kann mich hier nur so öffnen, weil die Menschen mich annehmen.«

Ingrid Biedenkopf (62), Frau des sächsischen Ministerpräsidenten Kurt Hans Biedenkopf (CDU), fühlt sich den Sachsen seelenverwandt. Kreativ und leidensfähig seien sie, sagte die First Lady von Dresden einmal einer Zeitung. Und außerdem kümmerten sie sich gerne um andere Menschen – besonders das habe sie mit ihnen gemeinsam. Und so breitet »Mama«, wie Frau Biedenkopf von Leibwächtern genannt wird, seit Oktober 1990, als ihr Mann Ministerpräsident wurde, ihre Fittiche über die »Landeskinder« aus – ob sie nun wollen oder nicht. Die große Mehrheit (70 Prozent der Sachsen) begrüßt allerdings das Engagement von Ingrid Biedenkopf. Das ließ Ehemann Kurt sicherheitshalber per Umfrage ermitteln. Und so ist die »höhere Tochter« eines Linoleum-Fabrikanten, die selbst viele Kindheitsjahre in Leipzig verbrachte, nahezu ständig zum Wohle des neuen Bundeslandes auf Achse. Nicht nur, daß sie ein gutes Dutzend Ehrenvorsitze und Schirmherrschaften übernommen hat. »Ehrenamtlich, aber hauptberuflich«, wie eine Zeitung schrieb, eröffnet sie Messen und Ausstellungen, wandert für Sachsen im Nationalpark, kümmert sich um Multiple-Sklerose-Kranke und behinderte Kinder, organisiert Benefizkonzerte oder verkauft Dresdner Christstollen, die Scheibe für 2,50 Mark, für die Renovierung der Frauenkirche.

Was die Sachsen alles können, beweist Ingrid Biedenkopf auch mit ihrem »sächsischen Kochbuch«, das sie für gute Zwecke unermüdlich signierend in der Bundesrepublik verteilt. So kommen von den Westdeutschen längst vergessene Spezialitäten, wie »sächsische Ringtaler«, »Weinapfel in Schmadnsauce« oder »Heringshäckerle« durch die Landesmutter, die selbst leidenschaftliche Köchin ist, neu zur Geltung.

Außerdem ist Ingrid Biedenkopf mittlerweile zur »sächsischen Meisterin des kleinen Dienstweges« (Stern) avanciert. Bis zu 180 Briefe bekommt sie pro Monat. Einem verschuldeten Fuhrunternehmer half sie etwa aus der Patsche, indem sie sich vom Bürgermeister seiner Gemeinde Firmenadressen durchgeben ließ, die Chefs persönlich anrief und erreichte, daß der Fuhrunternehmer Aufträge bekam. Auch die Pulsnitzer Lebkuchenfabrik ist Ingrid Biedenkopf dankbar und ehrte sie mit der Schirmherrschaft über das Lebkuchengewerbe. Sie hatte ihren Mann beim Abendessen informiert, daß die Großbäckerei nordöstlich von Dresden keine Lehrlinge ausbilden durfte (»Kurt Hans, das ist doch ungerecht, da mußt du was unternehmen.«). Das fand der Ministerpräsident auch und schuf Abhilfe (Ingrid Biedenkopf: »Wenn mich etwas sehr bewegt, dann erzähle ich meinem Mann davon, und wenn er es für wichtig hält, dann nimmt er es auf.«).

»Ingrid klotzt für Sachsen« – mit solchen oder ähnlichen Schlagzeilen kommt die publicity-begabte First Lady häufig in die Presse. Bei ihren Aktivitäten steht allerdings auch so manches Fettnäpfchen im Wege. Beim Queen-Besuch etwa stürmte die temperamentvolle, gefühlsbetonte Landesmutter vor der Königin auf den Balkon des Alten Rathauses und winkte der Menge begeistert zu. Als der sächsische Innenminister, Heinz Eggert, beim Düsseldorfer Parteitag stellvertretender CDU-Vorsitzender wurde, soll sie in einer Art »Kußsprung« (trotz Rheuma) auf »ihren« Minister losgestürmt sein, um ihn zu beglückwünschen. Möglicherweise freute sie sich auch, Kanzler Kohl, dem sie die Degradierung ihres Kurt als CDU-Generalsekretär immer noch nachträgt, einen »Zögling« aus Biedenkopfs Schule untergejubelt zu haben.

Ihre »Mischung aus Unbekümmertheit und feudaler Einstellung« habe mehrfach zu Peinlichkeiten geführt, kritisierte der ehemalige Fraktionsvorsitzende vom Bündnis 90/Die Grünen im sächsischen Landtag Michael Weber. »Ich finde, Frau Biedenkopf geht eindeutig zu weit. Sie mischt sich ein, ohne legitimiert zu sein«, monierte er. »Wir Ostdeutschen reagieren da vielleicht ein bißchen sehr empfindlich wegen Erich und Margot.«

Auch ihre Vorstellungen zum Thema Frauen sind umstritten. So sagte die Ministerpräsidentengattin, deren Vorbild Florence Nightingale ist, einmal: »Die Stärke der Frau liegt darin, weiblich zu sein, Wärme, Kraft und Liebe zu geben, auf dem Boden zu stehen.« Solche Eigenschaften findet Ingrid Biedenkopf gerade bei den Frauen aus den neuen Ländern wieder: »Die hatten keinen Wohlstand, die hatten andere Interessen als Kleider oder Lippenstift. Die Frauen aus dem Osten sind dem Frausein näher, die sind erdnäher.« Bei solchen Themen vertritt sie ihre eigene Meinung, bei anderen offensichtlich weniger. In einem Interview befragt, was sie durchsetzen wollte, wenn sie einen Tag lang Bundeskanzlerin wäre, antwortete sie: »Da müßte ich meinen Mann fragen.«

Ihr »Kurtchen« ist für sie »der beste Politiker der Welt«; sie »der größte Fan« ihres Mannes. Als er vor dreieinhalb Jahren sein Amt antrat, gab es für die rührige Ingrid Biedenkopf demnach nur eines: »Hütchen auf und mit.« In Dresden angekommen, brachte sie erst einmal die Schevenstraße 1, Wohnsitz von Familie Biedenkopf, auf Vordermann. Sie funktionierte das viel zu große, ehemalige Gästehaus der Stasi (nach eigenen Angaben eine Notlösung wegen der Wohnungsknappheit) kurzentschlossen zur »Kabinetts-WG« um. Neben den Biedenkopfs mit einem Teil ihrer Familie beherbergt die Villa eine immer wieder wechselnde Anzahl obdachloser Minister, Staatssekretäre und Sicherheitsbeamter. Ein so großer Haushalt ist ganz nach dem Geschmack der fürsorglich-resoluten Landesmutter. Nicht nur der Hinweis am Getränkekühlschrank »Bitte tragen Sie ihren Verzehr ein« läßt ein straffes Regiment erahnen. Es soll auch Umerziehungsversuche bei Eßgewohnheiten gegeben haben. So wollte Ingrid Biedenkopf Innenminister Eggert das Frühstücksmüsli schmackhaft machen. Der wies die gesunde Kost allerdings schroff von sich (»Ich bin doch kein Papagei.«).

Bevor sie Landesmutter von Sachsen wurde, verlief ihr Leben erst einmal in ganz anderen Bahnen. Bis zum 12. Lebensjahr verbrachte sie ihre Kindheit in Sachsen. Danach zog sie mit ihrer Mutter nach München und verlor ihren Jugendfreund, Kurt Biedenkopf, in den Kriegswirren aus den Augen. Nach dem Abitur heiratete sie einen anderen, bekam zwei Kinder und ließ sich später wieder scheiden. Daß Ingrid und Kurt (auch er geschieden mit vier Kindern aus erster Ehe) schließlich doch noch zueinander fanden, verdanken sie angeblich Helmut Kohl. Der soll dem Vater der späteren Ingrid Biedenkopf erzählt haben, daß Kurt Biedenkopf, zu der Zeit CDU-Generalsekretär, immer noch von ihr schwärme. So trafen sie sich in den 70er Jahren wieder und heirateten 1980. Ingrid Biedenkopf: »Ich wußte sofort, daß wir zusammengehören – für immer.«

ast

Hannelore Kohl,

Kanzlergattin

»Das Beste an Helmut Kohl ist seine Frau.«

Ein Bonmot, das schon bald nach dem Kanzlerwechsel der beiden Helmuts (Schmidt und Kohl) im Oktober 1982 die Runde machte. Spöttisch-neugierig war die »Neue« aus der rheinland-pfälzischen »Provinz« anfangs vom Bonner Establishment beäugt worden. Aber genauso wie es Hannelore Kohl als Politikerfrau in den vorangegangenen 20 Jahren immer gemacht hatte, schlüpfte sie auch jetzt ohne Murren in die neue Rolle, lernte schnell, sich auf dem Bonner Parkett zu bewegen, nicht zu viel und nicht zu wenig zu reden und stets wie aus dem Ei gepellt auszusehen. Die tapfere Politikersgattin zögerte keine Minute und unterstützte ihren Helmut tatkräftig – wie immer. Den VW-Käfer mußte sie zwar nicht mehr steuern, wie sie es noch 1959 getan hatte, als sie ihren damaligen Verlobten in Rheinland-Pfalz zu den Wahlkampfveranstaltungen chauffierte. Aber auch nach dem Sturz des SPD-Kanzlers Schmidt wußte Helmuts Hannelore sofort, wo sie anpacken mußte. Gleich nach dem Sieg transportierte sie eilig Bilder und Akten ihres Mannes in sein neues 100-Quadratmeter-Büro im Kanzleramt und wärmte Lasagne in Helmut Schmidts Teeküche auf.

Dabei hatte alles erst mit Liebe auf den zweiten Blick begonnen; jedenfalls von Hannelore Renners Seite aus. »Was ist denn das für ein unverschämter Kerl?« fragte die 15jährige eine Freundin, als ihr Helmut Kohl, Sohn eines Finanzbeamten, 1948 im Gasthof »Zum Weinberg« in Ludwigshafen durch seine frechen Sprüche auffiel. Bis die beiden heirateten vergingen noch 12 Jahre. Hannelore Renner machte 1951 Abitur und ging nach Paris, um Sprachen zu lernen. Später arbeitete sie als Fremdsprachenkorrespondentin für BASF. Als dann der »italienische Eisverkäufer« (so nannte sie Helmut Kohl wegen seiner schwarzen Tolle) 1960 ihr Ehemann wurde, gab sie den Beruf auf (»Wenn ich mich nicht so völlig auf meinen Mann eingestellt hätte, wäre unsere Ehe gescheitert.«). Der karriere- und machtbewußte Enkel Adenauers, der mit 39 bereits rheinland-pfälzischer Ministerpräsident wurde, war von der Politik völlig aufgesogen. Ihre beiden Söhne Walter und Peter zog Hannelore Kohl praktisch alleine groß.

In die amerikanisch besetzte Zone war die heute 60jährige als Flüchtlingskind gekommen. Geboren 1933 in Berlin-Schöneberg, siedelte die Familie ein Jahr später nach Leipzig über. Dort verbrachte Hannelore Renner einen Teil ihrer Kriegskindheit und wurde 1943 in den sächsischen Ort Döbeln evakuiert, wo ihre Mutter kriegsdienstverpflichtet in einer Fabrik am Montageband arbeitete. Tochter Hannelore verdiente sich nach Schulschluß ihr Essen mit Putzen in der Werkskantine. Als 1945 die Rote Armee einmarschierte, mußte die Zwölfjährige Bahnhofsdienst in Döbeln leisten, das vorwiegend ein Verkehrsknotenpunkt für Lazarett- und Flüchtlingszüge war. Sie half dem Sanitätsdienst, kranke, verdreckte, apathische und hungernde Menschen zu versorgen, erlebte, wie Mütter auf den offenen Güterwagen sich weigerten, ihre erfrorenen Kinder herzugeben.

Später, als Frau des Bundeskanzlers, sorgte sie dafür, daß Unfallopfern geholfen wird. 1983 gründete sie das Kuratorium ZNS für Unfallverletzte mit Schäden am zentralen Nervensystem. In der Geschäftsstelle in Bonn richtete Hannelore Kohl eine zentrale Vermittlung für Rehabilitationsplätze ein, die mit 77 Institutionen für Schädel- und Hirnverletzte in der Bundesrepublik zusammenarbeitet. Daß sich mittlerweile überwiegend Ärzte dort informieren, zeige, so Hannelore Kohl, daß die Vermittlungsstelle fachlich anerkannt ist. Von der Gründung des Kuratoriums bis einschließlich 1992 sammelte sie 18,6 Millionen Mark Spendengelder und leitete sie an zahlreiche Krankenhäuser und Heime weiter. In 15 Institutionen wurden 186 Rehabilitationsplätze eingerichtet. Obwohl jährlich rund 300.000 Menschen in der Bundesrepublik Kopfverletzungen erleiden und bei bis zu 40.000 Dauerschäden zurückbleiben, gebe es zu wenig öffentliche Aufmerksamkeit und Hilfe für diese Menschen, begründete Hannelore Kohl ihr Engagement. »Jeden von uns kann es selbst morgen oder heute ganz persönlich treffen«, sagte sie einmal, ohne zu ahnen, daß ihr eigener Sohn im November 1991 in Italien einen schweren Autounfall haben würde. Peter Kohl erholte sich jedoch bald wieder und muß nicht das traurige Schicksal vieler Unfallopfer teilen. Es war Hannelore Kohls Idee, Computer als Rehabilitationshilfe einzusetzen. Bis Herbst 1993 förderte das Kuratorium 126 Computertherapieplätze in 39 Einrichtungen. Unfallopfer können ihre gestörte Merk- und Konzentrationsfähigkeit oder ihr logisches Denken so wesentlich effektiver trainieren als mit herkömmlichen Methoden.

Für das Kuratorium ZNS ist Hannelore Kohl sehr viel auf Reisen, wenn es ihre Zeit erlaubt. Denn der Beruf »Kanzlergattin« fordert ebenfalls seinen Tribut, mit Pflichten, die die als Perfektionistin bekannte Hannelore Kohl »selbstverständlich erfüllen möchte«. Dabei hält die »unbezahlte Fachkraft in Sachen Repräsentation ohne Dienstzeit oder Weisungsbefugnis«, wie sie eine Zeitung nannte, ihre eigene Meinung streng unter Verschluß. »Ich habe ja immer die Chance, mit jedem Wort, das ich sage, gleich zwei Leute zu blamieren«, erklärte sie einmal einem Journalisten, offenbar an ihrer eigenen Kompetenz zweifelnd. Überhaupt lehnt sie es entschieden ab, daß »Privates unangemessen in die Öffentlichkeit gezerrt wird«. Bei ihrer schweren Penicillin-Allergie, die sie im Frühjahr 1993 wochenlang ans Krankenhausbett fesselte und ihr sogar den 60. Geburtstag vermasselte, konnte sie allerdings nicht vermeiden, Schlagzeilen zu machen, obwohl ihr so etwas nicht immer lieb ist. »In Bonn steht der Name Kohl im Vordergrund«, pflegt sie zu sagen, »nicht der Name Hannelore.« Da unterstützt die leidenschaftliche Schwimmerin (»ich schaff's quer über den ganzen Wolfgangssee«) schon lieber ihren Mann bei Terminen mit Knäckebrot, wenn er sich den Magen verdorben hat, oder haucht vorwurfsvoll »Helmut« über den Tisch, wenn er sich, wie geschehen, zwischen zwei Auftritten Kalbshaxe bestellt (Kohl bockig: »Laß mich doch, wenn's mir schmeckt.«).

Einmal durfte die Öffentlichkeit aber dennoch erleben, wie Hannelore Kohl aus sich herausgehen kann. Bei »Wetten daß ...« nach ihren Träumen befragt, flirtete sie mit Moderator Wolfgang Lippert: »Schwer zu haben, wenn man Ihnen in die Augen blickt, weil sie dann schon erfüllt sind.« Beim Stichwort »Schmusen« vertröstete sie den verblüfften Showmaster: »Nicht vor der Kamera, reden wir nachher.« Der konservativere Teil der Presse feierte sie danach als »frisch, frech und witzig«. Der »Spiegel« lästerte über die »Barbie aus der Pfalz«, deren Auftritt der hilflosen Anmache eines beschwipsten Backfisches geglichen habe. Das Nachrichtenmagazin wunderte sich über die »Mutation der biederen Schirmherrin« zur »enthemmten TV-Sirene« und vermutete, daß hier die Strategie »Lernen von Hillary« zum Zuge kommen sollte.

ast

Hiltrud Schröder,

Ehefrau des niedersächsischen Ministerpräsidenten Gerhard Schröder (SPD)

»Ich kann mir ein Leben ohne Politik nicht vorstellen.«

Nein, sagt Hiltrud Schröder, Repräsentieren als »First Lady«, das sei nicht ihre Welt: »Ich habe dabei immer das Gefühl, als verplempere ich meine Lebenszeit.« Die Frau des niedersächsischen Ministerpräsidenten spielt alles andere als die herkömmliche Rolle der »Landesmutter« an der Seite ihres Mannes. Allenfalls zu hochoffiziellen Anlässen, beispielsweise bei Besuchen hochrangiger ausländischer Staatsgäste oder zum Ball der Landespressekonferenz in Hannover begleitet sie den Ministerpräsidenten (»Immer dann, wenn es der geballten Familienmacht bedarf.«). Eher gefällt Hiltrud Schröder der Vergleich mit dem amerikanischen Präsidentenpaar Clinton: »Hillary finde ich toll – sie ist eine eigenständige Frau.«

»Hilu ist ein ausgesprochen politischer Mensch«, beschreibt Gerhard Schröder seine Frau. »Sie hat oft viel entschiedenere Positionen als ich.« Im Januar 1991, zu Beginn des Golfkrieges, stellte sich Hiltrud Schröder gemeinsam mit den Ministerinnen des rot-grünen Landeskabinetts vor den Hauptbahnhof in Hannover und verteilte Flugblätter gegen den Kriegseinsatz der Alliierten. Die Opposition im Landtag, Union und FDP, taten entsetzt: So etwas gehöre sich nicht für die Frau des Ministerpräsidenten. Aber die Öffentlichkeit im Lande hat mittlerweile akzeptiert, daß die Generation der traditionellen Politikergattinnen, die allenfalls auf Wohltätigkeitsveranstaltungen das Wort ergreifen, nicht mehr in diese Zeit paßt. Sie könne sich gut vorstellen, sagt Hiltrud Schröder, selbst ein politisches Mandat zu übernehmen, sie habe genügend Selbstbewußtsein und traue sich das zu. Die 45jährige ist selbst Mitglied der SPD und seit vielen Jahren im Ortsverein engagiert. Darüber hinaus ist Hiltrud Schröder Vorsitzende des Kuratoriums der niedersächsischen Stiftung »Kinder von Tschernobyl«. Die Stiftung will in den verstrahlten Gebieten Weißrußlands und der Ukraine medizinische Hilfe leisten. Die Besuche in Minsk in den Krankenhäusern, die strahlenkranke Kinder behandeln, haben Hiltrud Schröder in ihrer Überzeugung bestärkt, daß Atomkraftwerke niemals eine akzeptable Energiequelle sein können. Sie ist auch in Initiativen zum Tier- und Artenschutz aktiv. »Hiltrud Schröder will 16 Pferde vor dem Tod retten«, titelte eine Hannoveraner Lokalzeitung, als sie sich öffentlich dafür eingesetzt hatte, für die überlebenden Tiere eines polnischen Schlachtviehtransportes, der auf der Autobahn gestoppt worden war, eine artgerechte Unterkunft zu finden.

Hiltrud Schröder, im Dezember 1948 in Hannover geboren, heiratete bereits mit 20, bekam zwei Töchter und studierte erst danach Politik und Soziologie. »Durch die schwere Krankheit und den frühen Tod meiner Eltern, die ich bis zuletzt gepflegt hatte, konnte ich mein Studium nicht beenden«, erzählt Hiltrud Schröder. Ihre erste Ehe ging in die Brüche (»Wir waren einfach zu jung.«). 1979 lernte sie »ihren Gerd« kennen. Er kam nach Burgdorf, wo Hiltrud wohnte, und wollte sich per Fahrrad der Bevölkerung als Bundestagskandidat vorstellen. Zwei Stunden radelten die beiden nebeneinander durch den Nieselregen, denn Hiltrud war die einzige, die mit dem Fahrrad gekommen war – neugierig auf den Kandidaten, über den sie schon so einiges gelesen hatte. Er lieh ihr seine Jacke und hellblaue Socken. Die Jacke gab sie zurück, die Socken behielt sie. Es war eine erfolgreiche Radtour, drei Jahre später wurde geheiratet. Für Gerhard Schröder ist es die dritte Ehe.

Ein äußerlich eher ungleiches Paar – er kräftig, laut, sie elegant, eher distanziert. Aber die beiden harmonieren. »Ich kann ihm vertrauen«, sagt Hiltrud Schröder. »Es ist bei uns nicht so, daß wir nebeneinander herleben.« Doch seitdem Gerhard Schröder Ministerpräsident ist (und zusätzlich noch Parteivorsitzender und Kanzlerkandidat der SPD werden wollte), bleibt den beiden wenig gemeinsame Zeit. Die nutzen sie – etwa am Wochenende – für gemeinsame Spaziergänge mit dem Hund. »Am Ende eines langen Arbeitstages sitzen wir oft noch zusammen und essen ein Käsebrot. Dann reden wir auch nicht über Politik, ich mische mich schließlich nicht in die Geschäfte meines Mannes ein.« Zeit für gemeinsame Kneipenbesuche oder Treffen mit Freunden ist nicht mehr da. Hiltrud Schröder bedauert es nicht: »Was sollte ich mich darüber grämen – das ist einfach so. Mein Mann ist voll und ganz gefordert, wir sind schon froh, wenn wir überhaupt noch ein bißchen Zeit für uns haben.«

Hiltrud Schröder liest leidenschaftlich gerne, am liebsten Romane. Das

Ehepaar wohnt zusammen mit den beiden 17- und 22jährigen Töchtern in einem kleinen Haus in der Nähe von Hannover. Daß sie eines Tages vielleicht in den Kanzlerbungalow in Bonn ziehen könnte, als Frau eines Bundeskanzlers Schröder, darüber, so sagt Hiltrud Schröder, habe sie sich nie Gedanken gemacht. Wer kenne schon die Zukunft? Aber schrecken würde sie der Gedanke nicht – »ich weiß, wie Politik gemacht wird und daß Regieren eine Chance bringt, politisch in diesem Land auch einiges zu verändern«.

J.H.

Schwächen: »Ich sei ›hyperaktiv‹, sagen meine Töchter, ich will immer alles sofort erreichen.«

Stärken: »Ich habe immer das getan, was ich für richtig hielt, unabhängig davon, was andere denken.«

Größte Ungerechtigkeit: »Daß die Reichtümer dieser Erde und auch das, was Leben ausmacht, so ungerecht verteilt sind.«

Prägendstes Erlebnis: »Der frühe Tod meiner Eltern. Ich habe dadurch gelernt, die Zukunft nicht mehr zu verplanen und besser zu verstehen, was das Leben eigentlich ausmacht.«

Zukunftshoffnungen: »Wir müssen eine Politik machen, die die Zukunft unserer Kinder sichert, dazu gehört wesentlich eine intakte Umwelt.«

Claudia Pinl

Das faule Geschlecht

Wie Männer es schaffen,
Frauen für sich arbeiten zu lassen

Eichborn.

Harte Schale, fauler Kerl.

Mann sein heißt Leistung bringen, um voranzukommen, um Frau und Kinder zu ernähren. Denkt man. – Frauen haben das bequemere Leben, zumindest sobald die Kinder aus dem Gröbsten raus sind. Denkt man.

In Wirklichkeit ist das starke Geschlecht zugleich auch das faule Geschlecht. Klar, würden sie sofort auf halbe Stelle gehen, wenn das möglich wäre. Aber in ihrer Position? Hausmann? Na klar, würden sie auch sofort machen, wenn man ihnen nur sagen könnte, wovon die Familie dann leben soll...

Mit 55 Mrd. Stunden im Jahr werden mehr Hausarbeits- als Erwerbsarbeitsstunden geleistet. Ganz überwiegend von Frauen, die außerdem noch rund ein Drittel der Erwerbsarbeitsstunden absolvieren. Männer tun im Haushalt nichts. Oder fast nichts. Und auch die »neuen« Väter sind ganz die alten. Sie schöpfen nicht mal die ihnen zustehenden Freistellungstage für die Pflege erkrankter Kinder aus. Der Pflege kranker oder alter Angehöriger halten sich Männer tunlichst fern. – Doch Männer verweigern nicht nur die Arbeit an anderen, sie versorgen nicht einmal sich selbst. Nicht der Zeitplan der Kinder, sondern der der Männer bestimmt, wann die Frau aufsteht, bügelt, einkauft und kocht. Eine Frau in der Wohnung zu haben bedeutet für Männer, in einer Versorgungssituation zu leben. Wenn das aus irgend einem Grund nicht der Fall ist, ist das für Männer sehr hart; alleinstehend sterben sie früher...

Die Antworten auf die beiden entscheidenden Fragen: Warum sind die Männer so faul? Und was können Frauen dagegen tun? bleibt die Autorin nicht schuldig. Denn es wird Zeit, daß Frauen die Arbeit am Mann einstellen.

Claudia Pinl
Das faule Geschlecht
Wie Männer es schaffen, Frauen für sich arbeiten zu lassen

192 S. 15 x 22 cm
broschiert
24,80 DM 194 ÖS 26,80 SFr
ISBN 3-8218-1155-2
Februar

Claudia Pinl, *geb. 1941 in Augsburg, war Redakteurin im Hörfunk und bei der »tageszeitung«, Referentin der Fraktion Die Grünen und ist Autorin zahlreicher Sachbücher. Sie lebt und arbeitet als freiberufliche Publizistin und Journalistin in Köln.*

Polemisch, doch immer faktisch belegt, zeigt Claudia Pinl die Ursache für soziale Stagnation auf: die faulen Männer. Und sie weist Frauen verlockende Wege aus der ungeliebten Dienstbarkeit.